广视角 · 全方位 · 多品种

权威 · 前沿 · 原创

皮书系列为
“十二五”国家重点图书出版规划项目

西部金融蓝皮书

BLUE BOOK OF
FINANCE OF WESTERN CHINA

中国西部金融发展报告（2013~2014）

ANNUAL REPORT ON FINANCIAL DEVELOPMENT IN WESTERN CHINA (2013-2014)

主　编／李忠民
副主编／尹海员　胡秋灵　朱　青

社会科学文献出版社
SOCIAL SCIENCES ACADEMIC PRESS (CHINA)

图书在版编目(CIP)数据

中国西部金融发展报告. 2013～2014/李忠民主编. —北京：社会科学文献出版社，2014.8
（西部金融蓝皮书）
ISBN 978－7－5097－6009－3

Ⅰ.①中… Ⅱ.①李… Ⅲ.①金融事业－经济发展－研究报告－西北地区－2013～2014 ②金融事业－经济发展－研究报告－西南地区－2013～2014 Ⅳ.①F832.7

中国版本图书馆 CIP 数据核字（2014）第 099251 号

西部金融蓝皮书
中国西部金融发展报告（2013～2014）

主　　编／李忠民
副 主 编／尹海员　胡秋灵　朱　青

出 版 人／谢寿光
出 版 者／社会科学文献出版社
地　　址／北京市西城区北三环中路甲 29 号院 3 号楼华龙大厦
邮政编码／100029

责任部门／经济与管理出版中心（010）59367226
电子信箱／caijingbu@ssap.cn
项目统筹／恽　薇　王莉莉
经　　销／社会科学文献出版社市场营销中心（010）59367081　59367089
读者服务／读者服务中心（010）59367028
责任编辑／王莉莉　张景增
责任校对／庞桂美
责任印制／岳　阳

印　　装／北京季蜂印刷有限公司
开　　本／787mm×1092mm　1/16
印　　张／18.5
字　　数／245 千字
版　　次／2014 年 8 月第 1 版
印　　次／2014 年 8 月第 1 次印刷
书　　号／ISBN 978－7－5097－6009－3
定　　价／75.00 元

西部金融蓝皮书编委会

主要编撰者简介

李忠民 博士、教授、博士生导师，陕西师范大学中国西部商学研究中心主任，民建中央经济委员会委员，陕西省委常委、省经济委员会主任，陕西省政协委员，西安市人民政府参事，陕西省《资本论》研究会会长，陕西省经济学会副会长，陕西省金融学会副会长，国家“211工程”重点学科“中国特色社会主义发展经济学”首席专家，中央马克思主义理论研究和建设工程“发展经济学”专家组成员，省级重点学科“人口、资源与环境经济学”和“国民经济学”学科带头人。1992年以来，围绕中国发展经济学和金融发展与监管开展学术研究。先后出版学术著作7部、教材3部，发表学术论文200余篇，主持国家级课题2项、省部级课题10项和其他横向课题30余项，获省部级奖励13项，2000年荣获“陕西省优秀经济理论工作者”称号。与何炼成教授一起创建的“中国发展经济学”逐渐得到经济学界认可和重视，《中国发展经济学》获陕西省哲学社会科学优秀成果一等奖（2001年）和首届张培刚发展经济学研究优秀成果奖（2006年）；《中国发展经济学概论》被教育部确定为研究生479种推荐优秀教材之一，入选面向21世纪国家规划教材，2005年获得陕西省教学特等奖；《发展经济学：中国经验》被列为国家“十一五”规划教材。

尹海员 博士、副教授，陕西师范大学中国西部商学研究中心副主任，研究方向为证券市场微观结构理论、金融发展理论。近年来，主持国家社科基金项目1项、教育部人文社科基金项目1项、校级项目2项，作为主要参与人参与国家级课题2项、其他课题10余项，发表论文20余篇，获得3项省级优秀成果奖励。

胡秋灵 博士、副教授、硕士生导师，陕西师范大学中国西部商学研究中心金融发展研究所所长，研究方向为金融发展与监管、金融市场计量分析、金融工程和农村金融。主持课题多项，参与国家级和省部级课题多项。发表学术论文30余篇，合作出版著作2部，获得科研成果奖励多项。

朱　青 博士、讲师，陕西师范大学非线性综合集成实验室负责人，主要从事消费者价格感知系统、非线性综合集成方法与生物社群算法等方面的研究。主持国家级和省部级课题各2项，发表学术论文3篇，获中央高校研究成果奖1项。

摘　要

《中国西部金融发展报告（2013～2014）》以西部12个省、自治区、直辖市金融发展为主题，总结西部金融业的发展状况、发展水平以及对地方经济的支持情况，分析西部金融业发展过程中存在的问题,并为中国西部金融业如何在支持地方经济增长的同时使自己获得高速发展献计献策。

《中国西部金融发展报告（2013～2014）》分为总报告、分报告、附录三个模块。总报告部分首先从银行业、证券业、保险业、融资结构、金融生态五个方面整体分析了2012年西部地区金融发展和运行情况，从与东部、中部地区的对比分析来看，西部地区金融业持续稳定发展，对西部地区经济发展起到了重要的支持作用。然后，总结了西部地区金融支持经济发展的做法与成就，重点总结了房地产业、旅游业、"三农"建设、对外开放、中小企业和民生事业方面金融支持的手段和成效。最后，针对西部地区金融发展存在的问题，诸如银行机构多元化程度不高、直接融资能力欠缺、社会保障和投资功能不足、民间金融发展不规范、农村金融服务不完善等方面提出了相关政策建议。

分报告介绍了西部12省份金融发展的情况，总结了各省、自治区、直辖市金融业取得的成就及存在的问题，提出了西部地区各省份金融业发展的思路及建议。每一地区自成体系，对西部金融业的发展问题进行了深入分析，指出了西部金融业创新发展过程中存在的问题，并指出了解决途径，为西部金融业进一步创新发展提供了理论支持。

附录部分主要记载了（2012年6月至2013年8月）西部地区金融业发生的大事。

目录

𝔹 Ⅰ 总报告

𝔹 Ⅱ 分报告

BⅢ　附录

皮书数据库阅读**使用指南**

总 报 告

General Report

B.1

2012年西部地区金融发展研究

李忠民　李善燊　尹海员*

摘　要:

本报告首先从银行业、证券业、保险业、融资结构、金融生态五个方面整体分析了2012年西部地区金融发展和运行情况，从与东部、中部地区的对比分析来看，西部地区金融业持续稳定发展，对西部地区经济发展起到重要支持作用。然后，总结了西部地区金融支持经济发展的做法与成就，重点总结了房地产业、旅游业、“三农”建设、对外开放、中小企业和民生事业方面的金融支持手段和成效。最后，针对西部地区金融

* 李忠民，博士、教授、博士生导师，陕西师范大学中国西部商学研究中心主任；李善燊，博士，就职于中国人民银行西安分行；尹海员，博士、副教授，陕西师范大学中国西部商学研究中心副主任。

发展存在的问题，诸如银行机构多元化程度不高、直接融资能力欠缺、社会保障和投资功能不足、民间金融发展不规范、农村金融服务不完善等方面提出了相关政策建议。

关键词：

西部地区　金融发展　金融支持

2012年，西部地区[①]经济平稳快速发展，城镇化和产业承接步伐加快，地区生产总值达到11.4万亿元，地区生产总值加权平均增长率为12.5%，高于东部和中部平均增长率，较上年提高0.6个百分点，高于东部和中部增速。全国城镇居民人均可支配收入增速前10位的省（自治区、直辖市）有6个来自西部地区。11个省（自治区）增速超过14%，新疆、西藏和青海增长最快，比上年分别增长17.5%、16.6%和16.4%。西部地区农村居民人均纯收入增长15.1%，增速高于东部和中部地区。固定资产投资平稳较快增长，2012年，西部地区固定资产投资（不含农户）增速为24.9%，继续高于东部地区，略低于中部地区。外贸保持快速增长，2012年，西部地区进出口总额增长28.5%，高于东部和中部水平。第三产业比重提高，2012年，西部地区第三产业比重达到36.6%，高于中部的34.7%，第三产业增长率为11.1%，高于中部的10.5%和东部的9.4%，增长潜力巨大。

① 根据国家统计局标准，我国西部地区包括重庆、四川、贵州、云南、广西、陕西、甘肃、青海、宁夏、西藏、新疆、内蒙古12个省、自治区和直辖市；中部地区包括山西、安徽、江西、河南、湖北和湖南6个省；东部地区包括北京、天津、河北、上海、江苏、浙江、福建、山东、广东和海南10个省和直辖市；东北地区包括辽宁、吉林和黑龙江3个省。

一　2012 年我国西部金融发展概况

（一）银行业

2012 年，西部地区银行业金融机构资产总额占比提高，机构数量和从业人员稳步增加（见表 1），均超过中部地区，其中，银行业资产总额同比增长 21. 3%，超过东部 16. 3% 和中部 19. 5% 的增长率。西部地区外资银行机构网点和资产总额稳步增长，增速均高于全国平均水平。2012 年末，西部地区小型农村金融机构资产总额增长较快，同比增长 27. 4%，超过全国 21. 9% 的同比增长水平。

表 1　2012 年末银行业金融机构地区分布

单位：%

		东部	中部	西部	东北	合计
营业网点	机构数量占比	39. 5	23. 4	27. 7	9. 4	100
	从业人数占比	44. 3	21. 1	24. 1	10. 6	100
	资产总额占比	59. 5	14. 9	18. 5	7. 1	100
	法人机构数占比	33. 4	23. 3	33. 6	9. 7	100

注：各地区金融机构营业网点不包括大型商业银行、国家开发银行、政策性银行、股份制商业银行等金融机构总部数据。

资料来源：中国人民银行：《中国区域金融运行报告》。

1. 存款平稳增长，增速回升

2012 年末，西部地区本外币各项存款余额 17. 4 万亿元，虽然远低于东部的 53. 8 万亿元，但是超过中部地区的 14. 8 万亿元；同比增长 18. 5%，超过东部的 13. 7% 和中部的 17. 9%，为西部地区资金使用奠定了基础；增速较上年末提高 1. 9 个百分点，超过东部的 1. 6 个百分点及中部的 1. 5 个百分点。东部地区本外币存款余额占全国的比例超过一半，中西部地区存款增速相对较快。

受物价涨幅回落、居民收入增加等因素影响，储蓄存款增速回升。2012 年末，西部地区人民币储蓄存款余额增速达到 19.6%，超过东部的 14.6% 和中部的 18.5%，位居增长前列（见表 2）。单位存款增速平稳，定期化趋势明显。西部地区人民币单位存款余额增速比上年末上升 1.7 个百分点，与此同时，东部地区下降 0.1 个百分点，中部地区上升 0.6 个百分点。分期限结构看，西部地区单位存款中定期存款余额占比较上年末提高 3.1 个百分点，远高于东部的 1.8 个百分点，也高于中部的 2.8 个百分点（见表 3）。

表 2　2012 年末西部和其他地区金融机构人民币存贷款余额增速

单位：%

	东部	中部	西部	东北	全国
人民币各项存款	12.6	17.6	18.2	14.8	13.3
其中：储蓄存款	14.6	18.5	19.6	15.6	16.3
单位存款	9.8	16.4	17.0	12.9	11.7
人民币各项贷款	12.5	16.5	17.8	14.4	15.0
其中：短期贷款	18.3	20.3	31.8	17.6	22.2
中长期贷款	6.4	12.9	12.0	12.2	9.0
票据融资	42.3	41.5	36.3	19.5	35.1
其中：消费贷款	11.0	20.5	17.8	17.1	17.6

注：各地区存贷款汇总数据不含全国性商业银行总行直存直贷数据。

资料来源：中国人民银行：《中国区域金融运行报告》。

表 3　2012 年末西部和其他地区金融机构本外币存贷款余额结构比较

单位：%

存贷结构	各项占比	东部	中部	西部	东北	全国
存款余额结构	储蓄存款占比	39.6	51.1	45.8	52.9	43.5
	单位存款占比	53.3	43.7	49.6	42.5	50.3
	其他存款占比	7.1	5.2	4.6	4.6	6.1
贷款余额结构	短期贷款占比	42.3	39.0	30.0	38.0	39.1
	中长期贷款占比	51.1	57.1	66.4	58.0	55.5
	票据融资占比	3.2	3.1	2.2	3.2	3.0
	其他贷款占比	3.4	0.8	1.3	0.8	2.4

注：各地区存贷款汇总数据不含全国性商业银行总行直存直贷数据。

资料来源：中国人民银行：《中国区域金融运行报告》。

外币存款快速增长。受人民币走势预期出现分化和主要发达经济体宽松货币政策等因素影响，2012 年末，外币存款余额同比增长 47.8%。其中，西部地区外币存款余额比年初增加 93.1 亿美元，远低于东部地区的 1107.0 亿美元，但是高于中部地区的 64.3 亿美元。

从资金来源的地区分布看，西部地区本外币存款余额占全国的比重比上年末上升 0.5 个百分点，而中部地区是 0.4 个百分点，东部地区占比下降了 0.9 个百分点；从资金来源的币种结构看，外币存款占比上升。年末，西部地区外币存款余额占比较上年末提高 0.2 个百分点，和中部地区持平，但远低于东部地区提高的 1.0 个百分点（见表 4）。

表 4　2012 年末西部和其他地区金融机构本外币存贷款余额对比

单位：%

	东部	中部	西部	东北	全国
本外币各项存款	58.2	16.0	18.8	7.0	100
其中：储蓄存款	53.0	18.7	19.8	8.5	100
单位存款	61.7	13.9	18.5	5.9	100
其中：外币存款	83.6	4.9	6.9	4.5	100
本外币各项贷款	58.6	14.9	19.4	7.1	100
其中：短期贷款	63.3	14.9	14.9	6.9	100
中长期贷款	54.0	15.3	23.2	7.4	100
其中：外币贷款	79.9	6.3	8.4	5.4	100

注：各地区存贷款汇总数据不含全国性商业银行总行直存直贷数据。

资料来源：中国人民银行：《中国区域金融运行报告》。

从资金来源的类型看，储蓄存款占比提高，单位存款占比下降。年末，西部地区单位存款余额占比较上年下降 0.4 个百分点，与此同时，东部地区下降 0.9 个百分点，中部地区下降 0.3 个百分点。

从西部地区本外币各项存款内部结构来看，2012 年，青海本外币各项存款余额增速最高，达到 24.8%，其次为西藏和重庆，分别达到 23.6% 和 20.5%，增速最低的是内蒙古，为 12.7%（见图 1）。

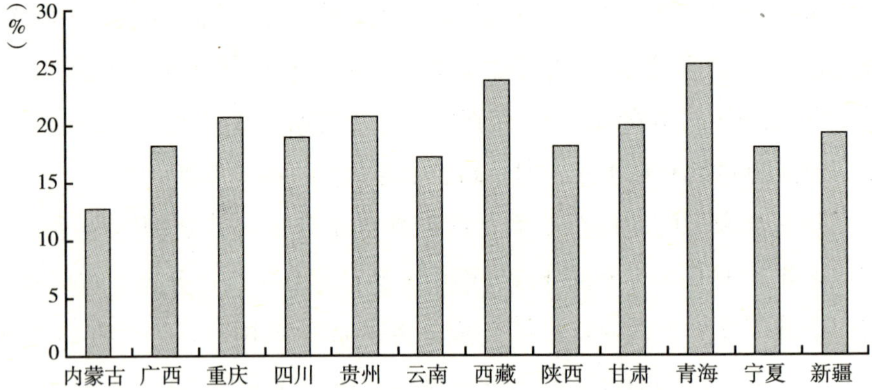

图 1　2012 年末西部地区金融机构本外币各项存款余额增长率

资料来源：2012 年西部各省份《国民经济和社会发展统计公报》。

2. 贷款平稳适度增长，对经济结构调整和薄弱环节支持力度进一步加大

2012 年，全国本外币贷款保持平稳增长，余额增速比上年略低 0.1 个百分点（见图 2）。西部地区本外币贷款余额为 12.5 万亿元，

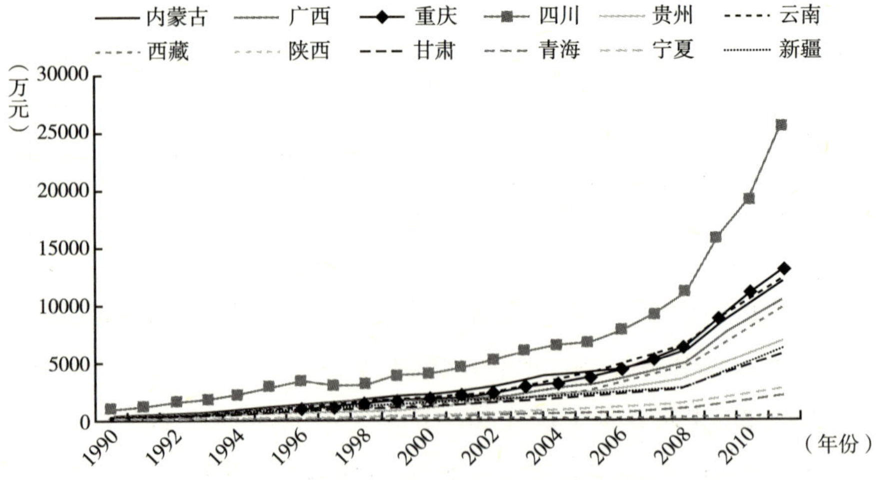

图 2　1990～2012 年西部地区各省份贷款余额变动

资料来源：西部各省份统计年鉴。

低于东部地区的 37.7 万亿元，高于中部地区的 9.6 万亿元，同比增长 18.4%，高于东部地区的 13.3% 和中部地区的 16.9%，与 2011 年相比增速有所回落。

中长期贷款增速放缓，短期贷款占比明显提高。2012 年末，西部地区本外币中长期贷款余额同比增长 11.8%，高于东部地区的 6.5%，但是低于中部地区的 12.9%，增速比上年末有所回落。在经济形势复杂的情况下，企业和银行资金短期化安排倾向很明显。西部地区短期贷款余额占比为 30.0%，低于东部地区的 42.3% 和中部地区的 39.0%，但是比上年末增加，西部地区短期贷款余额增加 3.2 个百分点，高于东部地区的 2.3 个百分点和中部地区的 1.2 个百分点。从新增贷款情况来看，各地区短期贷款均多于中长期贷款。

个人消费贷款增长较快。2012 年末，西部地区人民币个人消费贷款余额增速为 17.8%，高于东部地区的 11.0%，低于中部地区的 20.5%。西部地区金融机构对经济薄弱环节、民生工程以及小微企业支持力度较大，贷款增速均高于其各项贷款增速。其中，四川、贵州、陕西等省份涉农和小微企业贷款保持较快增长；宁夏民贸民品优惠利率贷款余额同比增长 40.4%，高于各项贷款增速 23.3 个百分点；重庆秦巴山和武陵山扶贫开发片区贷款增速分别高于全市各项贷款增速 15.6 个和 2.8 个百分点；新疆推动妇女小额担保贷款业务成效显著，三年共计支持 35.4 万名城乡妇女创业就业。

外币贷款增长较快。2012 年，全国各地区银行业外币贷款余额同比增长 26.9%，增速比上年末提高了 7.3 个百分点，比同期人民币贷款增速高 11.9 个百分点。西部地区新增外币贷款 167.7 亿美元，低于东部地区的 953.8 亿美元，但高于中部地区的 81.2 亿美元。其中，西部地区的青海、重庆、贵州外币贷款增速排名前三位。

从西部地区本外币各项贷款内部结构来看，2012 年，西藏贷款增速高达62.3%，远高于其他省份贷款增速，其次为青海和新疆，分别达到27.6%和26.9%，增速最低的是云南，为14.7%（见图3）。

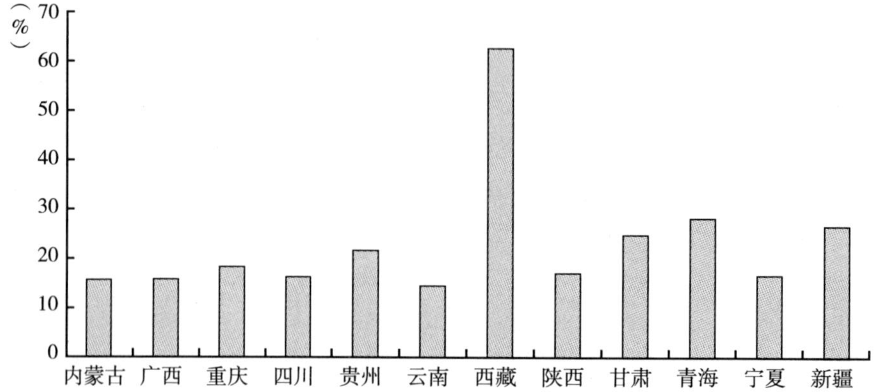

图3 2012年末西部地区金融机构本外币各项贷款余额增长率

资料来源：2012年西部各省份《国民经济和社会发展统计公报》。

3. 新型农村金融机构快速发展，农村金融服务持续改善

新型农村机构不断涌现。2012年，小额贷款公司、村镇银行、农村资金互助社等新型农村机构快速发展。各地村镇银行和小额贷款公司增长迅速，西部地区新型农村机构占比最高（见表5）。村镇银行数量增速最快的是宁夏（宁夏村镇银行数量增加了2倍，超过湖南的1.2倍、云南的1.6倍、福建的1.8倍）；小额贷款公司数量增加1倍及以上的地区均在西部，分别为陕西1倍、青海1.2倍、西藏2倍。

表5 2012年末西部和其他地区新型农村机构占比

单位：%

	东部	中部	西部	东北	全国
贷款公司	22.2	22.2	44.4	11.1	100
村镇银行	32.2	25.0	29.6	13.2	100
小额贷款公司	27.2	23.6	33.1	16.1	100
农村资金互助社	26.5	20.4	32.7	20.4	100

资料来源：中国人民银行：《中国区域金融运行报告》。

西部地区农村金融产品和服务方式创新步伐加快。2012 年，陕西“订单 + 金融”支持现代农业加快发展，全年累计发放订单抵押贷款 324 笔 1986 万元，覆盖订单养殖总户数的 69%；内蒙古大力推进“一县一品”（即一个县创新一个金融产品）工程，全区县域金融机构共创新信贷产品 81 个、金融服务方式 10 项，2012 年，涉农贷款和小企业贷款余额分别增长 26.8% 和 21.0%，均超过全区贷款平均增速；甘肃搭建支农“四大平台”，构建农村金融服务创新“甘肃模式”，共推出农村金融创新产品和服务方式 30 种，带动全省涉农贷款余额达到 2640.3 亿元，占全省各项贷款余额的 36.7%。

4. 地方法人金融机构运营状况继续改善

地方法人金融机构运营状况继续改善。截至 2012 年末，全国地方法人金融机构不良贷款率平均比上年末下降 0.3 个百分点，东部、中部、西部均有不同程度下降。各地区资本充足率均不同幅度提高，西部地区增长 0.7%，高于东部的 0.5%，但是低于中部的 1.3%；全国资产利润率与上年末基本持平，西部和中部地区均增长 0.1%，呈现小幅上升；全国流动性比率平均较上年末上升 0.7 个百分点，其中，西部地区增长 2.7%，超过东部的 -0.4% 和中部的 1.9%，说明西部地区地方法人金融机构资产流动性开始增强（见表 6）。

表 6　2012 年西部和其他地区地方法人金融机构基本运营状况

单位：%

	东部	中部	西部	东北	全国
资本充足率增长率	0.5	1.3	0.7	0.7	0.6
资产利润率增长率	0.0	0.1	0.1	0.1	0.0
流动性比率增长率	-0.4	1.9	2.7	3.6	0.7

资料来源：中国人民银行：《中国区域金融运行报告》。

（二）证券业

上市公司数量不断增加。截至 2012 年末，我国境内上市公司总数

（A、B股）为2494家，比上年末增加152家。其中，创业板上市公司355家，中小板上市公司701家。西部地区上市公司数量占全国的比重仍然较低，仅占14.6%，远低于东部地区的65.0%，略低于中部地区的14.9%。上市公司经营状况良好，治理结构逐步改善。受股价持续低迷影响，2012年末，沪、深两市A股加权平均市盈率较上年末的13.4倍和23.5倍下降至12.3倍和22.2倍，西部地区资源类股价整体未见明显提升。

证交所债券筹资规模增加。沪、深交易所全年债券累计筹资2722.8亿元，比上年增长59.5%。从债券种类看，公司债、可转债和中小企业私募债筹资额占比分别为90.8%、5.8%和3.4%。从地区分布看，西部国内债券筹资额占比较上年提升2.7个百分点，增幅最大，东部和中部地区占比较上年分别降低3.1个和0.3个百分点。

（三）保险业

2012年末，全国法人保险公司合计153家，较上年末增加13家，保险公司分支机构1536个，增加66个。西部地区保险法人公司占全国的5.2%，略高于中部地区的3.3%。其中，财产险经营主体占比9.8%，高于中部地区的4.9%；人身险经营主体占比2.8%，和中部地区持平。受区域范围影响，西部地区保险公司分支机构比重较大，占比23.8%，高于中部地区的18.7%。其中，财产险分支机构占比26.2%，高于中部地区的18.5%；人身险分支机构占比21.7%，高于中部地区的18.9%。在保费总收入方面，西部地区和东部地区基本持平，但是西部地区增速较快，西藏、内蒙古、青海人身险保费收入增速居全国前三位。

农业保险的保费规模和保险覆盖面持续扩大。2012年，全国农业保险保费收入240.6亿元，比上年增长38.3%，为1.8亿户次提供9006亿元风险保障，向2818万户受灾农户支付赔款148.2亿元。西部地区保险支农独具特色：重庆稳步推进秀山土鸡养殖、黔江自然灾害公众责任保险等地方特色险种，生猪、奶牛、柑橘保险实现全覆盖；青海加快完善农业保险服务网络，截至2012年末，在各级乡镇共设立“三农”保险营销服务部11家、保险服务站（点）92家。

西部地区各类赔款给付占比为19.5%，高于中部地区的18.0%，但小于东部地区的54.9%。同上年相比，西部地区各类赔款给付占比上升了1.8个百分点，同期东部和中部地区占比分别下降1.3个和0.2个百分点。

二 西部地区融资结构与金融生态

（一）西部地区吸纳资金明显，内部呈现结构性变化

地区间资金保持从东部地区向其他地区流动的态势。西部地区资金需求旺盛，2012年末，西部地区资金净融入3.5万亿元，比上年增加1.3万亿元。从内部结构来看，四川资金净融入较大，达到2万亿元，其次为甘肃1.4万亿元和内蒙古1.2万亿元；西藏和青海资金融出入保持平衡；广西资金净融出金额较大，达到1.3万亿元，其次为新疆0.9万亿元和云南0.2万亿元（见表7）。

表7　西部各省份资金流动情况

单位：万亿元

资金净融出	持平	资金净融入
广西:1.3	西藏	四川:2.0　甘肃:1.4　内蒙古:1.2
新疆:0.9	青海	宁夏:0.6　重庆:0.5　贵州:0.3
云南:0.2		陕西:0.1

资料来源：2012年西部各省份《国民经济和社会发展统计公报》。

西部地区票据承兑业务增长较快。2012年，全国企业累计签发商业汇票17.9万亿元，比上年增长18.8%，截至年末，商业汇票未

到期金额8.3万亿元，增长25.4%，年末承兑余额比年初增加1.7万亿元。西部地区票据贴现余额和票据贴现累计发生额分别达到20.2%和16.8%，分别超过中部地区的14%和11.8%（见表8），西部地区银行承兑汇票余额增速达到36.5%，为三大区域增速最高。

表8　2012年末西部和其他地区票据业务情况比较

单位：%

	东部	中部	西部	东北	全国
银行承兑汇票承兑余额	64.4	14.9	14.6	6.0	100
银行承兑汇票承兑累计发生额	66.3	14.6	13.2	5.9	100
票据贴现余额	58.7	14.0	20.2	7.1	100
票据贴现累计发生额	57.8	11.8	16.8	13.6	100

资料来源：中国人民银行：《中国区域金融运行报告》。

债券融资快速增长。2012年，全国各地区非金融机构部门融资总额稳步扩大，直接融资和间接融资总体增速平稳，融资结构更趋多元化。分地区看，西部地区融资总额增速最高，其次为中部和东部。其中，西部地区贷款融资额增速为12.1%，超过东部地区（见表9）；占全国贷款融资总额的比重达到23.1%，超过中部地区（见表10）；西部地区债券融资增长较快，达到92.4%。

表9　2012年西部和其他地区非金融机构融资增速比较

单位：%

	东部	中部	西部	东北
新增贷款	10.9	16.1	12.1	0.4
债券（含可转换债券）	44.3	49.5	92.4	87.8
其中：短期融资券	-0.2	-5.5	31.9	3.2
中期票据	0.8	2.0	49.4	91.8
中小企业集合债	57.6	116.5	-7.4	—
股票	-42.6	-41.0	-26.6	-55.9

资料来源：中国人民银行：《中国区域金融运行报告》。

表 10　2012 年西部和其他地区非金融机构融资额分部结构

单位：%

	东部	中部	西部	东北	合计
贷款	53.1	16.7	23.1	7.2	100
债券(含可转换债券)	72.6	10.8	12.4	4.2	100
其中:短期融资券	75.1	9.0	12.4	3.4	100
中期票据	70.0	11.8	13.5	4.6	100
中小企业集合债	78.1	18.4	3.5	0.0	100
股票	66.0	13.4	15.8	4.8	100

资料来源：中国人民银行：《中国区域金融运行报告》。

专栏 1　陕西省“双推双增”融资工程有成效

2012 年以来，中国人民银行西安分行、陕西省发改委、省证监局积极推动实施“双推双增”融资工程（推介金融市场产品，增强直接融资能力；推进融资方式创新，增大社会融资规模），广泛推介直接融资工具，加强与上级管理部门的沟通协调，推动政府部门建立相关激励机制，支持企业通过债券市场、股票市场融资，引导金融机构做好推荐、承销等相关服务工作，切实支持陕西省实体经济平稳较快发展，取得了明显效果。

据统计，2012 年前三季度，陕西省企业通过直接融资工具融资 503.64 亿元，同比增长 91%，实现了跨越式发展。其中，通过债券市场融资 423.81 亿元，同比增长 66.2%；股票市场融资 79.83 亿元，是上年同期的 9 倍。

2012 年 6 月，中国人民银行西安分行、陕西省人民政府（授权省金融办）与中国银行间市场交易商协会共同签署了《借助银行间市场推动陕西省实施“双推双增”融资工程合作备忘录》，为加快全省“双推双增”融资工程实施进度、推动全省多元化融资体系建立和进一步扩大全省社会融资规模提供了更加有力的制度安排和科学有效的机制保障。

据了解，2012 年前三季度，陕西省企业通过债券市场融资较上年同期增加 168.81 亿元，同比增长 66.2%；非金融企业债务融资工具共融资 363.81 亿元，其中短期融资券 144 亿元，中期票据 88 亿元，非公开定向债务融资工具 131 亿元，中小企业集合票据 0.81 亿元；企业债融资 60 亿元。

另据了解，陕西省债券融资规模大幅增长的主要原因是非公开定向债务融资工具的推广。2011 年 5 月，非公开定向债务融资工具推出后，由于其发行利率市场化程度高、注册流程简便、发行相对便利、信息披露要求相对简化等优势，受到发行企业、承销商、投资人的追捧。2012 年前三季度，陕西煤化工集团、陕西有色金属控股集团等 6 家企业共发行非公开定向债务融资工具 6 期，融资金额达 131 亿元，同比增长 3.37 倍。非公开定向融资工具的普及极大地拓展了企业直接融资渠道，为“双推双增”融资工程深入推进提供了新的活力。

特别值得一提的是，2012 年陕西省股票融资呈现成倍增长，企业融资渠道凸显多元化趋势。2012 年前三季度，陕西省通过股票市场融资金额是上年同期的 9 倍。其中，西部证券、隆基股份上市发行融资 33.15 亿元，陕国投、ST 炼石等 4 家上市公司再融资 46.68 亿元。

另外，由于非金融企业债务融资价格小幅下降且低于银行信贷，使得企业的融资成本有所降低。从融资价格看，前三季度陕西省非金融企业债务融资工具加权平均利率为 4.95%，较上年同期下降 0.36 个百分点，低于目前贷款基准利率 1.05 个百分点，不考虑利率变化、担保费用和政府奖励等因素影响，仅从利率水平出发，一年就可为已发债企业节省费用 4.45 亿元，企业融资成本有所降低，央行预调、微调和稳增长经济政策调控效果开始显现。从各融资工具来看，短期融资券加权平均利率为 4.19%，中期票据加权平均利率为 5.12%，非公开定向融资工具加权平均利率为 5.66%，分别低于当前贷款基准利率1.81、0.88和0.34个百分点。

2012年，陕西省直接融资的企业类型更加多元化，现代农业、高科技、服务业企业不断涌入直接融资行列。2012年前三季度，陕西华商传媒集团有限责任公司、西安开元投资集团股份有限公司首次通过发行非金融企业债务融资工具融资8亿元，显示商贸、传媒等服务业通过直接融资工具优化财务结构、降低财务成本的意识正在逐渐增强，金融对服务业发展的支持力度正在不断加大。

融资结构明显优化是“双推双增”融资工程带来的又一积极成果。目前，全省直接、间接融资比例由2011年前9个月的1∶5.3上升为2012年前9个月的1∶3.3。直接融资占比显著提高，融资结构明显优化。截至2012年9月末，陕西省大、中、小、微型企业贷款较年初分别增长7.7%、20.6%、20.3%和48.9%，微型企业贷款增速高于大型、中型和小型企业41.2个、28.3个和28.6个百分点。下岗失业人员小额担保贷款和助学贷款分别同比增长180.1%和35.1%，涉农贷款余额达3008.8亿元，占各项贷款比重达21.8%，同比增长22.1%，增速高于各项贷款增速3.1个百分点。

资料来源：《金融时报》2012年11月27日，记者雷和平。

（二）金融生态环境建设成效显著

西部地区扎实推进金融生态环境建设，工作机制日趋健全，社会信用意识持续增强，评价体系建设加快推进，司法环境有效改善，金融基础设施不断完善，支付结算服务水平进一步提升，其做法和取得的成就主要有以下五个方面。

一是有效发挥中国人民银行和地方政府职能，加快金融改革发展和投融资环境建设步伐，加强金融基础设施建设。内蒙古出台《关于促进内蒙古金融业发展的指导意见》，加大对金融业的政策扶持力度。四川、西藏建立金融机构与地方司法机关联席会议制度，不断加大对逃废债等行为的打击力度。各地区进一步加大投融资环境建设力度，广西成功举办第四届中国－东盟金融合作与发展领袖论坛，使金融生态环境建设向更广阔区域推进。农村地区支付结算环境进一步改善。陕西省信用联社成功发行具有金融功能的社保IC卡，成为全国首家取得金融社保IC卡发行资格的省级农村合作金融机构。云南完成了财税库银横向联网全省全覆盖目标，成为全国首个实现国有资本经营预算收益金通过横向联网系统收缴的省份。四川、甘肃、陕西、青海、宁夏积极推动银行卡助农取款服务，业务量和覆盖率进一步扩大。

二是继续推动社会信用体系建设，着力改善中小企业和农村地区融资环境。陕西制定并出台《陕西省公共信用信息条例》，公共信息征集、使用、披露和共享步入法制化轨道。青海推动和实施“信用工程”，信用体系建设覆盖经济社会的各个领域。新疆制定印发《2012年新疆中小企业信用体系建设实施意见》及《2012年新疆农村信用体系建设实施意见》，为全面推进新疆社会信用体系建设奠定坚实基础。重庆首创互联网平台架构、商誉积累和多功能信用培育模式，开发建设了企业信用培育系统，并建立了西南首个农村征信系统，开拓信用村镇建设新途径。贵州“农户信用建档＋评定信用等级＋小额信用贷款”的农村信用体系建设模式成效显著。陕西积极开展中小企业和农村信用体系示范园、实验区建设，促进中小企业和农村地区融资环境改善，取得了良好的社会效果。

三是不断扩大征信系统覆盖面和使用面，加快推进金融生态评价体系建设。四川等继续开展“金融生态县（市、区）”以及“金融安全区”创建工作，并对贡献突出的市、县进行表彰和奖励。西藏将金融生态评价扩展至乡镇、村一级，全年评定信用乡（镇）251个、信用村2214个。陕西制订了金融生态环境评价指标体系，完善县域评价制度、实施意见和评价办法，县域金融生态环境评价体系逐步完善。各地区不断扩大征信系统覆盖面和使用面，金融生态基础进一步夯实。云南首次将法院执行案件信息、担保公司代偿信息采集纳入征信系统。

四是加强监测，有效防范和化解潜在金融风险隐患。目前，部分地区、行业、领域的信用风险有所显现，某些商业银行有流动性风险隐患，理财产品和表外业务风险不容忽视，非金融机构和民间借贷风险需要持续关注。鉴于此，各部门相互配合，加强对重点领域的风险监测和防范。在地方政府融资平台贷款清理上实行“降旧控新”，提高现金流覆盖率，有效缓解平台贷款风险。密切防范房地产行业的潜在风险。加强表外业务风险防范和管理，各金融机构理财业务发展逐步规范，信息披露、风险提示、资本和拨备计提均有所改进。重庆建立防范区域金融风险工作机制，督促各金融机构加强融资平台、房地产和产能过剩行业贷款风险防范。青海健全政府、金融监管部门和金融机构协调联动的金融风险防范处置机制，切实加强金融业的风险防范工作。

五是继续加强司法环境建设，严厉打击金融领域违法犯罪行为。西藏开展“9·16”平安西藏、“12·4”法制宣传日等活动，广泛宣传金融法律法规和金融安全知识，营造良好的金融法制氛围。陕西、重庆等设立了金融消费者申诉处理中心，较早地推动了金融消费者权益保护工作。

三　西部地区金融支持经济发展的做法与成就

（一）房地产业的发展与金融调控

2012 年，为促进房地产市场平稳健康发展，西部地区坚持房地产宏观调控政策不动摇，通过严格实施差别化住房信贷政策、税收政策和限购措施，抑制投资投机性需求，支持合理自住用房需求；加大保障房建设力度，增加市场有效供给。商品房销售增速有所下降，房地产开发投资额增速继续回落，保障性安居工程建设快速推进，房地产贷款增速整体回落，金融对保障性住房建设的支持力度进一步增强。

2012 年，西部地区房价上涨态势明显，乌鲁木齐房价同比涨幅为 2.4%，与广州并列全国第一；其次为西宁，涨幅为 2%，与北京并列全国第二。商品房销售增速较上年有所下降，西部地区商品房销售面积 2.8 亿平方米，同比下降 3.9%，其中内蒙古、青海、新疆下降幅度超过 10%，为全国降幅最大。房地产开发投资增速继续回落。西部地区增长最快，全年房地产投资增速为 24.3%，占全国房地产投资的比重为 21.6%；但是内部结构差异较大，其中，内蒙古同比下降 18.8 个百分点，为全国降幅最大。

保障性安居工程建设加快推进。2012 年，中央和地方不断完善体制机制，从资金、土地、金融支持等方面全力推进保障房建设工作。陕西积极探索“社保基金扶持模式”和“国企增信模式”，将社保资金引入保障房建设，利用国企整体信用优势为保障房建设提供融资担保。

专栏 2　保障房多元融资的陕西模式

2011 年以来，陕西省金融机构加大对保障性住房建设的支持力度，信贷投放快速增长，服务方式不断创新，多元化融资格局初步形成，金融支持保障房建设的“陕西模式”日益完善。在金融机构的大力支持下，陕西省积极推进保障性住房建设，保障性住房开工连续两年居全国第一位，取得了显著的成绩。

2011 年以来，中国人民银行西安分行积极贯彻中央和总行关于提高保障性住房融资力度的举措和部署，加大窗口指导力度，引导金融机构加大对保障性住房的资金投入，并积极与陕西省相关机构建立了房地产信息监测共享机制。2012年，逐步建立了对陕西金融机构差别化住房信贷政策和金融支持保障性安居工程的专项监测制度，将保障性住房的金融支持作为重要组成部分。充分利用开展“双推双增”融资工程的有利时机，引导各地市政府及投资主体通过债券市场筹集保障性住房建设资金。在中国人民银行的大力推动下，各级金融机构结合自身实际和业务优势，对陕西省保障性住房有重点和有策略地介入，形成了“分类介入、多元融资”的保障性住房融资模式。据保障性住房专项调研结果统计，截至2012年9月末，在陕金融机构开展保障性住房融资业务的共计13家，贷款余额306.65亿元。

以多元融资为基本特征的金融支持保障性住房“陕西模式”初步形成，总结为以下几个方面。

一是银行信贷模式。银行贷款主要用于商业模式较为清晰的经适房、限价房、棚户区（城中村）改造项目。这几类住房开发商业模式清晰，项目销售能够有效覆盖贷款本息，各金融机构积极介入，贷款满足率较高。2012年前三季度，陕西省金融机构共审批保障房授信额度172.9亿元，其中棚户区（城中村）改造123.6亿元、经适房44.5亿元、限价房4.8亿元，分别占全部保障房授信额度的71.5%、25.7%和2.8%。国家开发银行陕西分行以开发贷款为载体，支持西安市棚户区改造。截至2012年9月末，共向西安市棚户区改造提供贷款60亿元；陕西省农村信用联社采用股权质押担保方式介入城中村改造项目，对西安27个城中村改造项目贷款余额38.44亿元；国家开发银行与邮政储蓄银行联合发放银团贷款，先后两期为陕西省保障房建设引入邮政储蓄资金24.9亿元。

二是政府融资平台模式。针对公租和廉租住房融资能力较弱的问题，2011年3月，陕西成立了全国第一家省级保障房融资平台陕西省保障性住房建设工程有限公司，以保障房公司为借款主体，向省内金融机构融资。截至2012年9月末，已有4家金融机构累计向该公司提供综合授信113亿元，其中，签订贷款合同15.8亿元。该公司已与陕西10个市89个县（区）签订保障房融资项目117个，建设保障房11.3万套，其中80%的项目为公租和廉租住房建设，占全省保障房建设总量的1/4。

三是社保基金扶持模式。社保基金期限长、利率低，将其引入保障性住房建设，可有效缓解保障性住房建设资金紧张的局面。近年来，国家开发银行陕西分行，主动协调总行与全国社保基金理事会达成协议，向西安市棚户区改造项目引入社保资金10亿元，向陕西煤业集团铜川矿务局棚户区改造项目引入社保资金11亿元。

四是公积金贷款模式。2010年6月，西安市作为全国首批试点城市，获批利用公积金贷款支持7个保障房项目，贷款额度35.3亿元。2012年，西安市在原试点基础上，重新筛选6个保障房项目，拟申请扩大贷款额度37.3亿元。此外，陕西已将试点城市扩大至延安、汉中和咸阳（楼盘），拟支持保障性住房项目19个，申请住房公积金贷款额度78.2亿元。

五是债券融资模式。2011年，西安市曲江建设集团有限公司等12家公司联合发债，募集资金21.5亿元，期限5年，用于西安市高新区、经开区、蓝田县等12个县（区）的保障性住房开发建设。2012年7月，铜川市开发投资有限公司企业债券通过国家发展和改革委员会审批，募集资金8亿元，期限7年，重点用于铜川市城市转型、保障房、园区建设开发等领域。

六是国企增信模式。充分利用国企特别是国有大型企业的整体信用优势，为保障房建设提供融资担保。陕西省保障性住房建设工程有限公司项目贷款由大股东陕西延长石油（集团）有限责任公司提供担保，这一担保总量目前为100亿元。在铜川市棚户区改造过程中，以陕西煤化集团作为棚户区改造项目发起人和协调人，并为该棚户区项目下的贷款提供第三方连带责任保证担保，有效推动了国有矿区改造。

注：原载《中国金融》2013 年第 7 期，作者袁庆春，系中国人民银行西安分行副行长。

（二）旅游业发展与金融支持

2012 年，面对复杂的国内外经济环境，西部地区旅游业保持了健康发展态势，转型升级步伐加快。伴随大众旅游消费市场的兴起，旅游业逐步呈现与农业、工业、文化等产业相融合的发展趋势，产业形态由观光旅游向休闲、度假旅游等转变，旅游产品更趋多样化，质量和档次明显提升。如贵州推动旅游与原生态民族文化融合，形成具有地域特色的苗、侗、布依等少数民族文化旅游产品。

旅游业金融服务水平进一步提高。旅游业融资更趋多样化，银行贷款增长较快，各类创新性信贷产品和直接融资加快发展。金融机构结合区域旅游特色资源，创新信贷产品支持旅游业发展。陕西金融机构针对餐饮企业推出“短贷宝”，通过“双推双增”方式积极推动债券、股票等直接融资手段支持旅游业发展。

（三）“三农”建设与金融支持

综合运用多种货币政策工具，加强宏观信贷政策指导，着力优化信贷结构。发挥存款准备金政策的调节作用，对西部地区一些资产规模偏小、涉农贷款比例较高的农村信用社实施正向激励，执行比大型金融机构低 7 个百分点的存款准备金率优惠政策。给予当地的贷款，执行低于同类金融机构正常标准 1 个百分点的存款准备金率优惠政策。调整西部地区支农再贷款限额，加大中央银行支农再贷款区域间调剂力度。充分发挥信贷政策指导作用，积极开展信贷政策导向效果评估，促进信贷政策与产业政策协调配合，鼓励金融机构将信贷资金更多投向西部地区特色农牧业、能源资源产业、先进装备制造业、战略性新兴产业及旅游业，将西部地区的资源优势转变为经济优势。

积极推进西部地区农村金融产品和服务方式创新，多措并举提高“三农”金融服务水平。尝试农村金融产品和服务方式创新试点工作，鼓励发展农村微型金融和农户小额信用贷款，加大对涉农基础设施建设信贷支持力度，配合集体林权制度改革做好林业发展金融服务工作。加强农村信用体系建设，推进“信用村”“信用户”“信用乡（镇）”创建。改善农村地区支付服务环境，加快普及农村便民支付点。开展金融 IC 卡多应用试点，加快银行卡从磁条向芯片的迁移，推动适应接触式和非接触式金融 IC 卡的自动提款机（ATM）和 POS 机功能的改造，为人民群众提供更加安全、便捷的支付工具。

（四）对外开放与金融支持

金融支持西部地区对外开放和边境贸易发展成效显著。跨境贸易人民币结算试点范围已覆盖全国，西部 12 省份均可开展跨境贸易人民币结算。根据地域特点和资源禀赋优势积极发展邻国贸易，积极落实与俄罗斯、老挝、越南、蒙古、中亚五国（主要是吉尔吉斯斯坦和哈萨克斯坦）等签署的边贸本币结算协定，促进西部地区跨境贸易便利化。广西、云南、新疆分别实现人民币对越南盾、老挝基普、哈萨克斯坦坚戈的货币挂牌交易。联合运用信贷政策、外汇管理、支付结算等手段，支持云南瑞丽、广西东兴、内蒙古满洲里等重点开发开放实验区，推动新疆喀什和霍尔果斯经济开发区建设。

（五）中小企业和民生事业的金融支持

改进和完善中小企业金融服务，切实缓解中小企业“融资难”

问题。积极引导西部地区金融机构转变经营战略，推动适合中小企业金融需求特点的组织架构、管理制度、信贷模式和金融产品创新，不断缓解中小企业“融资难”和“融资贵”的问题。加快银行间债券市场发展，大力推广“区域集优”融资模式，创新西部地区中小企业发行短期融资券、集合票据等债务融资工具。截至 2012 年 8 月末，西部地区共有 22 家中小企业在银行间债券市场累计发行 7 只集合票据，共计融资 13. 3 亿元。规范小额贷款公司等具有融资功能的非金融机构有序发展，合理引导民间融资。

金融支持民生事业有利于实现经济包容性增长。对民族和民贸特许商品生产贷款实行利率优惠，一年期流动资金贷款利率比正常情况低 2. 88 个百分点。金融长期支持西部扶贫开发，支持下岗工人、农民工、妇女、残疾人、高校毕业生等群体创业促就业。做好汶川地震、玉树地震和舟曲特大山洪泥石流灾区灾后恢复重建的金融支持和服务工作。

四 西部金融发展中存在的问题

（一）银行机构多元化程度不高，资金支持经济动力不足

西部地区大型国有金融机构仍占据大部分的信贷市场份额，中小金融机构、地方金融机构发展比较缓慢，比重较小。国有商业银行无论资金计划还是信贷供给规模都要受上一级银行控制，总行出于全行资金收益最大化的考虑，必然会统一调度其各分支机构的资金。在同等风险条件下发达地区贷款收益率比欠发达地区资金收益率高，或在同等贷款收益率下发达地区的金融风险要比欠发达地区小得多，因而总行必然倾向于以不同的形式从贷款收益率低的欠发达地区集中资金，支持经济发达地区。目前西部地区许多省份产业结构单一，各金

融机构优质客户资源较少，使得信贷的投放同质化、集中化，对“三农”经济、县域经济支持力度不够，尤其是一些老少边穷地方金融服务还存在空白。

（二）证券机构相对偏少，直接融资能力欠缺

西部资本市场环境欠佳，西部地区直接融资比例小，资本市场发育迟缓。西部证券机构在全国所占的比例很低。无论上市公司的数量还是融资规模，东部地区都明显优于西部地区。相比经济发达的东部地区，西部企业融资主要依靠信贷融资。然而西部企业债券市场发展较慢，不能满足企业融资的需要。资本市场的无序性和不规范性使得大量的资金流向东南沿海地区，而西部基础性产业的实际资本却长期缺少向金融资本转化的条件与机会。

（三）保险业规模偏小，社会保障和投资功能不足

2012 年，东部地区保险市场依旧是我国保险业发展的主力军，约占全国原保险保费收入的 58%，中部地区和西部地区保险市场保费收入分别占全国份额的 23% 和 19%，西部地区保费收入明显偏低，保险密度也处于三大区域的最低水平。从保险收入来看，西部地区的保费收入不及东部的 1/3，保险业的社会保障和投资功能有待进一步提升。2012 年，西部地区保险法人公司占全国的 5.2%，略高于中部地区的 3.3%，但从人均或地域平均来看，西部地区保险法人公司远远不足。

（四）西部金融中心缺位，金融辐射力不强

与东部地区相比较，西部地区缺乏有辐射力的金融中心，在资源配置尤其是资金配置方面缺乏统一性，各个省、自治区、直辖市资金利用率不高，因而西部地区金融发展水平与东部地区仍有差距，各个省、自治区、直辖市金融发展难以形成规模，带动经济增长能力

有限。重庆、成都、西安都提出了要建设金融中心，三个城市对金融中心的定位各有表述。重庆提出建设“长江中上游金融中心”，成都则是“西部金融中心”，西安早先提出的是“西部重要的金融城市之一”，随后在西部大开发和关中－天水经济区发展的背景下也提出要打造“西部金融中心”。西安和成都、重庆相比较，在打造金融中心方面各有优劣。西安的优势是科技、教育、装备业、高新技术产业、航天业，以及连接东西部的交通区位优势；重庆的优势是传统制造业、生物医药、交通运输设备等，这些产业在全国居领先地位；相比而言成都的软实力较强，电子信息、金融后台、金融服务外包在全国排名靠前，总部基地和商贸物流也发展迅速。从目前来看，能够辐射整个西部的金融中心仍然缺位，西安、重庆、成都谁能挑起重担还要看后续发展。

（五）地方和民间金融市场亟须规范

地方和民间金融的发展既增强了社会融资规模，也加大了地区金融风险，存在正、负的双向作用效果。西部地区能源富集区域，具有资源绝对优势的某些地区急剧富裕起来，民间资本迅速膨胀，进而转向民间借贷，投向收益率高的诸如能源行业及房地产业。由于缺乏银行等正规金融机构的风险控制措施，一旦经济发展势头发生变化，民间融资链条容易急剧断裂，西部地区的鄂尔多斯、神木、榆林等地区是典型案例。该区域属于资本、资源密集区，其经济依托煤炭等能源产业超常规增长，但是金融发展与经济增长不匹配，无法给予经济发展足够的金融支持和金融市场的调剂，民间借贷市场迅速扩张直接关系到房地产、能源、矿产等周期性行业，致使地方和民间资本染上系统性风险。另外，民间借贷参与人员广泛，大量公务员也成为隐性债权人，在社会上形成庞大的民间借贷网络，复杂而神秘，地方和民间金融的风险往往也夹杂着行政腐败和社会关系紧张。

（六）农村金融机构单一，难以完全满足“三农”发展需求

尽管农村信用体系特别是农村信用社的壮大取得明显进展，但是由于农村地区金融机构过于单一，基本的金融服务竞争格局尚未形成，农村信用社业务垄断利润超高、农村信用环境脆弱依然是制约金融业支持农村地区经济发展的主要障碍。西部资金外流的“虹吸”现象仍然存在，促使农村地区一定比例资金回流机制尚未建立。西部农村地区资金需求依然较大，但针对农户、农企的有效抵押品仍然匮乏，贷款抵押担保方式不能适应农村经济发展的现实需要，农村金融产品创新不足。多层次、多样化、适度竞争的农村金融服务体系尚未建立，农村信贷普惠服务水平需要进一步提高，金融生态环境建设仍需要改善，相关政策法规需要进一步健全。

（七）金融协调和服务功能相对滞后

区域经济的发展需要区域金融机构的协调和合作，包括金融监管机构、中央直属商业银行、地方金融机构等追求整体效益最大化下的通力合作。目前，西部区域国有银行间在金融服务上未实现真正意义上的协调与合作，区域间金融机构更多表现为竞争关系，行政壁垒、业务壁垒和政策壁垒较大程度存在，即使同一家国有商业银行不同区域间的合作也是单一项目上的低层次合作，能够促使跨区域金融资源有效流动的市场机制远未建立。因此，金融机构，特别是中央银行和国有商业银行在经营管理模式上必须进行深层次的改革，实现跨区域的金融服务，实现金融资源配置的公平和优化，以体现整体效益的最大化。以金融办为代表的地方政府金融体制还不完善，与东部地区比较而言差距还较大，在发挥金融协调和服务的功能上还有待进一步提高。

五　西部金融发展建议

（一）加快推进西部金融机构体制改革

培育市场主体，放松市场准入管制。按照中央一号文件要求，进一步深化农村金融体制改革，充分发挥民间资本的作用，让更多的“地下金融”合理化、合法化，成为正规金融体系中的重要组成部分（如小额贷款机构、乡镇银行、社区银行等），以满足多层次金融需求。鼓励多种形式的产品创新和制度创新，积极发展农业保险，因地制宜尝试巨灾保险，发展大宗农产品期货等，构建一个产权明晰、功能互补、可持续发展的多层次农村金融机构体系。继续优化城市和农村信用社、城市商业银行的股权结构，对部分地方性金融机构进行重新组合，使之成为规模较大、覆盖面较广的区域性金融机构。

减少行政干预和政府保护。虽然金融机构已经基本与政府和监管机构脱钩，股权结构趋于多元化，但是过度保护和行政干预问题并没有完全消除。无论是从提高企业竞争力、维护市场公平还是从防范系统性金融风险的角度出发，政府都应主动转变经济管理和宏观调控的方式，使企业真正成为市场主体，拥有更大的自主性，同时加强对金融消费者的保护，以此推动金融机构的合规、审慎经营。

重视西部地区金融机构风险防范。加强日常金融风险监测体系工作，依法规范开展金融机构稳健性现场评估，完善重大金融突发事件报告制度，重点关注系统重要性金融机构风险，研究相应的风险防范和应对措施，完善风险处置和清算安排，坚决守住不发生区域性、系统性金融风险的底线。

（二）大力发展和完善资本市场体系

积极发展直接融资。不断扩大资本市场规模，对过于分散的金融机构通过兼并重组的方式整合金融资源，以提高中小型金融机构的竞争实力。鼓励和规范各种金融组织发展，支持金融机构创新，推进符合条件的金融机构上市，规范和引导借壳上市，以形成规模适当、分工合理、特色经营的多层次金融组织体系。研究规范西部地区私募基金的制度安排，稳妥推进期货品种和业务创新，开展能源类商品期货、金融期货、期权以及碳排放权交易研究，开展期货公司投资咨询业务试点。

农业是西部发展的基础，当前，全国农产品期货品种总数已达13个，基本涵盖了粮、棉、油、糖等主要品种，但实体经济对开发更多期货产品还有旺盛需求。西部地区要率先开发农产品期货品种，研究设立油菜籽、鸡蛋、土豆等期货产品以及地方干果类期货产品。加强对西部地区以煤炭能源为代表的期货市场基础建设与经营模式的研究，联合陇东、陕北、内蒙古和山西西部地区，以资本市场为保障，形成西部煤炭和天然气现货交易中心，增强“能源极”的聚集优势功能。引导能源类资本有进有出的投融资渠道，避免能源资本的“坍塌”。

提高西部地区证券期货经营机构竞争力。利用深入推进西部大开发的契机争取中央政策支持西部资本市场发展，支持符合条件的现代农业、知识和技术创新型等有发展潜力和竞争力的企业在主板（中小板）、创业板上市，扩大债券融资规模，逐步扩大开展中小企业私募债试点。

（三）积极发展面向“三农”的保险市场

统筹中央和地方政策性农业保险和农村相关保险。针对农业中的薄弱环节，开展农险服务标准化建设，建立深入基层、了解实情的保险基层服务体系。创新农业保险险种，切实稳定西部农业发展。除了巩固传统的农产品种植业的保险外，加大财政投入，开发针对母猪（牛、羊等）繁育、农村住房、林业、牧业等政策性险种。加强对巨灾险覆盖范围的支持力度，为西部地区遭受自然灾害、严重影响地区生产的区域提供支持。指导投保公司加强财务稳健性管理，做好风险排查和防范工作，关注市场中出现的传销、非法集资等风险苗头，迅速、有效地予以处置，防止风险蔓延。创新农业保险品种，探索建立农村信贷与农业保险相结合的银保互动机制，形成稳定的农业风险管理和保险体系。

（四）加快推进以西安为重点的区域金融中心建设

以深入推进西部大开发战略、关中－天水经济区、丝绸之路经济带新起点建设和西咸新区的批复为契机，推进西安区域性金融中心建设。加大对金融机构招商引资力度，吸引丝绸之路经济带沿线国家境外金融机构和全国性金融机构新设公司或后台服务中心落户西安，引导现有省内金融机构和金融管理机构搬迁聚集，切实落实有关优惠政策，加快金融基础设施建设。提倡金融机构差异化发展模式，结合西北地区能源经济、科技优势和中小企业突出等特点，发展专业化和小型化的金融组织。引进与能源资源、科技资源相关的金融机构，建立各类能源交易所或能源资源交易中心，创建科技型企业发展基金，形成辐射西北乃至西部的能源金融中心和金融支持科技型企业发展的样板。大力发展离岸金融服务业，建设金融机构后台服务中心和金融服务外包基地。推进陕北、内蒙古和陇东地区能源金融功能区建设，不断创新融资方式，积极拓宽融资渠道，推动能源企业通过上市、租赁、发债、信托等多元化方式融资，引导民间资本合理有序进入能源产业。要把西安着力打造为服务陕西、辐射西北的西部区域性金融中心和丝绸之路经济带国际金融中心。

（五）规范和引导民间金融有序发展

民间借贷一直是满足中小企业融资的重要渠道，民间借贷需要合法化和规范化。要完善和落实国务院关于促进非公有制经济发展的各项政策措施，打破垄断，放宽准入，鼓励民间资本进入铁路、市政、金融、能源、电信、教育、医疗等领域。鼓励对现有民间金融机构进行重组整合，在依法合规经营、信用良好、股东自愿的基础上，引导非融资性担保公司组建转变为融资性担保公司，对寄售行等非正规组织向融资性担保公司等正规机构转型。对小额贷款公司、村镇银行、农村资金互助社、农村合作金融机构等机构设立和经营，在同等条件下优先推荐和引导符合条件并有意愿参与的各类融资性机构股东入股。加快推进内蒙古鄂尔多斯和陕西神木县作为西部地区金融综合改革试点的研究工作，尽快提出有效改革方案并科学实施。

加强对民间金融的监管监测。加强对各类民间借贷市场主体的公司账户、法人代表及关联人员账户资金流向的动态监测，加强审查和分析涉及民间借贷的大额和可疑资金交易，对违法违规的资金借贷行为要科学认定并及时予以立案查处。规范民间金融的监管主体，尽快改变目前民间金融机构监管分布不统一的局面（如典当行由商务局监管，小贷公司由金融办监管，担保公司则存在监管空白等），尽快完善以省金融办为监管主体的地方金融和民间金融监管体系并明确监管职责和范围。

（六）改善和提升农村金融服务体系

农村金融是我国金融体系的重要组成部分，是支持服务“三农”的重要力量。西部地区要把有效服务“三农”和小企业作为农村金融机制建设的内在要求，把产品和服务创新作为改进农村金融服务的重要手段，把队伍建设作为提升竞争力和改善金融服务的根本保障。在审慎监管的基础上推进农村新型金融组织组建工作，强化小微金融机构和社区银行的市场定位。进一步深化农村信用社改革，理顺农村信用社管理体制，不断完善法人治理结构，推行市场化用人机制，提高风险抵御能力，更好地发挥农村信用社“三农”服务主力军作用。

因地制宜创新农村信贷产品和服务方式。不断探索和创新农地金融，开发更具活力的农村土地及其附属品产权抵押方式，推进农村集体经营性建设用地产权抵押融资，在农民房屋产权、集体林权、大型农机具等抵押贷款基础上不断创新，积极探索并推广“信贷+保险”产品等在内的新型金融产品和服务方式。

（七）加强部门协作，优化金融生态

充分发挥地方政府维护金融生态工作的领导和推动作用。金融生态环境包括经济、社会、文化、法律等诸多相互作用、相互制约的因素，涉及众多部门，因此需要建立财政、税务、工商、公检法、新闻宣传、中国人民银行、金融监管和金融机构等各个部门齐抓共管、协调联动的工作机制，形成共同改善和维护金融生态环境的良好局面。及时审理金融纠纷案件，提高金融纠纷案件的审结率和执行率，依法维护金融债权利益，维护良好的社会信用秩序。正确引导民间投融资行为，联合多部门建立金融稳定协调工作机制，明确任务并落实责任，协调好“一行、三会、金融办”的关系，共同维护金融安全与稳定。

加快完善征信体系建设步伐，积极推进个人、企业公共信息系统和征信系统数据库建设，实现各有关部门之间信息系统的互联互通、资源共享，进一步完善信用评级机构和机制，加快各类中介机构市场化、公司化运作，形成市场竞争机制。

（八）积极创新区域金融

探索发展碳汇金融。中国作为发展中国家目前尚未承担强制碳减排责任，但基于 CDM 的“碳资产”供应量潜力却居世界首位。西部地区拥有石油、煤、天然气等丰富的能源，在空间维度上，以西安市为基地，以陕西省为辐射面，在功能维度上，以拓展 CDM 相关项目交易为先导，逐步探索陕西省区域以地方碳排放权分配和交易为基础的碳金融交易实践方式。进一步建设辐射范围更大、功能更加完备、影响力不断增强的区域性碳金融交易中心。

积极开拓服务于新丝绸之路经济带的金融产业创新模式。西部地区要充分依靠和利用现有的金融资源和科技资源，建立以政府政策为引导，以创业投资、产业基金等直接融资模式为主体，以银行信贷为支撑，以科技金融中介机构为媒介，产学研紧密结合的投融资服务体系。研究设立风险准备专项资金，对银行开展中小企业信贷业务提供担保，同时推动中小企业集合债或集合票据发行，解决其“融资难”的问题。发展西部特色农业、节水农业、生态农业的信贷投入机制，特别是有选择地增加对生态环境建设项目的贷款。

（九）加大金融支持经济发展的力度

西部大开发战略被放在区域发展总体战略的优先位置，国家给予特殊的政策扶持，为西部地区经济发展创造良好环境。西部地区基础设施建设仍有一定空间，可扩大铁路、公路、民航、水运网络，建设一批骨干水利工程和重点水利枢纽，加快推进油气管道和主要输电信道及联网工程。加快建立生态补偿机制，实施以退耕还林、退牧还草为主的重点生态工程，从源头上扭转生态环境恶化趋势。发挥资源的比较优势，深入实施以市场为导向的资源优势转化战略，加快建设国家能源、资源深加工、装备制造业和战略性新兴产业基地。加强与中、东部地区的合作，有序承接产业转移。西部地区地域辽阔，在认真贯彻落实中央支持西藏、新疆跨越式发展的各项政策的同时，可坚持以线串点、以点带面，推动重点经济区率先发展，培育新的经济增长极，加快推进重点口岸、重点开发开放实验区以及特殊经济区建设，推进沿边地区开发开放。

西部地区金融机构要紧紧围绕发展的主题主线，以提高经济增长质量和效益为中心，继续贯彻落实稳健的货币政策，处理好稳增长、调结构、控物价和防风险之间的关系，保持货币信贷总量和社会融资规模平稳适度增长。进一步优化信贷资源配置，加强存量信贷资产结构调整，加大对国家重点在建续建项目、“三农”、小微企业、服务业和战略性新兴产业等信贷支持。积极创新金融产品和服务方式，探索建立与城镇化发展相适应的融资模式。不断提升节能环保领域的金融服务水平，重点支持循环经济发展和环境保护。配合国家区域发展政策，继续做好区域经济协调发展的金融支持工作。拓宽实体经济融资渠道，进一步提升服务实体经济水平。加强金融风险监测和排查，牢牢守住不发生系统性、区域性金融风险的底线。

参考文献

[1] 亚当·斯密：《国富论》，郭大力、王亚南译，上海三联书店，2009。

[2] 戈德史密斯：《金融结构与金融发展》，周朔译，上海人民出版社，1996。

[3] 张颖君：《推进西部农村金融改革发展的政策取向》，《中国农村金融》2012年第2期。

[4] 王敏芳：《西部地区城乡发展与城乡经济增长》，《统计与决策》2012年第2期。

[5] 张晓亮：《西部金融发展对产业结构优化的影响效应评价》，《甘肃金融》2011年第12期。

[6] 谷小菁：《中国西部地区金融发展的经济效应》，《重庆理工大学学报》2011年第3期。

［7］李彤：《地方金融机构应注重小专快精》，《中国金融》2012 年第 4 期。
［8］尹振涛：《地方金融发展应明确立足点》，《中国金融》2012 年第 3 期。
［9］李有星、郭晓梅：《论我国小额贷款公司的监管定位与核心规则》，《中国商法年刊》2008 年第 7 期。
［10］孙俊东、林广瑞：《小额贷款公司的科学定位及监管政策建议》，《财会月刊》2011 年第 10 期。
［11］花冯涛：《西部大开发资本引入路径与经济增长实证分析——基于脉冲响应函数及方差分解的技术分析》，《山西财经大学学报》2010 年第 6 期。
［12］崔婷、朱久霞：《从温州民间借贷事件看中小企业融资》，《会计之友》2012 年第 15 期。
［13］冯登艳：《金融深化是化解民间借贷危机的根本途径》，《金融理论与实践》2012 年第 5 期。
［14］赵丙奇、廖红燕：《民间金融：融资效率、风险及防范》，《农村经济》2012 年第 5 期。
［15］高尚全：《发展民间金融　推动民本经济》，《浙江金融》2012 年第 4 期。

分 报 告

Regional Reports

B.2
陕西金融发展报告

王晓娟*

摘　要：

近年来，陕西不断深化金融改革，金融机构实力与活力不断增强，支持陕西经济快速、持续、健康发展。本报告通过对陕西金融发展运行的特点进行全面分析，发现陕西金融发展在规模、质量、市场、生态等方面亟待改善。在新一轮稳健的货币政策下，通过对其面临的形势及环境进行分析，进一步提出陕西未来金融发展的思路和对策。

关键词：

金融发展　金融市场　借贷

---

* 王晓娟，陕西省社会科学院金融投资研究所助理研究员。

2013 年，陕西继续围绕“三强一富一美”的西部强省建设目标，坚持以富民强省、科学发展为主题，以调结构、转方式为主线，结合关－天经济区、陕甘宁革命老区、晋陕豫黄河金三角和呼包银榆经济区等国家战略规划，充分发挥区位优势、产业优势，经济保持了稳定的增长态势。截至 2013 年上半年，陕西地区生产总值 6777.73 亿元，增长 11%。其中，第一产业生产总值 399.55 亿元，增长 3.1%；第二产业生产总值 3833.40 亿元，增长 12.9%；第三产业生产总值 2544.78 亿元，增长 9.2%。固定资产投资 6351.5 亿元，增长 26.9%。外贸进出口总额 82.11 亿美元，增长 25.4%。地方财政收入 873.15 亿元，增长 12.0%。毫无疑问，陕西经济已经步入增长快车道。2013 年，陕西金融机构积极落实中央的货币政策，大力推进金融服务现代化建设，妥善处理地方经济发展与金融风险的关系，金融生态环境发展向好，对实体经济、小微企业和产业结构调整的支持作用持续增强。截至 2013 年上半年，陕西各项存款余额 25151.65 亿元，各项贷款 15795.89 亿元。总体来看，陕西金融业资产规模持续扩大，金融机构数量不断增加，金融市场运行机制日益增强。

一 陕西金融发展特征分析

（一）宽松信贷助推经济增长，金融服务业发展有待提升

社会融资规模反映的是金融与经济的关系，是金融对实体经济资金支持的总量指标。陕西社会融资规模从 2005 年的 3983.19 亿元增长到 2012 年的 14138.2 亿元，年均增长高达 33%。根据 2008～2012 年的数据分析显示，5 年间陕西社会融资规模翻了一番还多，年增长率基本在 20% 上下。值得注意的是，2009 年，陕西社会融资规模增长率高达 36.65%。受 2008 年美国次贷危机引发的

全球性金融危机的影响，为了继续保持经济又好又快发展，避免经济下滑，2008 年 11 月 5 日，国务院提出了扩大内需十项措施，即“4 万亿元经济刺激计划”，在这种背景下，配套国家“4 万亿元经济刺激计划”，地方政府积极推进投资计划，地方融资规模迅速扩大。尤其是 2009 年初中国人民银行与中国银行业监督管理委员会联合发布了《关于进一步加强信贷结构调整促进国民经济平稳较快发展的指导意见》，进一步加快了地方融资规模的发展，无论是数量还是融资规模都是前所未有的。陕西也不例外，在 2009 年，社会融资规模和速度都空前高涨，为陕西经济增长做出了重要贡献（见图 1）。

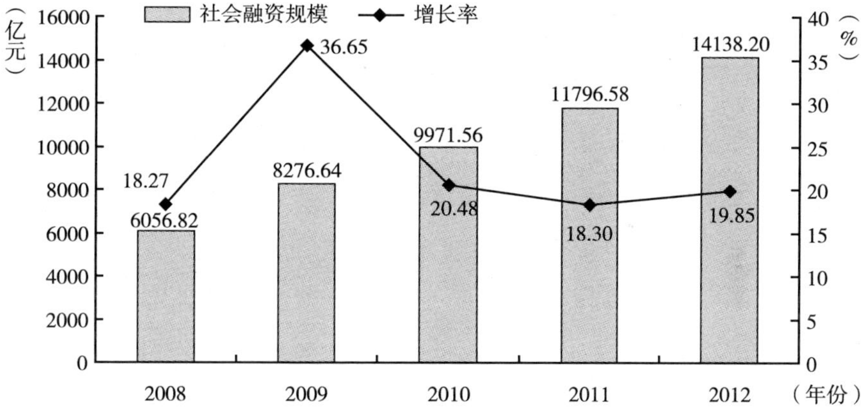

图 1　2008 ~ 2012 年陕西社会融资规模

同时，2011 年，陕西金融机构信贷余额 18480. 87 亿元，存款余额 19147. 62 亿元。信贷占 GDP 比重、存款占 GDP 比重和信贷占社会固定投资比重依次为 149. 14%、153. 03% 和 184. 37%。可见，陕西经济增长是靠宽松的信贷来推动的，投资对经济增长起到非常积极的作用。然而，信贷规模占 GDP 的比重如此之高，一方面，加大了银行信贷风险；另一方面，由于投资力度过大，会造成一些行业产能过剩，加大了整个经济系统的风险。另外，在陕西宽松信贷支持经济发展的背景下，陕西的金融产业也得到了长足的发展。陕西金融产业增加值从2008年的287.16亿元增加到2011年的432.11亿元，每年以10%以上的速度增长。然而，由于陕西金融业本身基数相对全国以及发达省份偏低，占GDP的比重也较全国平均水平偏低，说明陕西金融业的发展仍然较为落后。

（二）金融机构数量逐年攀升，从业人员工资水平偏低

近年来，陕西金融机构的数量不断扩大。其中，银行业金融机构规模最大。2012年，陕西银行业金融机构营业网点6165个，从业人数为87677人。其中，大型商业银行营业网点1857个，小型农村金融机构营业网点2934个，邮政储蓄营业网点1259个，银行法人机构数以小型农村金融机构最多，达108个，城市商业银行有长安银行和西安银行2家，农信社有陕西信合1家，信托公司有长安国际信托股份有限公司、西安国家信托有限公司和陕西国际信托股份有限公司3家，财务公司有西电集团财务股份公司1家。截至2013年上半年，陕西有西部证券、开源证券和中邮证券3家证券公司，证券分公司8家，证券营业部22家，异地证券公司驻陕营业部56家，证券营业部从业人员3601人；期货公司有长安期货经纪有限公司、迈科期货经纪有限公司和西部期货经纪有限公司3家，期货营业部27家，期货从业人员568人。相比其他行业工资水平，金融业一直是高薪领军行业。2011年，全国金融业从业人员年平均工资81109元。陕西金融业从业人员年平均工资53289元，相差近3万元，与东部地区及发达地区差距更大。通过西部各省份的对比显示，陕西金融业工资水平仅比甘肃（38163元）高，比其他省份和地区均低。西藏最高，达91919元，重庆、贵州、云南都在7万元以上（见图2）。

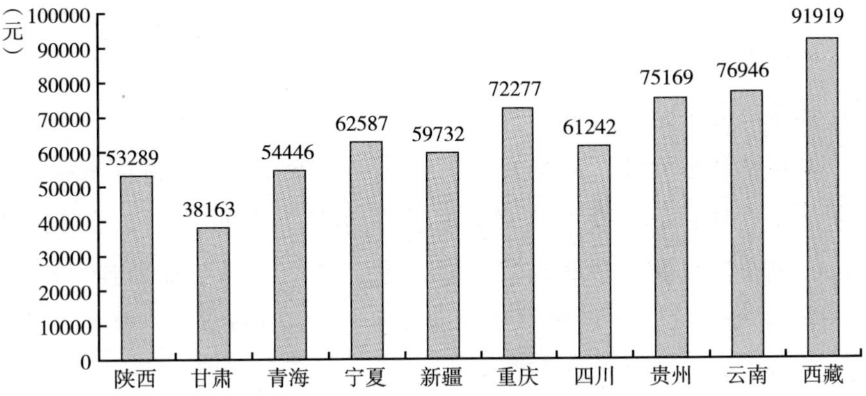

图2　西部地区金融业从业人员年平均工资对比（2011年）

资料来源：《中国金融统计年鉴2012》。

专栏1　结盟小微打造品牌

——韩城联社支持小微企业发展纪实

韩城矿产资源丰富，工业发展起步较早，小微企业发展迅猛，开发潜力巨大。近年来，韩城市农村信用联社积极与小微企业结盟，倾力打造“黄金企业客户”和“黄金工商个体户”品牌，积极破解小微企业“贷款难”问题，为市域经济的快速稳健发展做出了突出的贡献。目前全市共有976家小企业、4820户个体工商户。韩城联社在支持“三农”的同时，向896家小企业和3510户个体工商户累计投放贷款75.8亿元，投放面分别占全市小企业和个体工商户总数的91.8%和72.8%。到2013年4月末，在信用社开户的小企业达923户，个体工商户达3560户，80%以上的小企业和个体工商户与信用社有经常性的业务往来，成为信用社稳定的业务增长点。

一、评定“黄金客户”，与小微企业真诚结盟

小企业、个体工商户与信用社有着天然的鱼水关系。联社始终把为小企业和个体工商户服务作为倾力打造的第一品牌，在全市小微企业中评定“黄金企业客户”，在工商个体户中评定“黄金工商个体

户”，实现互动双赢。一是根据与信用社建立信贷业务关系的小企业、个体工商户的意愿，开展评级授信，并结合经营实力、信誉记录及经营活动需要，合理确定授信额度，逐户建立基本档案，定期上门走访，实施动态管理。二是对评定出的“黄金企业”，由信用社上门服务，发放贷款证，授予“黄金客户”牌匾，并根据小微企业还款情况、现金流量及发展和经营需要，为企业适度调整增加授信额度。至2013年4月末，已评定出“黄金企业客户”177家、“黄金工商个体户”183家，授信总额达到6.9亿元。

二、简化贷款流程，与小微企业倾情合作

一是对“黄金企业客户”和“黄金工商个体户”全面实行“一次授信、周转使用、利率优惠、随用随贷”的优惠政策和“阳光办贷”服务，使小企业和个体工商户在信用社柜台只用几分钟的时间就可以办理贷款，如同取存款一样方便。二是简化小微企业贷款程序，凡评定为“黄金企业”的客户在授信额度以内，统一启用了“最高限额抵押担保合同”，一次签订两年，贷款在合同期限内循环使用，无须再次办理抵押担保手续，使企业做到随用随贷，加快了资金周转速度，提高了资金使用效益。这些方便、快捷、高效的小微企业信贷服务模式是韩城信用联社区别于其他金融机构的核心竞争力所在，并被市内其他金融机构纷纷效仿。

三、坚持减负让利，打造社企坚强同盟

一是实行“黄金客户”贷款利率和贴现利率优惠。目前贴现利率始终较其他客户优惠0.3毫。从2009年至2013年4月末，累计发放“黄金客户”贷款70多亿元，通过实行利率差别、减息让利，为企业直接减轻财务负担2000多万元。二是根据韩城大多数企业资金往来频繁、结算量大且现金、转账和银行承兑汇票结算多的实际，积极推介使用大小额支付系统、签发银行承兑汇票、办理票据贴现、代发工资等业务，使小微企业所需资金实时到账，拓宽了融资渠道。

如韩城市金太阳花椒油脂药料有限责任公司在成立初期，流动资金极其匮乏，在生产经营受到困扰之际，联社5年来累计投放贷款1800多万元，帮助企业发展壮大，使企业成长为年深加工花椒籽达3万吨以上，产品远销西安、延安、山西等地，销售收入突破1亿元的龙头企业。同时也使当地大量废弃的花椒籽变成了农民的“钱串子”，每年带动椒农人均增收上千元，解决了当地1200多名农民的就业问题。

资料来源：陕西省农村信用社渭南信合网站，www. sxwnxh. com。

（三）金融市场运行平稳，资金保障能力提升

2013年以来，陕西金融市场服务广度与深度不断扩展，“稳增长”效应显现，资产质量和盈利水平得到提升，有力支撑了实体经济的发展，信贷市场规模持续扩大。截至2013年上半年，陕西信贷市场存款余额25151.64亿元，贷款余额15795.88亿元。各项存款以单位存款和个人存款为主，其中，单位存款12138.52亿元，个人存款12210.96亿元；各项贷款以境内贷款为主，境内贷款15778.43亿元，其中，中长期贷款10493.69亿元，短期贷款4592.17亿元。详见表1。2012年，陕西银行业金融机构资产总额达3万亿元，增长19.9%。净利率增长28.3%。银行业稳健性显著提升，不良贷款额与不良贷款率继续“双降”，拨备覆盖率提升，资本充足率提高。信贷结构优化，以保增长、促就业为核心目标，新增贷款集中投向生产性、就业型行业，其中，居民服务类和文娱类贷款分别增长128.5%和58.5%。产业转型升级特征显现。

陕西证券业转变发展方式，不断创新，证券业发展质量整体提升，服务地方经济发展的作用凸显。截至2013年上半年，境内上市

表 1　2013 年 6 月陕西省金融机构（含外资）本外币信贷主要项目

单位：亿元

资金来源方项目	余额	资金运用方项目	余额
各项存款	25151.64	各项贷款	15795.88
1. 单位存款	12138.52	（一）境内贷款	15778.43
2. 个人存款	12210.96	1. 短期贷款	4592.17
3. 财政性存款	458.74	2. 中长期贷款	10493.69
4. 临时性存款	56.72	3. 融资租赁	0.66
5. 委托存款	80.83	4. 票据融资	687.30
6. 其他存款	205.87	5. 各项垫款	4.61
		（二）境外贷款	17.45
		有价证券	400.79

资料来源：中国人民银行西安分行网站。

公司 39 家，总市值 1957.05 亿元，总股本 261.80 亿股，证券公司 3 家，证券分公司 8 家，异地证券公司驻陕 56 家，证券公司资产总额 142.68 亿元，证券公司负债总额 75.75 亿元。2012 年，证券业营业收入和净利润“双降”，2013 年第一季度，证券公司营业收入 2.64 亿元，净利润 0.48 亿元。全省 3 家券商积极增资扩股，抗风险能力显著提升。西部证券已开展中小企业私募债承销业务，创新步伐全面提速。2012 年以来，陕西上市公司加快重组，资本市场融资能力增强。2 家暂停上市公司化解重大退市风险，5 家成功摘帽 ST，2 家公司推出股权激励方案，上市公司整体质量明显提升。同时，大约有 32 家拟重点上市企业，其中，陕煤股份、秦宝牧业、天和防务已通过证监会发行审核，秦宝牧业将成为陕西首家农业类上市企业，上市公司的培育、储备和整合力度空前。

2012 年，经济下行压力对保险业传导效应显现，陕西保险业努力克服外部环境影响，保险市场保持了平稳发展态势，市场组织秩序基本稳定。保费收入逐年提升。保费收入从 2008 年的 217.78 亿元提高到2012年的365.33元。保险深度是指某地保费收入与该地国内生产总值（GDP）之比，反映了该地保险业在整个国民经济中的地位。保险深度取决于当地经济总体发展水平和保险业的发展速度。保险密度是指按当地人口计算的人均保险费额。保险密度反映了该地国民参加保险的程度，反映了国民经济和保险业的发展水平。2012年，陕西保费收入365.33亿元，保险深度2.53%，保险密度973.41元/人。保险深度为2008年以来的最低水平，在一定程度上反映了陕西经济总体水平和保险业的发展相对滞后。2008年以来，陕西保险密度增长率快速下降。2008～2010年，陕西保险深度大致维持在3%的水平，2011年以后，保险深度出现微小下降的趋势。这说明陕西保险业发展水平低，不够活跃（见表2）。

表2　2008～2012年陕西保险市场情况

年份	2008	2009	2010	2011	2012
保费收入(亿元)	217.78	260.0	333.8	343.7	365.33
保险深度(%)	3.2	3.0	3.3	2.77	2.53
保险密度(元/人)	578.8	692.0	883.0	920.82	973.41

（四）金融市场呈现结构性变化，资金量总体富裕

2013年以来，同业拆借业务萎缩，债券逆回购增长迅猛，市场利率总体下行。2013年1～6月，陕西通过银行间同业拆借市场累计成交50笔，成交金额150.5亿元，同比减少41.3%。同业拆借市场萎缩是因为隔夜回购品种成交活跃，已成为替代同业拆借业务的主要头寸调节工具。从回购市场看，债券回购累计成交2960笔，成交金额5593.5亿元，同比增长44.2%。逆回购迅猛增长表明，一方面，陕西部分金融机构流动性充足，在银行间市场发挥了“市场稳定器”的作用；另一方面，非银行金融机构理财产品投向更偏向银行间债券

市场。

2013 年 6 月 20 日，全国银行间市场隔夜拆借利率飙升到 13.44%，随后，盘中先后突破 20%、30% 大关，银行间市场进入所谓的“钱荒”格局。陕西在 6 月下旬同业市场拆借利率为 5.1%，低于全国平均水平的 6.7%。同业拆借市场资金两笔 5 亿元；在债券市场，正回购 88 笔 153.5 亿元，逆回购 107 笔 237.4 亿元，合计净融出资金 78.9 亿元，表明陕西在银行间市场流动性趋紧背景下，资金总体上来说处于富裕状态。

（五）直接融资规模上升，融资结构特征明显

在“双推双增”融资工程推动下，陕西直接融资规模上升，融资方式多元化，融资结构趋于优化。2013 年上半年，陕西企业通过非金融企业债务融资工具累计融资 284.5 亿元，同比增长 70.4%。直接融资呈现三大特点。一是从融资品种上看，债务融资中的中期票据和非公开定向融资工具成为企业融资的主要工具。由于银行间市场利率走低，中长期通胀预期增强，发行中期票据也有利于企业提前锁定融资成本。企业债是工业投资、基础设施建设的重要资金来源，也是地方融资平台公司的重要融资工具，随着新型城镇化建设与工业强省战略的实施，地方融资平台公司“借新还旧”的压力加大，企业债呈现爆发式增长。二是从融资结构看，西安融资规模占绝对比重。2013 年上半年，西安直接融资规模 353.5 亿元，占全省融资额的 91.3%，宝鸡、渭南和安康直接融资额在 10 亿～12 亿元之间，大约各占全省直接融资规模的 3%。三是非金融企业债务融资工具利率成本有所上升。2013 年上半年，陕西非金融企业债务融资工具票面利率为 5.65%，同比上升 10 个基点。上升原因是对政府融资平台公司发债，机构投资者持谨慎购买态度，但这并未影响非金融企业债务融资工具的整体利率优势。

（六）区域贷款结构分布悬殊，西安绝对比重地位突出

截至2013年上半年，陕西金融机构各项贷款余额为15451.59亿元。其中，西安贷款余额9534亿元，占全省贷款总额的绝对优势，比重为62.85%。榆林贷款规模排名第二，为1755.76亿元，占比11.57%，这与西安和榆林在陕西经济中的地位和作用有重要的相关性。但从贷款规模和比重来看，居第一位的西安和排名第二位的榆林相比，也是差距悬殊。宝鸡、咸阳和渭南规模接近，占比大致在接近5%的水平上。延安和汉中占比接近，分别是3.5%和3.07%。安康、商洛位居其后，占比分别是2.34%和1.56%。铜川和杨凌规模最小，占比不到1%，分别为0.73%和0.28%。按照关中、陕北、陕南区域分类结果来看，关中规模最大，占比77.96%，陕北占比15.07%，陕南规模最小，占比6.96%。可见，陕西各市区贷款结构分布情况悬殊，地区间发展很不均衡，西安占据六成以上贷款比重，其他各市区较西安有相当大的距离（见表3和图3）。

表3　2013年上半年陕西各市区贷款结构

单位：亿元，%

	西安	宝鸡	榆林	延安	咸阳	渭南	商洛	汉中	安康	杨凌	铜川
贷款额	9534	719.80	1755.76	531.00	717.93	701.16	236.14	465.22	355.13	42.14	111.18
贷款结构	62.85	4.75	11.57	3.50	4.73	4.62	1.56	3.07	2.34	0.28	0.73

（七）民间金融市场活跃，借贷利率趋于温和

截至2013年上半年，全国民间小额贷款公司7086家，从业人数82610人，实收资本6252.10亿元，贷款余额7043.49亿元。陕西民间小额贷款公司199家，从业人数1667人，实收资本142.35亿元，贷款余额141.51亿元（见表4）。陕西民间小额贷款公司数量大约为

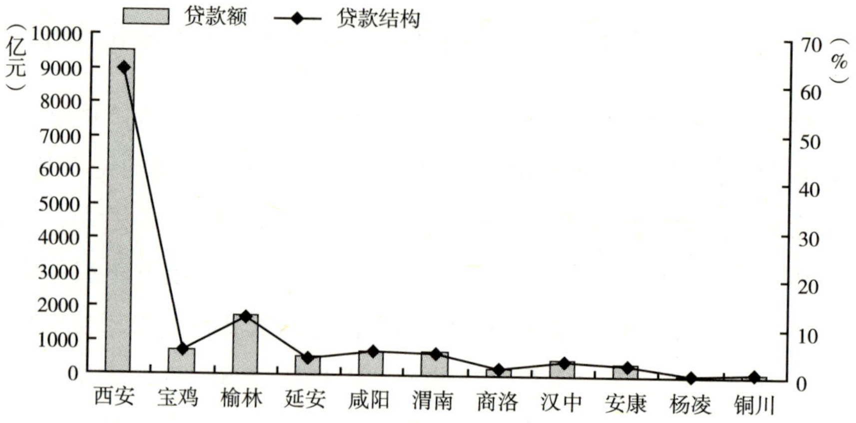

图3　2013年上半年陕西各市区贷款结构

全国的平均水平，说明民间金融市场较为活跃，但实收资本和贷款余额较全国平均水平偏低，说明民间贷款公司规模较小。随着2011年以来稳健的货币政策和房地产市场宏观调控的深入，陕西民间融资保持了平稳的发展态势，对促进实体经济发展特别是民营经济发展起到了一定作用。受经济金融大环境影响，目前民间借贷市场明显降温，借贷利率相对温和。部分规模较小的机构被“洗牌”，金融机构存款回升明显，民间资金“理性回归”。进入2013年以来，吸收存款利率普遍降为1.7‰，贷款利率普遍降为20‰~25‰，相比前两年有较大回落。同时，民间金融机构风险定价能力增强，存款利率浮动区间扩大后，存款定价灵活度提高，体现了民间金融借贷的差异化和精细化特征（见表4）。

表4　2013年上半年陕西与全国民间金融对比

	小额贷款公司数量(家)	从业人数（人）	实收资本（亿元）	贷款余额（亿元）	贷款余额比重（%）
全国	7086	82610	6252.10	7043.49	100.00
陕西	199	1667	142.35	141.51	2.01

资料来源：中国人民银行网站。

（八）信贷资源配置倾向民生，投放结构优化促进经济转型

从投向来看，信贷资源向促进就业和民生领域倾斜。从行业角度分析，从贷款存量看，截至2013年6月末，批发和零售业取代电力、燃气及水的生产和供应业进入前五大行业。从贷款增量看，前6个月，制造业新增贷款首次排第一位，批发和零售业首次排第三位（见表5）。从贷款增速看，住宿和餐饮业，软件和信息服务业，租赁和商务服务业，批发和零售业等民生、就业类以及新兴产业贷款增速较快，均在35%以上。与此同时，自2012年以来，中国人民银行西安分行开展民生金融督导点创建活动，推出民生金融主办银行制度，陕西省民生金融整体服务水平大幅提升，金融普惠程度明显扩大。截至2013年6月末，全省涉农贷款余额3772.1亿元，同比增长33.4%，增速创三年新高；小微企业贷款余额1638.4亿元，同比增长31.4%，高于大型企业和中型企业贷款增速7.8个和11.3个百分点。贷款投放结构的变化一定程度上表明陕西省经济发展方式转变呈现向好趋势。

表5　2013年上半年陕西省金融机构企业贷款余额及新增前五大行业

单位：亿元，%

余额前五大行业						2013年上半年新增前五大行业	
2013年上半年			2012年上半年				
行业	余额	占比	行业	余额	占比	行业	新增额
交通运输、仓储和邮政业	2668.4	25.6	交通运输、仓储和邮政业	2489.0	27.8	制造业	178.8
制造业	1644.1	15.6	制造业	1355.6	15.1	采矿业	123.4
采矿业	1187.7	11.4	采矿业	1057.8	11.8	批发和零售业	121.3
批发和零售业	1020.1	9.8	电力、燃气及水的生产和供应业	874.6	9.8	房地产业	116.1
水利、环境和公共设施管理业	942.0	9.0	水利、环境和公共设施管理业	822.7	9.2	交通运输、仓储和邮政业	108.9

（九）金融生态环境优化，信用体系建设深化

2012年，陕西金融生态环境评价逐步完善，初步建立县域金融生态环境评价体系。《陕西省公共信用信息条例》正式实施，公共信息征集、使用、披露和共享步入法制化轨道。全省4个县试点开展农村信用体系实验区建设，探索农村信用融资新模式。信用系统建设取得长足进展，全年新增6.4万个农户信用档案，评定新用户1.2万户，全省84%的企业和53%的个人信息已经纳入征信系统。征信系统利用率显著提高，全年企业和个人征信系统累计查询量分别增长25.4%和9.2%。农村致富环境进一步改善。全省农村地区银行机构网点电子支付通汇率达98.8%，支付结算渠道更加通畅。银行卡助农取款服务网点建设提速，累计建成18025个网点，覆盖所有乡镇和70%以上的行政村。陕西省信用联社成功发行具有金融功能的社保IC卡，成为全国首家取得金融社保IC卡发行资格的省级农村合作金融机构。

专栏2　多措施并举助推科技型企业发展

（一）出台一系列政策文件，引导金融机构加大对科技创新的支持力度

2012年以来，中国人民银行西安分行先后出台了《关于金融支持陕西省农业科技创新　加快现代农业发展的指导意见》《关于继续贯彻落实稳健的货币政策　支持陕西省实体经济又好又快发展的意见》《关于进一步加大金融支持力度　提高金融服务水平　促进西咸新区加快建设的指导意见》《关于在全省金融系统深入实施“四对接一扩大”金融服务提质增效工程的意见》《陕西省金融机构小微企业贷款增量奖励资金管理考评办法》等一系列政策性文件，从金融支持陕西省农业科技创新加快现代农业发展、大力发展科技金融加快实

施科技小巨人成长计划、按照“政府引导、市场运作、管理到位”的原则开展金融机构小微企业贷款增量奖励工作等方面，提出有针对性的政策措施，加大对科技型企业和现代农业科技的支持力度。

（二）开展科技金融合作模式试点，积极向科技型企业提供优质的金融服务

鼓励商业银行创新金融组织形式，开展科技部门与银行之间的科技金融合作模式创新试点，积极向科技型中小企业提供优质的金融服务。截至2013年3月末，已有多家金融机构依托高新区，成立服务于科技型企业的专业或特色分支行。如招商银行西安分行在西安市高新区和经济技术开发区成立3家“千鹰展翼创新支行”，全力开拓科技型中小企业客户群。长安银行在高新区设立了科技支行，作为陕西省科技型中小企业贷款风险补偿资金指定托管银行。此外，杨凌农业高新技术产业开发区组建成立了陕西省首家科技小额贷款公司，创新贷款模式。

（三）开展“双推双增”融资工程，开拓科技企业多元化融资渠道

2011年以来，中国人民银行西安分行以提升全省直接融资比重为目标，以引进和推介新型融资工具为抓手，以建立科学有效的融资考评机制为重点，开展以“推介金融市场产品，增强直接融资能力；推介融资方式创新，增大社会融资规模”为内容的“双推双增”融资工程，积极支持推动符合条件的科技型企业通过发行公司债券、企业债、短期融资券、中期票据、集合债券、集合票据等方式融资。

（四）积极推进金融产品与服务方式创新，支持科技型企业发展壮大

近年来，中国人民银行西安分行全面推进金融产品和服务方式创新，推动科技型金融产品创新工作向纵深开展，提升金融服务质量，满足科技型企业发展的多元化金融需求，改善金融创新的配套机制和外部环境。目前，陕西省多家金融机构已开办了知识产权质押贷款、

商标权质押贷款、股权质押贷款等金融产品，为科技型企业融资提供便利。建行陕西省分行与西安市科技局联合推出“科易贷”产品，该产品以西安市科技局的政府增信资金作为增信手段，对于该行“科易贷”业务中非担保公司担保的贷款，提供贷款年均余额4%的业务补贴；对于担保公司担保贷款提供贷款年均余额1%的业务补贴。同时对知识产权局对“科易贷”业务中知识产权质押贷款产生的评估费，给予小微企业客户最高5万元的补贴。截至2013年第一季度末，建行陕西省分行“科易贷”业务已支持科技型小企业客户43户。

（五）开展信贷政策导向效果评估工作，着力提升中小企业金融服务水平

中国人民银行西安分行对23家省级和105家市级金融机构开展了中小企业信贷政策导向效果评估工作。评估结果显示，参评机构中，优秀类、良好类、中等类和勉励类分别占参评机构总数的21.1%、25.0%、43.0%和10.9%，金融机构信贷支持中小企业力度得到提升，服务质量进一步增强。

（六）加强部门合作，建立财政促进金融支持小微企业发展的长效机制

发挥货币政策与财政政策的协同作用，引导创新财政科技投入方式。2013年初，中国人民银行西安分行与陕西省财政厅联合下发《陕西省金融机构小微企业贷款增量奖励资金管理考评办法》，要求按照“政府引导、市场运作、管理到位”的基本原则开展金融机构小微企业贷款增量奖励工作，奖励资金用于对小微企业贷款进行风险补偿和奖励，其中用于对小微企业贷款进行风险补偿不得低于奖励资金的50%。

（七）实施中小企业信用增值计划

为科技企业发展营造良好的生态环境，组织实施小微企业信用增

值计划，不断推动中小企业融资环境得到改善。小微企业信用增值计划的效果初步显现。

资料来源：中国人民银行西安分行网站。

二 当前陕西经济金融发展运行形势与环境分析

（一）经济大环境机遇大于挑战

2013年，是全面深入贯彻落实党的十八大精神的开局之年，也是陕西全面建成小康社会奠定坚实基础的重要一年。近年，国内外形势依然严峻，全省经济发展面临不少风险与挑战，但未来一段时间，陕西仍处于发展的重要战略机遇期。省内各区域全面上升到国家战略规划，区位枢纽地位更加牢固，内陆型经济更能多享扩内需之机遇，多年积累也已经打开经济发展的上升通道。总体来看，2013年全省经济仍可保持健康可持续发展态势。

从经济运行情况看，在投资层面，随着国家基础设施建设提速，陕西省有望新开工一批铁路、公路、轨道交通及重大水利工程，扭转基础设施投资下降局面；北斗卫星导航产业基地、华为和爱立信全球技术交换中心等重大项目落地，势必带动云计算、物联网和智慧城市等战略性新兴产业投资；重点县、重点示范镇、文化旅游古镇以及新型农村示范社区建设稳步推进，进一步加大新型城镇化建设投资。在消费层面，居民收入分配制度改革步伐加快，全省富民强省工程稳健实施，住房、汽车等消费热点回暖，以及陕西文化产业优势对消费升级的带动作用增强，使全省消费有望继续保持平稳增长态势。在出口层面，虽然全球经济复苏乏力、国际市场需求不振，在我国汇率灵活性加大及国内削减关税的作用下，全省出口增速将小幅反弹。在物价方面，全球流动性宽松加剧大宗商品价格波动，也使我国面临阶段性流动性过剩局面，劳动力成本、资源性产品和部分不可贸易品趋势性上涨，短期上涨预期不断增强，物价存在反弹压力。

（二）企业经营环境不容乐观

2013年以来，在国家各项宏观调控政策影响下，陕西金融总体保持平稳健康的运行态势，但考虑到当前国际国内经济金融形势仍较为复杂，不确定因素依然较多，仍需要对一些深层次的结构性矛盾和问题予以高度关注和重视。

2013年以来，我国经济下行压力持续增大。上半年，陕西经济运行总体较全国相对较好，但企业经营环境不容乐观。一是市场需求萎缩，部分企业订单减少；二是某些产品价格下降，企业产值随之下降；三是一些企业利润减少，效益下滑；四是部分企业一线工人紧缺，影响企业产能发挥。

（三）金融机构负债业务竞争趋于激烈

全球金融危机期间，我国金融机构投放了大量的信贷资金支持实体经济发展，为我国经济走出危机、实现平稳运行做出了巨大贡献，但同时也不可避免地造成金融机构资金面普遍趋紧的局面。2013年以来，随着我国宏观调控政策逐步向常态回归，稳健货币政策的全面贯彻落实，以及监管机构加强金融风险管控，尤其是从严要求贷存比等监管指标等，都在一定程度上加剧了商业银行负债业务竞争。再加上2013年以来我国经济下行压力加大，企业资金紧张，导致商业银行吸收存款的难度持续加大。

为应对资金紧张局面和完成监管要求，部分商业银行一是通过发售到期日在季末的理财产品吸引存款，以保证季末大量理财产品到期后短期内转化为存款；二是在总行层面加强存款业务考核，将存款任务逐层分解。然而，由于存款资源相对有限，这些方式势必加剧银行间存款业务的竞争，导致存款剧烈波动。这不仅降低了资金的有效利用，也不利于商业银行的稳健经营。另外，随着金融机构存款利率自主定价空间的扩大，地方法人商业银行在政策实施初始即将存款利率“一浮到顶”，而不是根据自身经营状况、客户情况等进行差异化定价，这不仅导致自身经营成本的上升，也不利于我国利率市场化改革的进一步推进。

（四）房地产信贷风险管控压力加大

随着我国房地产调控政策的深入实施，房地产行业风险持续加大。一方面，限购政策挤出了相当部分户籍在外地的住房需求，以及改善性住房需求；另一方面，随着房价上涨势头减缓，以及中央层面坚持房地产市场调控不放松的表态，之前房价“只涨不跌”的购房预期已经发生逆转，导致房地产市场观望情绪浓郁。这都在一定程度上加大了房地产企业的销售难度。加之金融机构对房地产信贷政策方面的严格控制，2013 年以来部分房地产企业尤其是中小房地产企业的资金链已经非常紧张。房地产贷款质量下降的风险将不断加大，这对金融机构的房地产信贷风险管控能力提出了更高要求。

（五）能源经济增长趋缓或带来区域性金融风险

受资源禀赋和经济发展制约，陕北信贷投放主要集中在能源产业及其上下游行业，集聚程度比较高，在目前国际金融危机阴影尚未完全消退、国内经济尚存在不稳定因素的大环境下，随着石油产量趋稳、煤炭价格下跌、成品油价格波动频繁的影响，陕北能源产业收益逐步减少，可能对银行信贷产生冲击，存在一定的风险隐患。金融机构信贷资产质量值得关注。由于受煤炭市场供求变化的影响，榆林相关企业经营受到很大打击，企业经营困难加大，资金链收紧，部分企业生产开工不足或停产。许多企业从银行获得贷款用于生产或者扩大生产规模，贷款到期时用民间借贷所得资金来偿还，再用银行所得贷款消除民间借贷。在此情况下，银行信贷资产质量将受到一定冲击。

三　未来陕西金融发展的思路与对策

以提高经济增长质量与效益为中心，坚持稳中求进的工作总基调，继续实施稳健的货币政策，加大政策预调微调力度，保持货币信贷合理适度增长，准确把握金融服务实体经济的本质要求，着力优化信贷结构，积极推进拓宽融资渠道，引导社会融资平稳适度增长，为陕西经济持续健康发展提供有力的金融支撑。

当前，国内外经济金融形势依然复杂，美国在实施第三轮量化宽松货币政策的情况下，经济形势有所好转，欧洲各国受欧债危机持续影响，经济增长继续放缓。加上全球政治局势动荡的影响，我国出口形势不容乐观。同时，随着企业生产成本的不断攀升，企业经营压力持续加大，我国经济运行的不确定性、不稳定性趋于上升。在货币政策方面，我国将继续实施稳健货币政策，并根据形势变化适时适度预调微调。随着我国外汇占款由单边增长逐步转向均衡状态，以及金融市场的不断完善和发展，预计中国人民银行总行将更多地运用价格型调控工具。同时，考虑到存款准备金工具产生效益较大，且具有不可逆性，通过存款准备金对冲外汇占款，管理市场流动性的方式会逐渐淡化，并被较为灵活且具有引导作用的公共市场操作所代替。

在这一大背景下，作为西北龙头，陕西经济金融发展既面临严峻挑战，也存在难得的发展机遇。今后几年是国家深入推进西部大开发、加快关中－天水经济区建设的重要时期，也是西安建设具有历史文化特色国际化大都市的关键时期。

（一）确保辖区货币信贷合理适度增长

引导金融机构认真分析陕西经济发展趋势和项目发展前景，准确把握信贷政策与产业政策的结合点，强化金融管理，改进金融服务。同时，积极运用再贴现、再贷款等货币政策工具，将再贴现、再贷款额度向支农服务和支持中小企业发展效果显著的金融机构倾斜。认真落实金融机构涉农贷款增量奖励政策，奖励金融机构新增贷款投向涉农、小微企业。继续推进金融支持文化产业试点工作，协调解决试点过程中出现的担保、结算等问题，探索构建银企合作长效机制。

（二）继续实施“双推双增”融资工程

在中国人民银行西安分行签订大三方《区域集优债务融资合作框架》的基础上，争取早日签订中债信用增进投资有限公司、省市政府、中国人民银行西安分行小三方框架协议，确立主承销商，发行首笔区域集优债券。加大对中小企业集合票据、短期融资券、中期票据等直接融资工具的应用，努力做大社会融资总量。

（三）引导和促进信贷结构持续优化

一是全面落实民生金融政策，不断加大对弱势群体和经济社会薄弱环节的信贷投入力度，为提高城乡居民收入水平、培育新的消费热点提供有效信贷支持。二是全面落实差别化房地产信贷政策，推动房地产金融健康发展，引导金融机构有限安排公租房、廉租房和经济适用房所需的配套贷款，严禁对投机炒房继续提供信贷支持。三是全面落实关于法人金融机构将新增存款一定比例用于当地贷款的政策措施，优先保证“三农”、小型企业的合理信贷需求。四是认真落实“区别对待、有扶有控”的信贷原则，引导金融机构将更多的信贷资金投入战略性新兴产业、高新技术产业和现代服务业等实体经济，支持低碳经济发展。同时，严格限制对产能过剩和“两高一资”行业的信贷投入，不断提高信贷资源配置效率。

（四）防范和化解金融风险

重点关注房地产、政府融资平台以及金融创新过程中可能产生的风险，积极防范和化解金融风险。努力营造良好金融司法环境，维护金融机构合法权益，维护金融稳定与安全。同时，深化金融宣传教育，采取多种形式普及金融知识，引导理性投资，提高社会公众金融知识水平和风险防范能力。

重视和加强金融稳定协调机制建设，不断增强协同处置金融风险的能力。进一步加强与金融办、应急办、监管局、公安局等部门的工作联系，充分依托地方行政资源，加大对非传统领域风险的把握，建立和完善区域性金融稳定协调机制，加强对金融突发事件的应急预案演练。

继续完善工作协调机制，积极促进跨境人民币业务均衡发展。健全完善跨境人民币业务内外部工作协调机制，注重加强与政府职能部门的沟通和交流，充分共享政策和业务信息，联合组织开展现场检查，强化监管合作，强化业务指导，着力推动境外直接投资、境外项目人民币贷款业务有序突破，确保经常项目与资本项目人民币结算业务结构均衡、跨境贸易进口与出口人民币结算业务结构均衡。

参考文献

[1] 中国人民银行西安分行货币政策分析小组：《2012 年陕西省金融运行报告》。
[2] 2006～2012 年《陕西省国民经济和社会发展统计公报》。

B.3

宁夏金融发展报告

丛禹月*

摘　要：

2012年以来，宁夏全面落实"十二五"规划和新一轮西部大开发战略，充分发挥自身资源优势和向西开放的人文优势，加快推进金融业发展，投资持续快速增长，工业主导作用进一步增强。认真执行稳健货币政策，努力提升金融服务水平。银行业进一步优化信贷结构，加大对重点领域和薄弱环节的支持力度，有力推动了地区经济优化升级；证券业平稳运行，保险业增势良好；金融市场交易活跃，金融生态环境建设取得新进展，保持合理的社会融资规模，发挥金融服务实体经济作用。宁夏金融业改革虽然取得了很大的成绩，但总体而言，防控风险能力还比较薄弱，金融创新能力和竞争力还不够强，法人治理结构有待进一步完善，一些深层次的问题还没有彻底解决。

关键词：

金融规模　金融结构　金融深化　金融监管

面对变幻莫测的国际国内环境，宁夏回族自治区从自身的实际出发，认真落实国家政策，取得了保增长、转方式、调结构、惠民生等

* 丛禹月，陕西西安人，国民经济硕士，西安欧亚学院金融学院教师，研究方向：商业银行业务与经营、金融理财。

一系列重大成就，整体经济运行积极因素逐渐增多。投资强劲增长，消费持续活跃，出口迅速回升。三次产业协调发展，结构调整步伐加快。财政收入保持增长，企业效益有所提高，居民收入水平稳步提升。金融业在改革发展中不断前行，总体状况不断改善，整体实力和经营效益逐步增强。银行业资产规模稳步扩大，金融调控效果显著，信贷结构明显优化，抵御风险能力逐步增强；证券业保持平稳较快发展态势，上市公司质量持续向好，市场融资功能取得新的突破；保险业保费收入快速增长，结构调整成效明显。

《2012 年宁夏回族自治区国民经济和社会发展统计公报》的数据显示，2012 年，全区实现生产总值 2326. 64 亿元，按可比价格计算，比上年增长 11. 5%。其中，第一产业增加值 200. 16 亿元，增长 5. 6%；第二产业增加值 1158. 58 亿元，增长 13. 8%；第三产业增加值 967. 90 亿元，增长 9. 7%。按常住人口计算，全区人均生产总值 36166 元，增长 10. 3%（见图 1 和表 1）。

2012 年三次产业增加值构成为 8. 6∶49. 8∶41. 6，三次产业对经济增长的贡献率为 4. 3%、62. 0% 和 33. 7%，工业经济总体保持平稳较快增长，对经济的拉动作用显著。

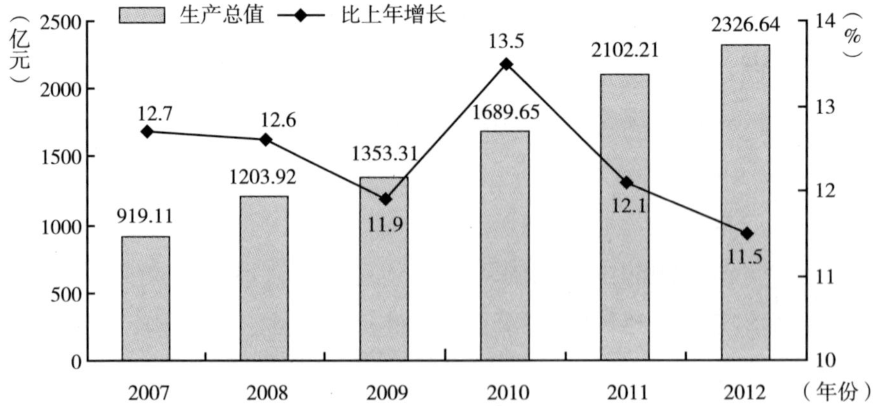

图 1　2007 ~ 2012 年全区生产总值及其增长速度

表 1　2012 年全区生产总值及其增长速度

指　标	绝对值(亿元)	比上年增长(%)
全区生产总值	2326.64	11.5
第一产业	200.16	5.6
第二产业	1158.58	13.8
工业	878.64	13.5
建筑业	279.94	14.8
第三产业	967.90	9.7
交通运输、仓储和邮政业	195.48	8.7
批发和零售业	124.34	11.6
住宿和餐饮业	42.39	5.9
金融业	165.34	21.1
房地产业	83.10	3.2
其他服务业	357.25	7.4

以上数据显示，宁夏经济正处于快速发展和产业结构转型升级的关键时期，发挥金融产业的辐射、带动、支撑作用，对于实现经济社会的跨越式发展，全面建成惠及全区人民的小康社区具有深远的影响。基于此，本报告从金融发展规模、金融发展结构、金融深化程度、民间金融发展及金融监管能力五个方面对宁夏的金融发展状况进行统计分析，并根据具体情况提出相关政策建议。

一　金融发展规模分析

（一）社会融资规模

中国人民银行公布的数据显示，2012 年末，全区金融机构本外币各项存款余额 3507.16 亿元，比年初增加 534.48 亿元，同比多增 143.20 亿元。金融机构本外币各项贷款余额 3372.12 亿元，比年初增加 465.01 亿元，同比少增 22.65 亿元。其中，人民币各项贷款余额 3339.58 亿元，同比增长16.8%，外汇贷款余额5.18亿美元，短期贷款余额1281.67亿元，同比增长35.8%，中长期贷款1949.42亿元，同比增长8.2%。从表2、表3和图2可以看出，自西部大开发以来，宁夏人民币贷款余额逐年递增，宁夏金融对实体经济的支持力度逐年加大。

表2　宁夏回族自治区2012年末金融机构存贷款余额

指　标	年末数(亿元)	比年初增加额(亿元)	比上年末(%)
本外币存款余额	3507.16	534.48	18.0
人民币存款余额	3495.41	534.26	18.0
单位存款	1672.39	263.46	18.7
个人存款	1688.05	334.10	24.7
本外币贷款余额	3372.12	465.01	16.0
人民币贷款余额	3339.58	479.14	16.8
短期贷款	1281.67	337.97	35.8
中长期贷款	1949.42	147.95	8.2

表3　宁夏回族自治区金融机构信贷主要项目

单位：万元

项　目	2010年	2011年	2012年	2013年6月
资金来源方项目				
各项存款	25866649	29783997	35071622	37631900
1. 单位存款	7318663	14208860	16785319	17694135
2. 储蓄存款	11740204	13562735	16849334	18102670
3. 委托存款	30522	29254	2659	31344
4. 其他存款	6777260	1983147	1434310	1803751
资金运用方项目				
各项贷款	24198889	29072448	33721207	37029382
其中:境内短期贷款	7042546	9510461	12964848	13976774
境内中长期贷款	16119921	18118979	19608456	21207042
境内其他贷款	159633			
境内票据融资	874474	1144739	1074337	1722256
境内各项垫款	2316	994	10425	19857
有价证券	1065632	1034279	1312401	1886034

资料来源:《宁夏统计年鉴2012》。

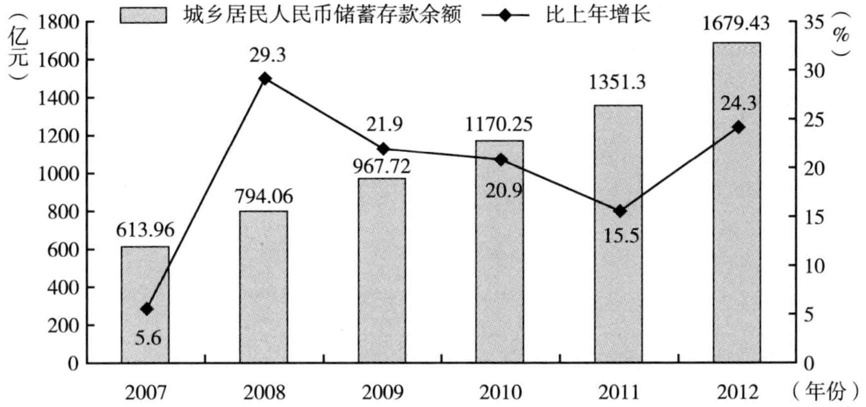

图 2　2007～2012 年居民储蓄增长余额及增长速度

资料来源：中国人民银行银川中心支行。

（二）金融机构发展

2012 年，宁夏金融机构获得了长足发展，信贷投放适度、结构优化，为当地经济发展提供了有力的支持。

1. 银行业稳健发展，信贷总量合理增长

资产规模稳步扩大，银行业组织体系不断完善，不良贷款率逐年下降。2012 年，得益于宁夏良好的经济基本面，全国性大型银行、城市商业银行、新型农村金融机构设点布局加快，全年新增 13 家大型银行分支行、12 家城市商业银行分支行和 2 家村镇银行，市场主体进一步增加（见表 4 和图 3）。

表 4　2012 年宁夏回族自治区银行业金融机构情况

机构类别		营业网点		
		机构数（个）	从业人数（人）	资产总额（亿元）
1	大型商业银行	478	10424	1813.5
2	国家开发银行和政策性银行	16	501	808.9
3	股份制商业银行	11	428	182.6

续表

机构类别		营业网点		
		机构数(个)	从业人数(人)	资产总额(亿元)
4	城市商业银行	74	2882	926.4
5	小型农村金融机构	383	5344	1076.0
6	邮政储蓄银行	195	920	135.2
7	新型农村金融机构	13	409	48.6
合计		1170	20908	4991.2

资料来源：中国人民银行银川中心支行、宁夏银监局。

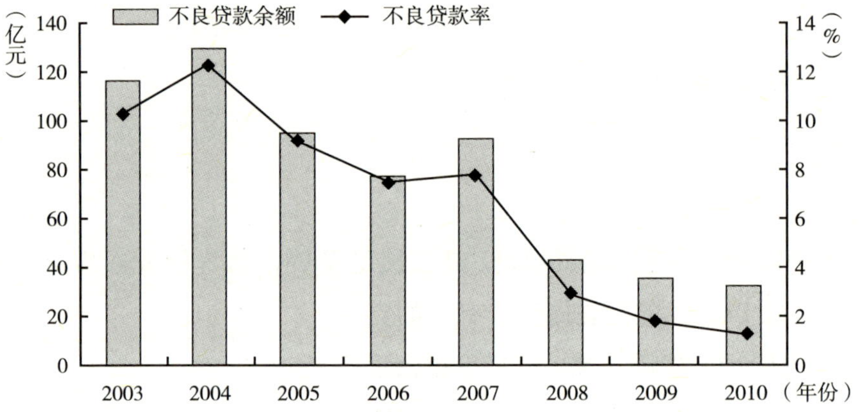

图3　2003~2010年宁夏回族自治区银行不良贷款情况

资料来源：宁夏银监局。

2. 宁夏证券业发展现状

2012年，宁夏证券业稳步发展，证券经营机构数量有所增加，资本实力不断加强，全区已有2家证券分公司、24家证券营业部。全年证券交易额101.69亿元，比上年增长113.1%。国内4家证券机构相继在宁夏设立分支机构；证券新业务加快发展，资产管理业务、融资融券业务、IB业务等相继推出，运行平稳。上市公司再融资取得新进展，2家上市公司实施股权融资23.5亿元，市场融资功能得到有效发挥。但上市公司数量较少、规模较小、业绩提高速度缓慢等问题值得关注（见表5和图4）。

表5　2012年宁夏回族自治区证券业基本情况

项目	数量
总部设在辖内的证券公司数(家)	0
总部设在辖内的基金公司数(家)	0
总部设在辖内的期货公司数(家)	0
年末国内上市公司数(家)	12
当年国内股票(A股)筹资额(亿元)	23.5
当年发行H股筹资额(亿元)	0
当年国内债券筹资额(亿元)	9.0
其中:短期融资融券筹资额(亿元)	3.0
中期票据筹资额(亿元)	13.0

资料来源：宁夏证监局网站。

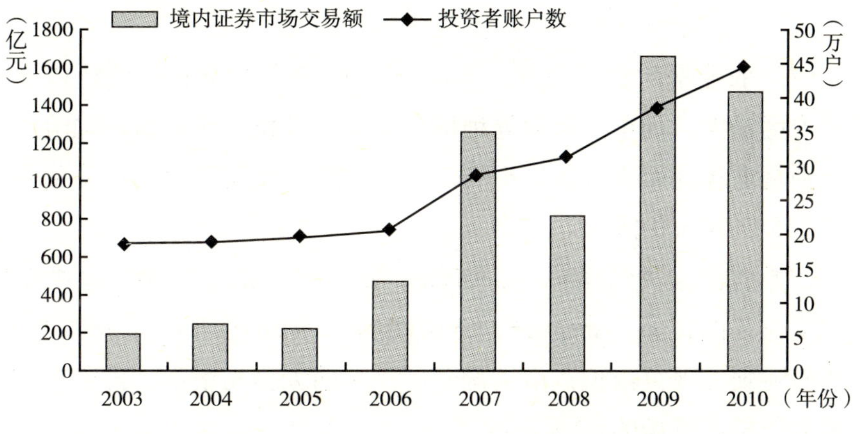

图4　2003～2010年宁夏回族自治区证券市场交易情况

资料来源：宁夏证监局网站。

3. 宁夏保险业平稳运行，农业保险发展加快

全区营业性保险分公司16家，保险从业人员1.61万人，比上年下降0.65%。宁夏保险业这一时期突出表现为以下几方面。

（1）市场主体不断增加。2012 年，宁夏保险分公司数量达 16 家，各级分支机构数量较年初增加 58 家，初步形成了各类机构并存、各种经营互补的多层次市场体系；保险密度和深度持续稳步提高（见表6）。

表 6　2012 年宁夏回族自治区保险业基本情况

项目	数量
总部设在辖内的保险公司数(家)	0
保险公司分支机构数(家)	16
其中:财产险公司分支机构数(家)	6
人身险公司分支机构数(家)	10
保费收入(中外资,亿元)	62.7
其中:财产险保费收入(中外资,亿元)	26.5
人身险保费收入(中外资,亿元)	36.2
各类赔款给付(中外资,亿元)	20.0
保险密度(元/人)	968.6
保险深度(%)	2.7

资料来源：宁夏保监局。

（2）农业保险加快发展。2012 年，保险支持宁夏优质特色农业发展力度加大，枸杞、葡萄等种植业保险以及奶牛等养殖业保险承保面分别是上年的 4.4 倍和 2.6 倍，农业保险赔款及受益农户分别是上年的 2.5 倍和 3.0 倍。

（3）保险险种结构单一，市场发展不够均衡。宁夏保险中车险占财险业务的比重不断上升，寿险中分红险同比增长达 30% 左右，而普通险则出现负增长；市场份额进一步向大公司集中，排名靠前的三家大公司占市场的 80% 左右。

二　金融发展结构分析

（一）资产结构

合理的金融结构对金融发展起着至关重要的作用，本报告选取金融结构指标（FSR）来衡量宁夏金融结构的优化程度。FSR =（债券筹资额 + 股票筹资额）/金融总资产。其中，金融总资产包括金融机构贷款余额、债券筹资额、股票筹资额。一般来说，FSR数值越高，表明金融结构优化程度越高（见表7）。从图5可以看到，宁夏2008～2010年FSR数值较平稳，说明宁夏的直接融资市场较落后，发展缓慢，但从2011年开始有较大改观，债券和股票市场融资比重得以较快提高，尤其是债券市场融资所占比重由2010年的2%提高到2011年的7.7%。尽管2012年又有所回落，但仍高于2011年前的水平。从FSR数值看，宁夏的金融结构呈现持续优化的趋势。

表7　宁夏回族自治区金融结构变化

年份	融资量(亿元)	比重(%)			FSR
		贷款	债券(含可转债)	股票	
2008	276.2	95.1	2.2	2.7	0.049
2009	535.1	96.3	2.8	0.9	0.037
2010	510.1	96.0	2.0	2.0	0.040
2011	558.0	87.4	7.7	4.9	0.126
2012	513.5	90.5	4.9	4.6	0.095

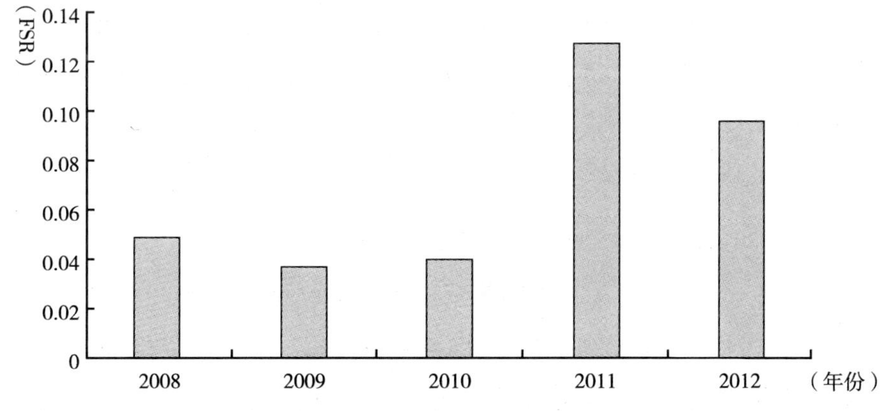

图5　宁夏回族自治区金融结构变化情况

（二）产业结构

2012 年，宁夏银行业金融机构贷款平稳增长，结构持续优化，结合区域经济发展战略重点，合理把握信贷投放节奏，信贷投放总量适度，支持重点突出。2012 年末，宁夏银行业金融机构人民币各项贷款余额 3339.58 亿元，同比增长 16.8%，低于上年 2.5 个百分点；全年新增贷款 479.14 亿元，较上年多增 17.0 亿元。信贷投放节奏和进度基本适应区域经济发展需要。2012 年，宁夏信贷结构不断优化，特色优势行业、薄弱环节和民生工程成为信贷支持的重点领域。全年新增贷款的 41.3% 投向电力、制造业、采矿业、水利等优势行业和辐射带动作用强的领域；50.0% 投向沿黄经济区、宁东能源化工基地等重点区域和项目；新增贷款的 44.1% 投入“三农”；新增企业贷款的 77.4% 投向中小微企业。2012 年末，宁夏小微企业贷款余额（含票据融资）和涉农贷款余额同比分别增长 24.7% 和 22.3%，分别高于各项贷款增速 7.9 个和 5.5 个百分点。信贷支持民族企业和弱势群体力度进一步加大；宁夏民贸民品优惠利率贷款余额同比增长 40.4%，高于全部贷款增速 23.3 个百分点；年内累计办理民贸民品优惠利率贷款 114.8 亿元，同比多增 40.9 亿元。小额担保贷款余额和助学贷款余额同比分别增长 66.1% 和 30%，受益人数同比分别增长 54% 和 34%。

三 金融深化程度分析

截至 2012 年，宁夏金融运行健康平稳，社会融资规模进一步扩大，信贷总量合理增长，信贷结构趋于优化，金融生态环境持续改善，金融服务实体经济发展的水平和质量不断提高。但与全国相比，宁夏金融发展水平特别是金融深化程度还有待进一步提高。

（一）金融相关率（FIR）

金融相关率（Financial Interrelations Ratio，FIR）由美国经济学家雷蒙德·W. 戈德史密斯提出，是指某一日期一国全部金融资产价值与该国经济活动总量的比值。人们常用金融相关率（FIR）说明经济货币化的程度，而且将 FIR 的计算公式表述为金融资产/GDP。宁夏地处西部，经济发展相对落后，本报告由于数据所限，选取金融机构贷款余额与保费收入衡量金融机构资产，经济总量用 GDP 衡量。这样，FIR =（贷款余额 + 保费收入）/GDP。显然，FIR 数值越高表明金融结构深化程度越高。表 8 中的数据显示，宁夏 2007～2012 年 FIR 都高于全国平均水平，说明该地区金融结构化程度较深，金融在经济发展中起着非常重要的作用；同时，图 6 反映出宁夏金融相关率在 1.3～1.5 之间波动，变化不大，且与全国 FIR 走势趋同，说明宁夏金融业的发展与经济的增长情况与全国发展趋势基本一致。

表 8　2007～2012 年宁夏回族自治区金融相关率变化情况

年份	保费收入（亿元）	金融机构贷款余额（亿元）	GDP（亿元）	FIR（宁夏）	FIR（全国）
2007	23.98	1196.54	834.16	1.46	1.01
2008	31.79	1414.30	1098.51	1.32	1.00
2009	39.28	1929.71	1334.56	1.48	1.21
2010	52.75	2419.89	1643.41	1.50	1.23
2011	55.34	2907.24	2060.79	1.44	1.19
2012	62.69	3372.12	2326.64	1.48	1.27

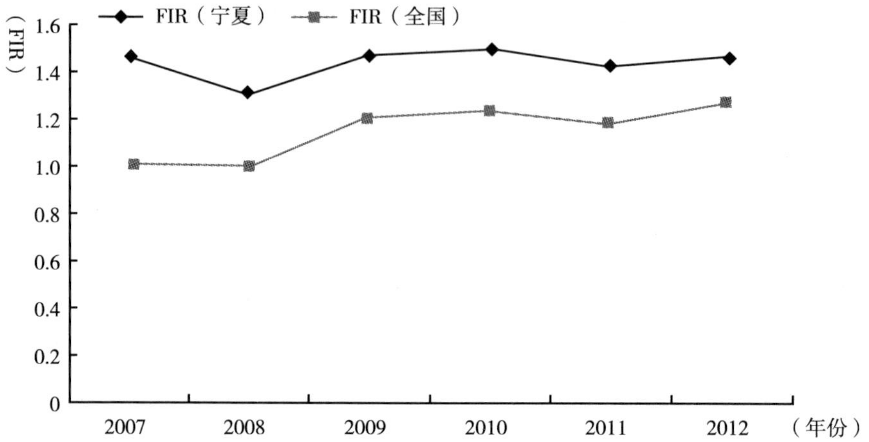

图 6　宁夏回族自治区金融相关率（FIR）与全国比较

资料来源：2007～2012 年《宁夏回族自治区国民经济和社会发展统计公报》。

（二）贷存比

贷存比（Loan-to-deposit Ratio）指金融机构贷款总额除以存款总额的比值，在其他因素不变的情况下，贷存比数值越高，表明金融机构对资金的使用效率越高，盈利能力越强，但贷存比也不宜过高，否则会出现流动性风险。

从表 9 和图 7 的数据可以看出，2007～2012 年，全区金融机构贷存比均在 90% 以上，贷款需求较旺盛，明显高于全国 69% 的平均水平，而且也远远高于央行规定的最高贷存比 75% 的水平，在有力地支持了本区经济社会发展的同时，也要注意加强监管。近几年，随着居民收入的增长和投资渠道的多元化，宁夏存款结构出现活期化趋势，在工业化的推动下，重大项目和基础设施建设贷款需求旺盛，宁夏贷款需求呈现长期化，对银行而言，存贷结构的持续反向变动，在一定程度上加大了流动性风险，不利于银行长期稳健经营。因此，宁夏监管部门要特别注意防范金融机构的流动性风险，压缩贷款，提高存款余额，降低贷存比。

表 9　宁夏回族自治区贷存比的变化情况

年份	金融机构贷款余额(亿元)	金融机构存款余额(亿元)	贷存比	贷存比(全国)
2007	1196. 54	1288. 19	0. 93	0. 67
2008	1414. 30	1598. 17	0. 88	0. 65
2009	1929. 71	2068. 42	0. 93	0. 67
2010	2419. 89	2586. 66	0. 94	0. 67
2011	2907. 24	2978. 20	0. 98	0. 68
2012	3372. 12	3507. 16	0. 96	0. 69

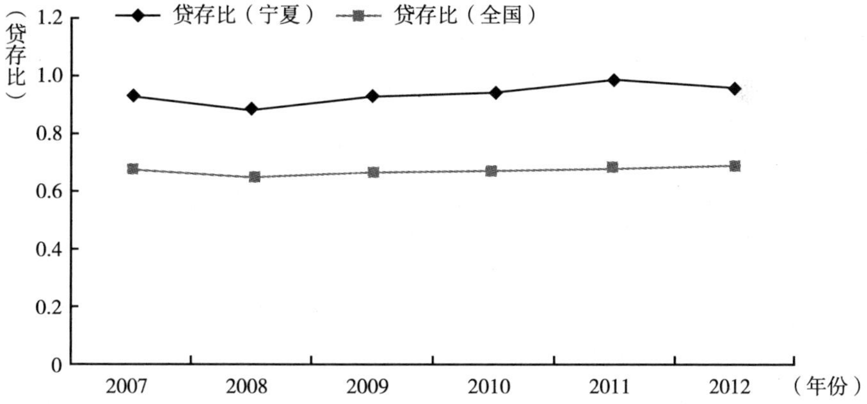

图 7　宁夏回族自治区金融机构贷存比与全国比较

资料来源：2007～2012 年《宁夏回族自治区国民经济和社会发展统计公报》。

四　民间金融发展分析

宁夏经济不算发达，中小企业多以内向型企业为主，国外经济对其冲击相对滞后。但是，宁夏很多企业都处在初级扩张期，企业的规模扩建需要大量资金。

而伴随着金融机构贷款门槛的提高，银行过于谨慎的放款原则，很多中小企业开始求助于民间金融，民间融资已成为宁夏中小企业融资的主要方式。

宁夏部分地区民间融资发展活跃，规模和区域逐年扩大，对县域经济的渗透力较强。民间融资以信用度高、约束力强、操作简便、成本核算简单等优势与银行机构形成了“二元”竞争，其发展在一定程度上满足了民间信用借贷和部分地方经济建设资金的需要。

（一）担保公司发展迅速

经调查，截至2012年，宁夏共有担保机构65家，全部为法人机构，其中，融资性担保机构64家，非融资性担保机构1家。有34家从事担保业务，5家涉及投资业务，3家涉及融资业务。根据宁夏担保行业主管部门金融办提供的数据，截至2010年底，宁夏担保机构合计资产总额29.11亿元，负债总额4.76亿元，净资产24.35亿元；担保业务收入7337万元，投资收益275万元，净利润3264.7万元。担保金额合计39.72亿元，代偿金额6141万元。其中，融资性担保金额36.49亿元，代偿金额5862万元；非融资性担保金额3.23亿元，代偿金额279万元，有力地缓解了中小企业“融资难”的问题。

（二）村镇银行组建成效显著

目前全区已有9家村镇银行开业营运。截至2012年底，累计发放贷款16.6亿元，对宁夏经济的发展，尤其是农村经济的发展起到了不可或缺的作用。

（三）小额贷款公司稳步发展

2012年，新增小额贷款公司16家，总数达127家，累计发放贷款150.5亿元，其中发放“三农”贷款109.5亿元，占总发放量的72.8%，使22.5万农户、创业者和中小企业受益。贷款回收率达100%。小贷公司已经成为宁夏金融支农的重要力量，被同行誉为“宁夏模式”，成为全国的样板（见表10）。

表10　2012年民间金融机构数

单位：个

机构	村镇银行	小额贷款公司	担保公司	拍卖行	典当行	贫困村村级发展互助资金
数量	9	127	65	30	57	1098
合计	1386					

资料来源：宁夏回族自治区金融办。

同时，民间融资在发展中也暴露出一些弊端：加大了债务人经济负担，造成社会不安定，扰乱了经济金融秩序，资金流向难以控制，影响了国家经济调整效果。《中国农村金融发展调查报告》显示，有89%的家庭（或个人）和59.67%的企业参与了民间贷款，65.7%样本企业有过资金紧张的情况。以上数据显示多数民间借贷并非通过资本信贷机构来进行，民间资本是解决中小企业“融资难”的有效途径，但宁夏民间资本规模较小，其金融信贷形式还是以小额贷款公司和村级发展互助资金形式为主，整体的民间金融资本缺乏活力。

宁夏回族自治区融资结构不合理，需要将民间融资纳入经济管理范围内，引导和规范其健康发展。地方政府应研究建立小额贷款组织或互助贷款组织，将民间融资纳入正规融资渠道中，为地方经济的发展建立良性的融资环境和融资渠道。银行金融机构应研究借鉴民间融资的优势，深化银行信贷工作，为县域经济的发展提供充分的金融服务。民间融资的主要表现形式为资金供求者之间直接完成或通过民间金融中介机构间接完成的债权融资。主要运行形式有农村信用社、农村合作基金、民间借贷、私人钱庄、民间集资以及小额信贷等。

五　金融监管能力分析

宁夏各类商业银行、政策性银行和类金融机构并存，金融体系相对完备。全区金融监管主要采用“一行三会”监管的模式，从结构上来讲，银行、证券、保险等传统金融机构主要由中国银行业监督管理委员会、保险业监督管理委员会和证券业监督管理委员会在宁夏派驻机构负责监管。小额贷款公司、融资性担保公司、典当行、拍卖公司分别由自治区金融办、商务厅审批，自治区工商局登记注册。全区很多地区没有设立金融办，或没有专职的工作人员，在金融监管上有缺失的现象。

基于以上情况，宁夏回族自治区在金融监管方面，应坚持召开银行、证券、保险监管联席会议，及时交流分析当前情况，统一协调有关政策措施，维护和促进自治区金融稳健发展的合力进一步增强，为地方经济发展营造良好的金融秩序。参与共同建立西北六省跨区域金融稳定工作交流协作机制，加强区域金融稳定合作。探索建立宁夏地方性中小金融机构风险普查和评估机制，继续完善宁夏中小法人金融机构风险监测系统，提高风险监测的科学性和准确性，提升防范区域性金融风险的针对性和有效性。发展壮大担保公司，完善金融服务和融资担保体系。进一步优化金融生态环境，快速形成资金聚集“洼地”，更好地发挥金融对经济发展的支持和保障作用。

六　政策建议

通过以上分析表明，宁夏金融业发展迅速，但是金融发展水平还有待进一步提高，金融结构化程度较深，但金融机构贷存比过高，存在流动性风险，类金融机构发展缓慢，金融机构多元化的格局还有待完善。

经济的发展促进金融业的发展，金融业的繁荣又进一步加速经济的发展，金融业与经济的发展相辅相成、相互促进。为此，本报告提出以下政策建议。

（一）加大区域金融生态环境建设

宁夏经济发展相对落后，金融生态环境也相对较差，各金融机构存在的金融风险不容乐观，据统计，全区不良贷款余额32亿元，且上升态势明显。各级政府应加强诚信建设，倡导“信用宁夏”“绿色金融”，优化金融环境，严厉打击非法金融活动，化解金融风险。

（二）发展民生金融

商业孕育金融，反之，金融会为经济、民生服务。首先，要发展“普惠金融”，金融业要降低门槛，避免“嫌贫爱富”，打破“2∶8原则”，为大众理财，关注老百姓的融资需求。其次，打破国有金融机构垄断局面，培育公平的金融竞争市场，鼓励中小金融机构和类金融机构发展，为中小企业和个人提供相应的金融服务，提供小额商业贷款、创业贷款，有力促进贫困家庭和落后地区经济的发展。

（三）进一步提高金融机构的风险防范意识

在多种金融市场并在存的环境下，尤其在近几年混业经营趋势明显的情况下，宽松多元的自由化市场，金融的风险系数将进一步加大，尤其是宁夏回族自治区在2007～2012年贷存比的数值高达90%，远远高于央行规定的最高贷存比（75%），风险防范刻不容缓。自治区各部门要全力配合，明确监管责任，严格审批制度和岗位责任制度，加大监管力度。

（四）推进乡镇金融全覆盖

据统计，目前宁夏回族自治区尚有20多个乡镇没有金融机构网点，这些地区地处偏远山区，少数民族聚集，交通不便，经济落后。金融机构的缺乏，给老百姓的生活带来极大的不便，不利于民族融合和团结。各区县政府要下决心解决金融机构空白乡镇建立网点的困难，提到政治高度，给予财政补贴和拨款，尽快实现中央提出的“三年内消除基础金融服务空白乡镇”目标，大力推进自治区金融全覆盖建设。

未来，宁夏经济有望继续保持又好又快的发展势头，金融业将与经济实现良性互动、保持协调发展的态势，及时跟进“两大战略”实施“两区”建设，大力支持现代农业提质增效，工业转型升级，对实体经济的服务水平不断提高，在加快金融业健康发展的同时，充分发挥金融业对宁夏经济发展的辐射促进作用。

参考文献

[1] 宁夏回族自治区统计局：《2009 年宁夏回族自治区国民经济和社会发展统计公报》。

[2] 宁夏证监局：《2003～2010 年宁夏回族自治区银行证券市场交易》，2010。

[3] 宁夏回族自治区人民政府办公厅：《宁夏金融行业健康发展问题探讨》，《中共银川市委党校学报》2011 年第 1 期。

[4] 艾永梅：《宁夏中小企业融资问题调查》，宁夏大学硕士学位论文，2009。

[5] 中国银行业监督管理委员会：《中国人民银行关于小额贷款公司试点的指导意见》，2008。

[6] 衣大鹏：《民族地区金融发展中政府的作用——以宁夏回族自治区为例》，《财会金融》2013 年第 2 期。

B.4

四川金融发展报告

胡秋灵　李秦男*

摘　要：

加快金融业发展对地方经济结构的调整及经济规模的平稳持续增长具有十分重要的意义。本报告重点从金融发展规模、金融发展机构、金融深化程度以及民间金融四个方面，系统分析了2012年四川省金融业发展状况。在此基础上，剖析了四川省金融业发展中存在的问题，并有针对性地提出了加快四川省金融业发展的建议。

关键词：

金融发展　金融深化　民间金融

一　四川省金融业发展现状分析

（一）金融发展规模

2012年，中央银行制定的稳健货币政策在四川省得到了认真贯彻，信贷规模均衡增长，信贷结构进一步优化，非银行类金融机构快速发展，金融市场运行平稳，金融业在促进地方经济社会又好又快发展方面发挥了重要作用。

---

* 胡秋灵，博士，陕西师范大学国际商学院副教授，硕士研究生导师；李秦男，陕西师范大学国际商学院硕士研究生。

1. 存贷款

（1）各项存款快速增长，季初季末日历效应明显。截至2012年底，四川省金融机构本外币各项存款余额4.2万亿元，同比增长18.89%，增速较上年同期提高3.89个百分点。其中，人民币各项存款余额4.1万亿元，同比增长18.4%；外汇各项存款余额71亿美元，同比增长89%。受贷存比、内部绩效考核等因素影响，金融机构存款“季初回落、季末冲高”特征突出，3月、6月、9月、12月四个月占全年存款增量的52.2%，而1月、4月、7月、10月四个月仅占全年存款增量的9.2%，表现出明显的季初季末日历效应。

从变动趋势看，2008～2012年，存款余额逐年上升。2008年存款余额为1.9万亿元，到2012年存款余额已经增加到4.2万亿元，五年间平均增速为24.41%。不过，存款余额增速整体呈下降趋势，2009年增速最高，达33.75%，2011年增速最低，为14.64%，2012年增速有所回升，为18.89%（见图1）。

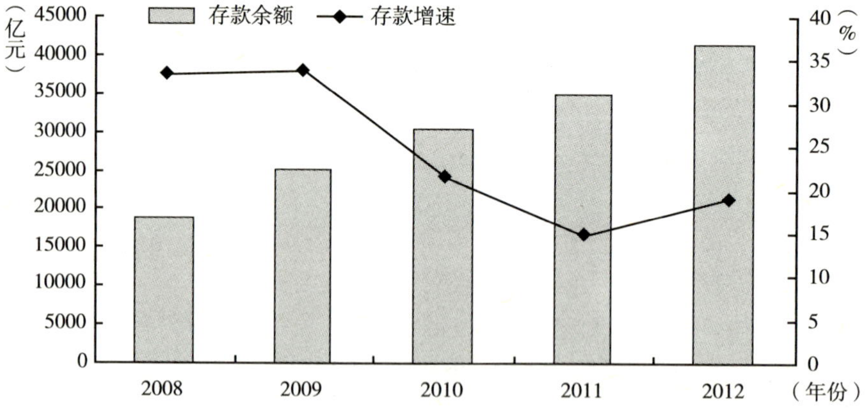

图1　2008～2012年四川省本外币存款余额及增速

（2）各项贷款稳步增长，各季信贷投放量较为均衡。截至2012年末，四川省金融机构本外币贷款余额2.6万亿元，比年初增加

3652.4 亿元，同比增长 16.21%。其中，人民币贷款余额 2.6 万亿元，同比增长 16%；外汇各项贷款余额 95.9 亿美元，同比增长 25.7%。从投放进度看，信贷均衡投放特征较为明显，各季新增贷款依次为 1014 亿元、1070 亿元、857 亿元和 714 亿元，分别占全年新增贷款的 27.8%、29.2%、23.5% 和 19.5%；全年各项贷款月度增速基本处于 15% ~17%。新增的本外币贷款中，成都经济区本外币贷款 2444.1 亿元；川南地区本外币贷款 635.2 亿元，同比增长 20.6%；川东北经济区本外币贷款 450.2 亿元，同比增长 22.4%；三州少数民族地区本外币贷款规模最小，为 202.9 亿元。

与存款余额的变动趋势类似，2008 ~2012 年，贷款余额也呈逐年上升的趋势。2008 年贷款余额为 1.1 万亿元，到 2012 年贷款余额增加到 2.6 万亿元。五年间平均增速为 22.99%，其中 2009 年达到最高增速 40.23%，2011 年增速下降至 15.54%，2012 年，增速有小幅度回升，为 16.21%（见图 2）。

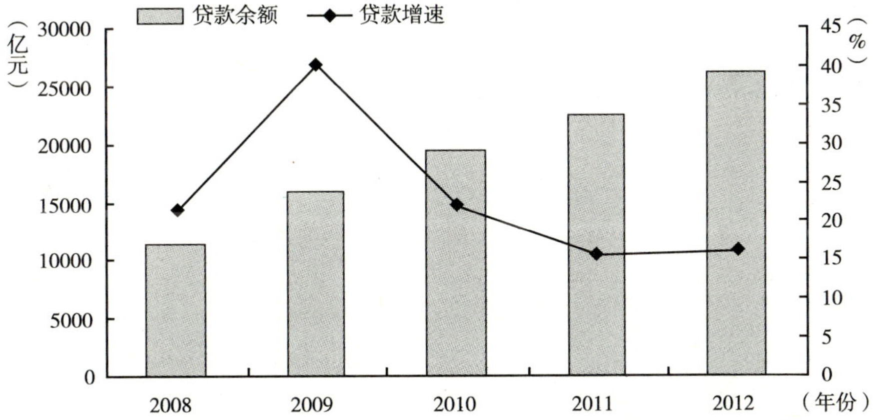

图 2　2008 ~2012 年四川省本外币贷款余额及增速

2. 金融机构发展

（1）银行业金融机构资产规模持续扩大。截至 2012 年末，四川省银行业金融机构资产总额 52603.5 亿元，同比增长 22.6%，增速比上年同期提高 3.3 个百分点。不良贷款额和不良贷款率分别同比下降 80.66 亿元和 0.7 个百分点。营业网点 13218 个，较上年增加 284 个（见表 1）。2012 年，全年实现利润 717.2 亿元，同比增长 17.8%，实现平均资产利润率 1.5%，比年初下降了 0.04 个百分点；实现中间业务收益率 11.3%，比年初下降了 0.6 个百分点。

表 1　2012 年四川省银行业金融机构情况

机构类别	营业网点			法人机构（个）
	机构个数(个)	从业人数(人)	资产总额(亿元)	
一、大型商业银行	3306	92422	21986.6	0
二、国家开发银行及政策性银行	113	3776	3982.2	0
三、股份制商业银行	195	8030	6918.1	0
四、城市商业银行	579	14460	6970.3	13
五、小型农村金融机构	5788	63188	8816.1	144
六、财务公司	4	212	235.7	3
七、信托公司	2	649	63.4	2
八、邮政储蓄银行	3092	22069	3019.6	0
九、外资银行	24	938	312.1	0
十、新型农村金融机构	114	1691	296.1	39
十一、其他	1	125	3.3	1
合　计	13218	207560	52603.5	202

资料来源：中国人民银行成都分行：《2012 年四川省金融运行报告》。

2008～2012 年，银行业资产规模呈逐年上升的趋势。2008 年银行业资产规模为 18787.7 亿元，到 2012 年增加到 52603.5 亿元。五年间平均增速为 26.46%，其中 2009 年达到最高增速 55.81%，2011 年增速下降至 19.32%，2012 年增速有小幅度回升，为 22.63%（见图 3）。

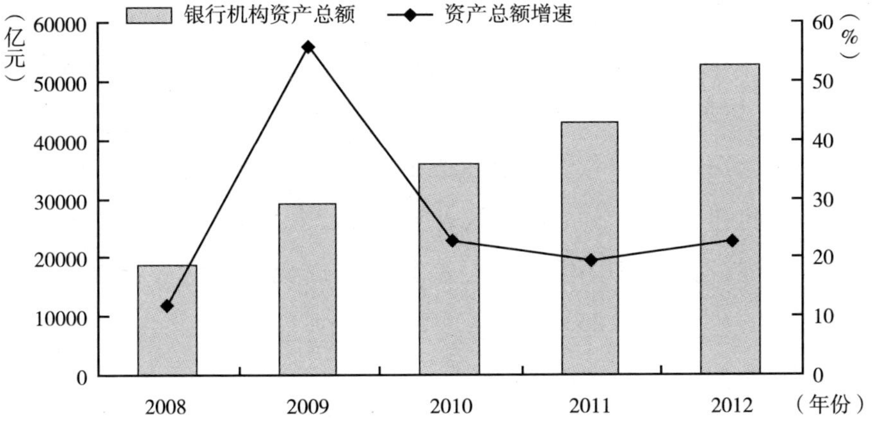

图 3　2008～2012 年四川省银行机构资产总额及增速

（2）证券期货业稳健发展，上市公司融资规模稳中有降。截至 2012 年末，四川省证券业金融机构资产总额 334.53 亿元，同比增长 22.2%，增速比上年同期提高了 42.2 个百分点。四川省有证券公司 4 家、期货公司 3 家、证券期货经营机构 243 家、基金公司分公司 11 家、证券投资咨询公司 3 家。受股票市场疲软的影响，四川省 16 家上市公司通过股票市场融资 252.5 亿元（见表 2），同比下降 24.2%。A 股上市公司数量 90 家，总市值 5929 亿元。证券市场交易额 2.4 万亿元，同比下降 27.6%。全省证券公司实现净利润 4.4 亿元，同比减少 2.7 亿元。股票投资者开户数和期货投资者开户数分别为 747.3 万户和 3.1 万户，其中股票投资者开户数比上年增加 2.72%，期货投资者开户数比上年减少 14.8%，但期货交易额同比大幅增长 54.0%，达 7.7 万亿元。期货公司实现净利润 4581 万元，同比增加 1561 万元。

截至 2012 年末，从上市公司的地区分布来看，90 家上市公司集中在成都经济区的有 61 家，占 67.8%；川南经济区 18 家，川东北和三州少数民族地区 11 家，广元、巴中、达州、资阳和甘孜等 0 家。

从上市公司境内流通值来看，成都经济区占比49.9%，较2011年提高1.2个百分点；川南经济区、川东北经济区和三州少数民族地区分别占比43.7%、5.3%和1.1%。从证券机构的分布来看，全省220家证券营业网点有144家集中在成都经济区，占全省的65.5%；川南、川东北和三州少数民族地区合计占比34.5%。从证券交易规模来看，成都经济区和川南经济区A股市场成交量分别占全省A股市场成交量的68.5%和23.1%。

表2　2012年四川省证券业基本情况

项　　目	数量
总部设在辖内的证券公司数(家)	4
总部设在辖内的基金公司数(家)	0
总部设在辖内的期货公司数(家)	3
年末国内上市公司数(家)	90
当年国内股票(A股)筹资额(亿元)	252.5
当年发行H股筹资额(亿元)	0
当年国内债券筹资额(亿元)	873.5
其中:短期融资券筹资额(亿元)	200
中期票据筹资额(亿元)	333

资料来源：中国人民银行成都分行：《2012年四川省金融运行报告》。

2008~2012年，证券业资产规模整体呈上升趋势。2008年证券业资产规模为210.4亿元，到2009年增加到360亿元，2011年下降至273.8亿元，2012年资产规模有小幅回升，为334.5亿元。五年间平均增速为9.75%，增速波动较大，其中2009年增速最高，为71.12%，2011年最低，增速为-19.6%（见图4）。

（3）保险业增速放缓，但服务经济作用增强。截至2012年末，四川省保险业金融机构资产总额1747.5亿元，同比增长

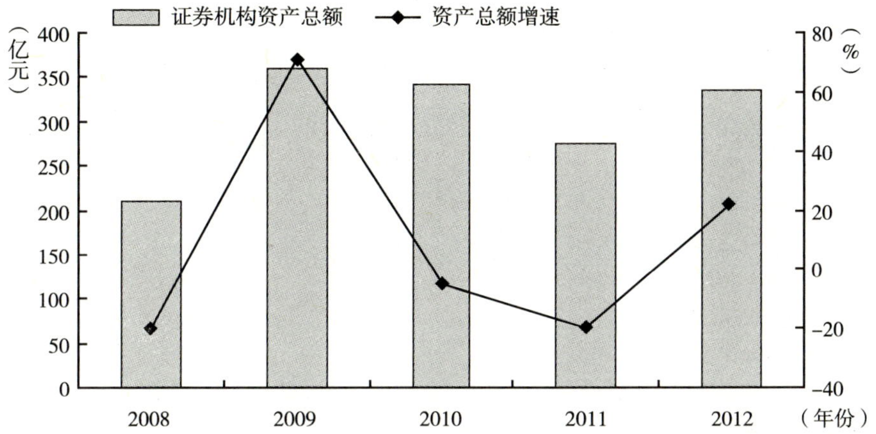

图4　2008～2012年四川省证券机构资产总额及增速

14.9%，增速比上年同期提高了4.6个百分点。四川省共有各类保险公司69家。其中，寿险公司34家，产险公司30家，养老险公司3家，健康险公司2家。按资本国别分，中资公司55家，外资公司14家。四川省专业保险中介机构132家，其中法人中介机构85家。保险业从业人员18.2万人。2012年，四川省保险密度为1014.1元/人，保险深度为3.4%，较上年同期略有下降。实现原保险保费收入819.5亿元，同比增长5.2%，增速比上年下降近4个百分点。其中，成都经济区实现保费收入504.5亿元，占全省比重为61.6%；川南经济区和川东经济区分别实现保费收入151.1亿元和141.1亿元，占比分别为18.4%和17.2%；三州少数民族地区保费收入为22.8亿元，占全省比重为2.8%。赔付支出232.9亿元，同比增长21.9%（见表3）。保险承担风险总额共计19.1万亿元，同比增长9.3%，为社会提供了日益充分的保障。其中，农业保险保费规模突破20亿元，达到23.2亿元，同比增长35.1%。

表3　2012年四川省保险业基本情况

项目	数量
总部设在辖内的保险公司数(家)	3
其中:财产险经营主体(家)	2
人身险经营主体(家)	1
保险公司分支机构数(家)	69
其中:财产险公司分支机构(家)	30
人身险公司分支机构(家)	39
保费收入(中外资,亿元)	819.5
其中:财产险保费收入(中外资,亿元)	271.5
人身险保费收入(中外资,亿元)	548
各类赔款给付(中外资,亿元)	232.9
保险密度(元/人)	1014.1
保险深度(%)	3.4

资料来源：中国人民银行成都分行：《2012年四川省金融运行报告》。

2008~2012年，保险业资产规模呈逐年上升的趋势。2008年保险业资产规模为731.5亿元，到2012年增加到1747.5亿元。五年间平均增速为26.54%，其中2010年达到最高增速49.55%，2011年增速下降至10.34%，2012年，增速有小幅度回升，为14.9%（见图5）。

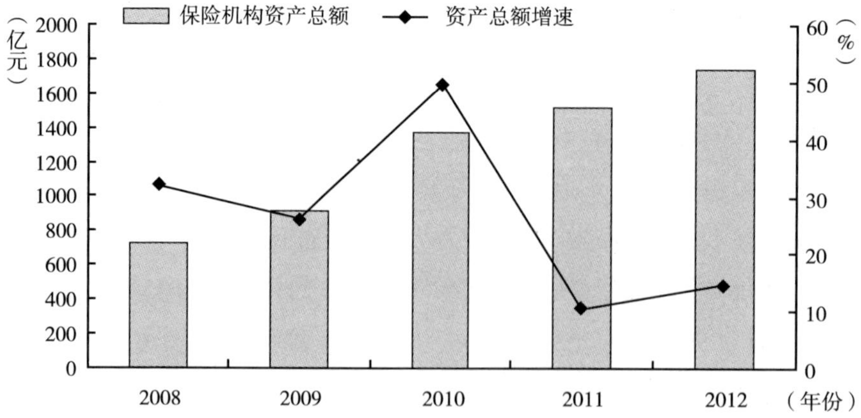

图5　2008~2012年四川省保险机构资产总额及增速

（4）准金融业与金融配套服务业快速发展。截至2012年末，四川省共有具有融资功能的非金融机构2939家。其中，批筹及在营小额贷款公司共280家，注册资本380.9亿元，已开业的小额贷款公司达234家，比年初增加123家，全年累计投放贷款639.7亿元，同比增长131.1%，年末贷款余额达378.3亿元，同比增长132.6%；融资性担保公司442家，全年累计提供融资性担保1647.4亿元，同比增长33%，年末在保余额1995.4亿元，同比增长25.4%；此外还有典当行284家，农村资金互助社1748家，融资理财机构185家。投资基金、第三方支付、金融服务外包快速发展，截至2012年末，仅成都市就有各类投资基金150余家，注册资本近250亿元，综合指标均居西部城市第一位；有4家企业先后成功获批第三方支付许可，第三方支付机构数量居中西部首位；第三方服务平台签约项目29个，金融IT服务外包产业正在成为地方金融新的增长点；中西部首家外资银行独立第三方运营中心——澳新银行中国运营中心落户成都，中国工商银行金融后台中心（成都）一期实现竣工，西南最大金融信息服务外包机构——成都金控航星信息科技有限公司顺利开业。准金融业与金融配套服务业的快速发展，不仅大大丰富了四川省金融业态，还增强了四川省金融业的竞争力和吸引力，机构分工协作、功能互补进一步增强。

3. 金融业对经济增长的贡献度

（1）存贷款与GDP的比值同步提高。截至2012年末，存款与GDP的比值为1.74，同比增长4.82%；贷款与GDP的比值为1.10，同比增长2.45%。

2008~2012年，存款与GDP的比值较为稳定，但增速波动较大。2008~2010年，存款与GDP的比值逐年提高，2008年为1.50，2010年达到最高值1.81。2011年存款与GDP的比值大幅降低，2012年又略有回升。2008~2012年，存款与GDP的比值平均增长5.77%（见

图6）。2008～2012年，贷款与GDP的比值保持在1左右，2008年最低，为0.91，2010年达到最高值1.15，平均增速为4.6%（见图7）。

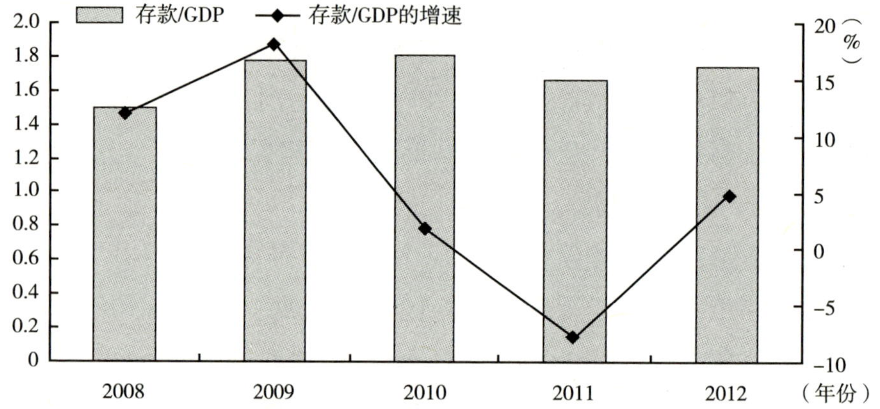

图6　2008～2012年四川省存款与GDP的比值及增速

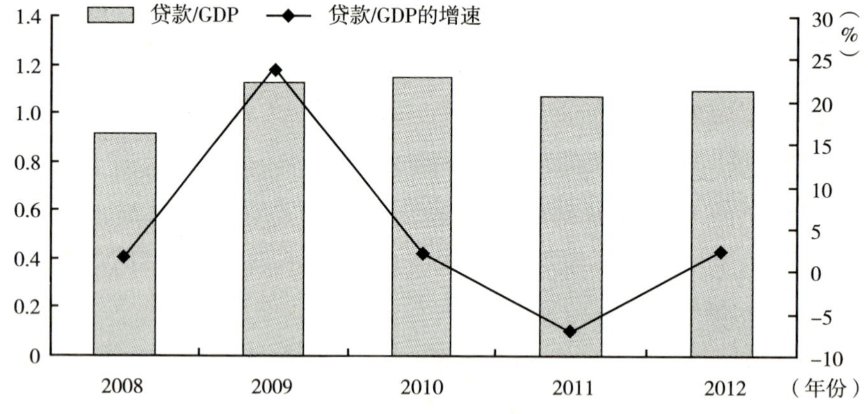

图7　2008～2012年四川省贷款与GDP的比值及增速

（2）金融业对经济增长的贡献度大幅提高。2012年，金融业对经济增长的贡献大幅度提高，四川省金融业增加值突破1000亿元，达到1085.9亿元，占全省GDP的4.55%，比上年提高了1.2个百分点；占全省服务业增加值的13.6%，比上年提高了3.5个百分点。金融业对当年经济增长的贡献率为13.2%，比上年提高近10个百分点；拉动第三产业增长4.3个百分点，比上年提高2.3个百分点。

2008～2012年，金融业增加值呈逐年上升的趋势，2008年为459.3亿元，到2012年达到最高值1085.9亿元，平均增速为25.03%。金融业占GDP的比值保持在3.7%左右，2011年最低，为3.39%，2012年达到最高值4.55%（见图8）。

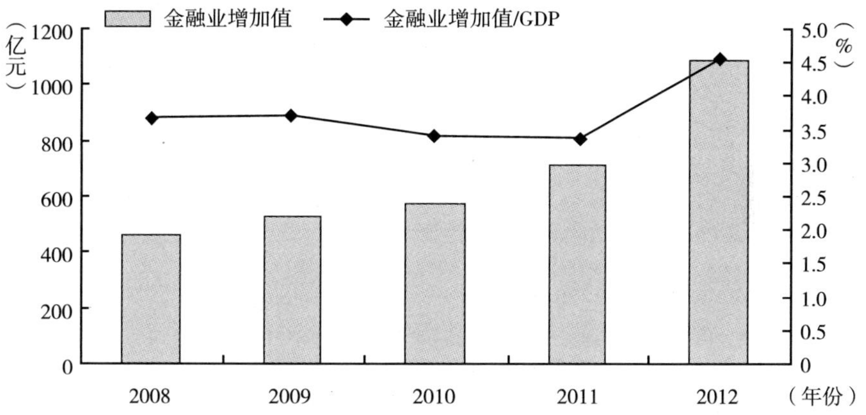

图8　2008～2012年四川省金融业增加值及其占GDP比重

（二）金融发展结构分析

1. 金融资产结构

截至2012年末，银行业及证券业资产规模大幅增长，保险业资产规模稳中有升，不过，增速有所波动。截至2012年末，银行业资产规模占三者资产规模总和的96.19%，证券业占0.61%，保险业占3.2%，银行业资产规模在三者资产规模中占有绝对优势。

2008～2012年，银行业资产规模占比总体上呈上升趋势，五年间占比平均值为95.73%，2009年最低，为95.23%，2012年最高，为96.19%；证券业资产规模占比总体上呈下降趋势，五年间占比平均值为0.88%，2009年最高，为1.18%，2012年最低，为0.61%；

保险业资产规模占比总体上呈上升趋势，五年间占比平均值为3.4%，2008年最高，为3.71%，2009年最低，为3.02%（见图9）。

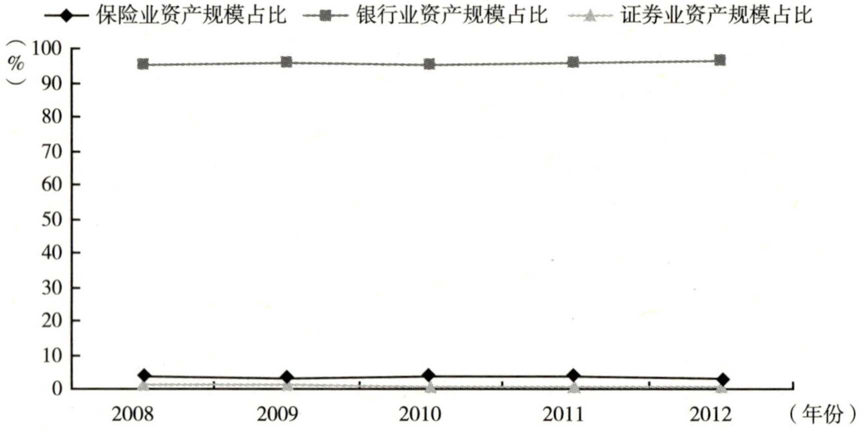

图9　银行业、证券业、保险业占三者资产总和的比重

2. 融资结构

2012年，四川省融资结构呈现多元化的发展特征，银行金融机构的贷款规模显著下降，表外融资和直接融资对实体经济的支持作用明显增强，非银行金融机构对实体经济支持作用进一步加大，融资方式和融资渠道进一步拓展。

（1）各项贷款规模占比显著下降。2012年，四川省新增本外币贷款3652.4亿元，在社会融资规模中占比52.4%，同比下降12.3个百分点。从贷款期限结构上看，在各项宏观调控政策叠加效应影响下，金融机构着力调整信贷期限结构，本外币境内中长期贷款同比少增621.9亿元，而短期贷款同比多增967.9亿元。从贷款投向上看，全省制造业、批发和零售等实体经济领域新增本外币贷款1215.3亿元，占同期全部行业贷款新增额的34.5%；与政府融资平台相关的基础设施行业新增本外币贷款591亿元，占同期全部行业贷款新增额的16.8%；涉农贷款全年新增1581.8亿元，中小微企业贷款全年新增1690.5亿元，余额同比分别增长23.2%和22.1%。

（2）表外融资规模占比明显提升。2012年，四川省金融机构委托贷款、信托贷款和未贴现的银行汇票等表外融资规模增加1812.2亿元，在社会融资规模中占比26%，同比提高5.4个百分点。其中，全年委托贷款增加411.1亿元，同比多增43亿元；全年信托贷款增加485.6亿元，同比大幅多增383亿元，在表外融资规模中的占比较2011年提高了17个百分点；未贴现汇票增加915.6亿元，同比增加339.2亿元，总体保持较快增长。

（3）股票融资规模占比小幅降低。2012年，四川A股上市公司筹资额252.5亿元，其中首次公开发行筹资额45亿元，再融资额207.5亿元，总额在社会融资规模中占比3.6%，同比下降1.8个百分点。截至2012年末，四川省A股上市公司有90家，其中主板60家，中小板23家，创业板7家。A股上市公司数居全国第7位、中西部第1位。90家A股上市公司主要分布在制造业、能源及水供应业、信息技术业、批发零售业、交通运输业、建筑业等，行业集中特征明显。其中，制造业公司57家，占比63%；能源及水供应业公司6家；信息技术业和批发零售业公司各4家；交通运输业、软件和信息技术服务业、建筑业、采矿业公司各3家；房地产公司2家。

（4）债券融资规模占比大幅提升。2012年，四川省债券融资873.5亿元，同比大幅多增538亿元，在社会融资规模中占比12.5%，同比提高8.6个百分点。全省企业在银行间市场累计发行直接债务融资工具626.5亿元，比上年增加386.2亿元，同比增长160.7%。从债券融资工具发行的品种结构看，24家企业发行短期融资券200亿元，24家企业发行中期票据333亿元，7家企业发行非公开定向债务融资工具93.5亿元。从参与企业看，全省在银行间市场发行债务融资工具的企业数量为47家，同比增长327%；从参与地区看，银行间市场直接债务融资业务已覆盖了全省10个市州，较上年新增了2个地区。债券融资已经成为四川引进省外资金、拓宽企业融资渠道、扩大社会融资规模的重要途径。

(5) 其他非银行金融机构融资规模占比进一步提高。保险赔偿增长态势平稳,但占比有小幅降低。2012 年,四川省保险公司赔偿金额为 232.9 亿元,同比增长 41.8 亿元,在社会融资规模中占比 3.3%,同比降低 0.5 个百分点。全省小额贷款公司贷款规模继续扩大。截至 2012 年末,累计增加 156 亿元,同比大幅多增 80 亿元,在社会融资规模中占比 2.2%,同比小幅提高 0.8 个百分点。

(三)金融深化程度分析

1. 金融相关率稍有提升

截至 2012 年末,四川省金融相关率为 2.84,同比增长 3.8%。但金融对实体经济的渗透以银行为主,其他金融机构涉及较少。

2008 ~2012 年,四川省金融相关率整体呈上升趋势。2008 年金融相关率最低,为 2.41,2010 年金融相关率最高,为 2.96。五年间平均增速为 5.27%,其中 2009 年达到最高增速 20.36%,2011 年金融相关率增速为 -7.58%,2012 年,增速有较大回升,为 3.89%(见图 10)。

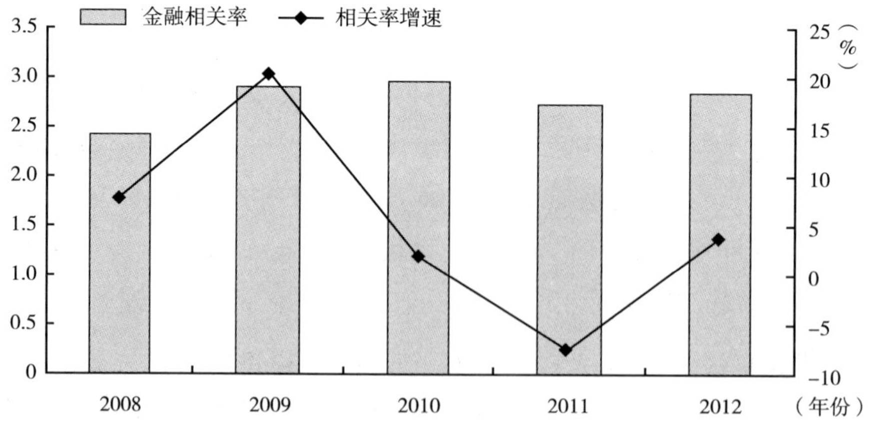

图 10 2008 ~2012 年四川省金融相关率及增速

2. 贷存比大幅下降

截至2012年末，四川省贷存比为0.63，同比下降2.26%。贷存比下降，说明商业银行存在流动性过剩，随着金融产品创新，融资渠道多样化，贷款只是融资方式的一种。

2008~2012年，贷存比保持在0.63左右，低于中国人民银行对商业银行规定的贷存比上限75%。2008年贷存比最低，为0.61，2011年贷存比最高，为0.64。五年间贷存比增速整体呈下降趋势，2009年最高，为4.85%，2008年贷存比最低，增速为-9.25%（见图11）。

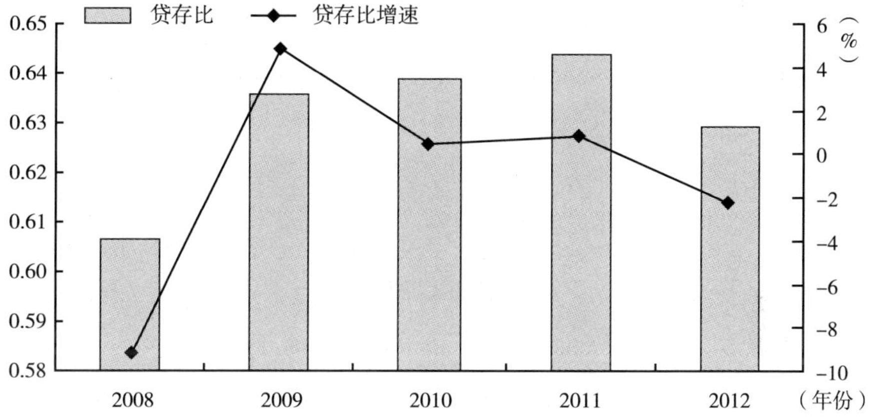

图11　2008~2012年四川省贷存比及增速

3. 间接融资与直接融资比值不断下降

截至2012年末，四川省间接融资与直接融资的比值为3.25，同比下降43.58%（以新增贷款额代表间接融资，以股票和债券融资额代表直接融资）。2008~2012年，四川省间接融资与直接融资的比值呈逐年下降趋势。2008年间接融资与直接融资的比值为12.7，到2012年比值下降至3.25（见图12）。比值逐年下降反映资本市场参与度有所改善，但总体上仍然处于由间接融资主导实体经

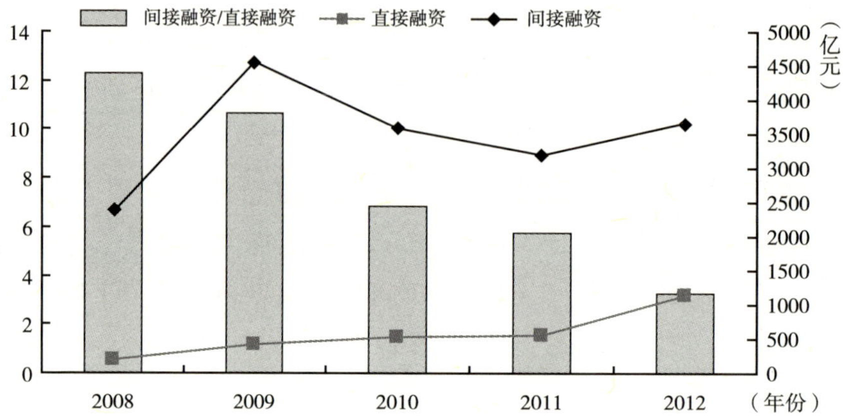

图12　2008～2012年四川省间接融资与直接融资及其比值

济的局面。

4. 金融业开放度大幅增加

截至2012年末，四川省外资银行数量居中西部第一位，其中分行11家、代表处1家；外资保险分公司14家，比上年增加2家；外国证券机构代表处1家。外资融资性担保公司发展居中西部前列，外资小额贷款公司稳步发展。2012年，外币存款446亿美元，占总存款数量的1.07%，同比增长57.42%；外币贷款602.85亿美元，占总贷款数量的2.3%，同比增长7.11%。

2008～2012年，外币存款整体呈上升趋势，2008年外币存款最低，为223.2亿美元，2012年最高，为446亿美元。五年间外币存款占总存款的比值保持在1%左右，2010年最高，为1.14%，2011年最低，为0.68%（见图13）。与外币存款类似，外币贷款整体上也呈上升趋势，2008年外币贷款最低，为340.39亿美元，2012年外币贷款最高，为602.85亿美元。五年间外币贷款占总贷款的比值保持在2.57%左右，2008年最高，为2.99%，2011年最低，为2.15%（见图14）。

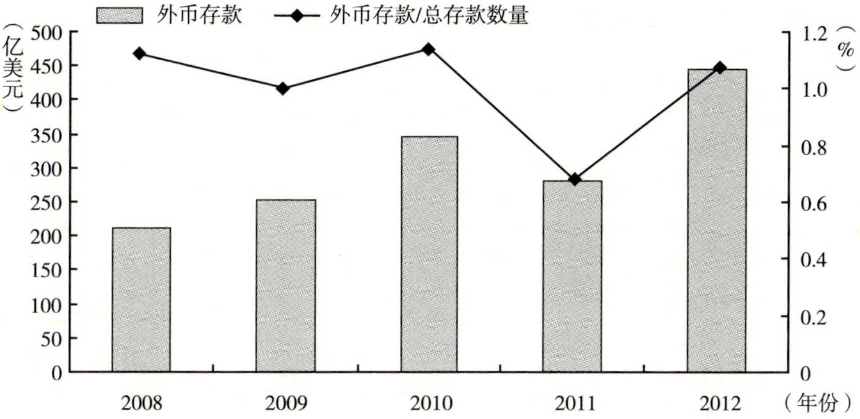

图 13　2008～2012 年四川省外币存款及其占总存款的比重

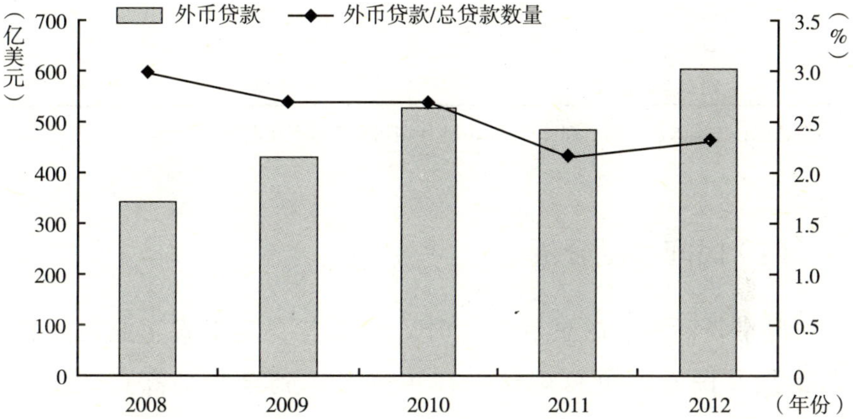

图 14　2008～2012 年四川省外币贷款及其占总贷款的比重

5. 地方法人金融机构数量减少，但实力增强

截至 2012 年末，四川共有地方法人金融机构 297 家，比上年末减少 211 家，但实力大幅增强（见表 4）。2012 年，四川省地方法人金融机构资产总额达到 1.5 万亿元，比年初增加 3132 亿元，增长 22%，已占全省金融业总资产的 28.2%，新增贷款已占全省新增贷款的 33.1%。地方法人机构不断发展壮大，进一步提升了四川省的金融辐射能力。

表 4　2012 年末四川地方法人金融机构数量

机构类别	2012 年末	同比增减
地方法人机构	297 家	-211 家
其中:银行业金融机构	196 家	-208 家
其中:城市商业银行	13 家	
农村中小金融机构	183 家	-208 家
证券业金融机构	7 家	
其中:证券公司	4 家	
期货公司	3 家	
保险业金融机构	88 家	-3 家
其中:保险公司	3 家	
专业保险中介机构	85 家	
其他金融机构	6 家	-3 家
其中:信托公司	2 家	
财务公司	3 家	
消费金融公司	1 家	

资料来源：中国人民银行成都分行：《2013 年四川省金融产业发展报告》。

（四）民间金融分析

民间借贷活跃，融资利率上升。2012 年，四川省企业民间融资活跃指数及民间融资总规模均在 4 季度达到全年最高点，分别为 63.2% 和 1307.6 亿元，分别较 3 季度提高了 13.9 个和 18.7 个百分点。企业民间融资加权平均利率也在 4 季度上升到 27.6%，较 3 季度提高 5.3 个百分点。其中，企业内部民间融资加权平均利率为 11.8%，较 3 季度提高 1.6 个百分点；外部民间融资加权平均利率为 33.1%，较 3 季度提高 3.6 个百分点。

从总体上讲，伴随着经济规模的扩大和城市环境的明显改善，四川省近几年来新进入的金融机构有明显加快的势头，金融组织的结构有了显著改善，除原有的银行、保险、证券和信托保持增长外，风险投资基金和大型产业基金也有了快速成长，金融存量和吸纳金融要素的能力在中西部地区名列前茅；同时，四川省近年来的城市发展水平有了极大的提高，社会法制环境有了较大的改善，社会信用建设有了长足的进步。这都为四川省金融业的快速成长奠定了良好的基础。

二　四川省金融发展存在的问题

从上面有关四川省金融业发展的现状可以看出，2012 年四川省金融业取得了较大成绩，但发展中也存在一些问题。

（一）银行业占主导地位，非银行金融机构发展不足

一般而言，经济发展水平越高的地区，其金融结构中的间接融资比例相对较低，直接融资比例相对较高。随着经济的发展，四川省的金融结构有所改善，但是，银行业仍占主导地位。截至 2012 年末，从金融机构的数量来看，四川省银行业金融机构共有 196 家，而证券、期货公司仅 7 家，保险公司分支机构为 88 家；从资产规模占比来看，四川省银行业资产规模占三者资产规模总和的 96.19%，证券业占 0.61%，保险业占 3.2%；从全社会融资额构成来看，2012 年新增贷款占全社会融资额的 52.4%，企业债券和股票融资额占比为 16.1%，贷款融资是债券和股票融资总额的 3.25 倍。机构数量、资产规模占比、融资结构这三方面，充分体现了四川省在金融发展过程中，银行业占主导地位，非银行业金融机构（如证券业、保险业等）发展不足。并且，四川省金融机构金融创新不足，机构盈利模式单一。2012 年，四川省金融业实现净利润 743.3 亿元，同比增长 16.1%。各金融子行业盈利水平分化比较明显，银行业和期货业盈利水平大幅提升，产险业盈利水平大幅增长，券商和寿险公司盈利出现负增长。但是，商业银行的高利润主要来自利息收入，利息收入占比

80%左右；证券期货业金融机构以佣金为主要收入来源；保险业以保费为收入来源。由此可见，四川省金融业盈利模式比较单一，金融创新有待提高。

（二）金融市场过分依赖间接融资市场

2012年，四川省间接融资与直接融资的比例为3.25，同比下降43.58%。但是，间接融资市场仍占主导地位。2012年新增人民币贷款占社会融资规模的52.4%，表外融资规模占比为26%，股票、债券、非银行金融机构占比为21.6%。上述数据表明，四川省间接融资占比还是很高，这种过度依赖信贷的金融体系在一定环境下会形成系统性风险。

（三）各经济区金融发展不平衡，成都经济区一枝独大

综合来看，四川省成都经济区金融发展水平大大高于川南、川东北和三州少数民族地区①。从2012年地区金融业对经济发展贡献水平、金融对经济发展支持力度、金融业发展深化程度、地方金融发展水平、金融生态环境优化程度五个指标来看，成都经济区金融业对地区生产总值、地方税收、就业、第三产业的贡献水平均较高，金融业已成为地区支柱产业。成都经济区在全省的信贷投放分布中具有绝对优势，占比一直保持在70%左右。全省90家A股公司集中在成都经济区的有61家，占比为67.8%；全省220家证券营业网点有144家在成都经济区，占比为65.5%；成都经济区A股市场成交量占全省成交量的68.5%，此外，保费收入的61.6%来自该地区。

① 成都经济区含成都、绵阳、德阳、眉山、资阳，川南经济区含自贡、宜宾、泸州、内江、乐山、攀枝花、雅安，川东北经济区含南充、遂宁、达州、广安、巴中、广元，三州少数民族地区含凉山、阿坝、甘孜。

三　促进四川省金融发展的建议

（一）建议

1. 加快金融机构创新，大力发展非银行金融机构

实体经济是人类赖以生存的基础，金融机构的发展和创新必须以服务于实体经济的需要为目的。目前，四川省的金融结构有所改善，但仍存在储蓄向投资转化不畅、高科技等中小企业“融资难”、农村金融服务明显不足等问题，严重影响了实体经济的发展。因此，在保持银行业金融机构平稳发展的同时，必须进一步促进四川省非银行金融机构的发展壮大，完善金融机构设置，促进各金融机构的协调发展，构建多元化的金融组织体系。

首先，应大力发展农村金融机构。应深化农村金融体系改革，放宽农村金融市场准入条件，培育和发展新型农村金融机构，为农村经济社会发展提供更多优质的金融服务，解决农村金融服务明显不足的问题。

其次，大力发展非银行金融机构，健全多元化的融资体系。四川省非银行金融机构有所发展，但规模仍较小。因此，应大力发展证券公司、保险公司、基金公司、期货公司、信托公司、村镇银行、企业集团财务公司等传统的非银行金融机构；大力发展消费金融公司、货币经纪公司、PE、VC 和产业基金等新型金融机构和业态。要进一步提升非银行金融机构的综合竞争力，适当放松管制措施，继续发挥传统非银行金融机构的支撑作用，提高新型金融机构的经营能力。

最后，要通过金融创新调整金融机构的盈利模式。银行业金融机构要减少对利息收入的依赖，提高金融服务能力和中间业务收入占比。证券业金融机构应加快新业务、新产品创新进程，放宽业务范围和投资方式限制，扩大公司代销金融产品范围。保险业金融机构要积极做好保险公司的资本管理和资本补充工作，不断拓宽保险公司资本补充渠道。

2. 大力发展直接融资市场，使直接融资市场与间接融资市场协调发展

大力发展直接融资市场，提高直接融资在社会融资规模中的比重。在发展直接融资市场时，一是要积极发展银行间市场业务，引导和帮助企业开展直接债务融资。二是要充分利用信托、资产证券化、租赁等直接融资方式，鼓励保险资金投资交通、能源、城镇化改革等设施建设；大力发展有限合伙人等新型金融机构，扩展融资渠道。同时，要加强多层次、多元化的金融市场体系建设，并使这些市场协调发展。加强期货、期权市场建设，探索场外交易市场及发展，构建多层次的金融市场体系。四川省应充分利用“三个市场”（股票市场、债券市场、票据市场）“五个平台”（保险平台、信托平台、融资平台、股权投资平台、政府融资平台）来发展直接融资市场。

3. 在保持成都经济区快速发展的同时，大力发展其他经济区

成都经济区的发展水平远远高于川南、川东北和三州少数民族地区。因此，在保持成都经济区快速发展的同时，要大力发展其他经济区，以此缩小区域间金融产业发展的差异，进而促进四川省整个经济的发展。地方政府要在川南、川东北和三州少数民族地区投放更多的人力、财力、物力，加速推动这些地区的城镇化进程，以促进金融产业的发展。

4. 防范区域金融风险，改善区域金融环境

区域间接融资占比过高，直接融资市场与间接融资市场发展不均衡，区域经济发展不均衡等，都会导致区域系统性金融风险的增加。因此，要防范区域金融风险，不仅要均衡发展多种融资市场，也要培育良好的金融发展环境。要力促地方政府建立健全金融稳定协调机制，完善区域性金融风险防范和处置机制，定期交流金融监管方面的数据信息资料，加强协作，减少分业监管机制导致的监管盲区。采用非现场和现场检查等多种监管方式，积极构建一体化信息共享平台，充分利用数量分析方法，提高金融风险识别、预警和处置能力。加强对金融机构及准金融机构的风险监测，定期对其稳定性进行评估，密切关注重点产业链风险、民间融资风险、政府融资平台风险和房地产等重点领域风险。加强对具有系统性影响机构和高风险机构的动态监测。要加强四川省金融信息化基础设施和金融生态环境建设，推进四川金融稳健发展。加强省级大数据中心建设，加大系统开发建设工作力度，鼓励小微金融机构加入金融专用网络，并加强小微金融机构网络接入安全管理，确保重要金融信息系统及相关基础设施的安全。改变经济发展方式，大力发展多种经营方式，提高四川省的经济发展水平。加大金融中介机构建设，降低金融交易成本。建立健全政府、司法部门、金融管理部门之间的金融法制沟通协调机制，严厉打击金融违法与违规行为，维护金融交易秩序。完善个人及企业信用体系建设，提高全民诚信意识和法律意识，进一步优化四川金融生态环境，促进四川经济和金融良性互动发展。

（二）预测与展望

2013 年，四川经济继续保持快速增长具有较多有利因素：一是四川经济保持较快发展面临良好政策机遇。西部大开发战略在中国区域发展战略中的优先地位进一步确立，国家对革命老区、民族地区、贫困地区的政策扶持力度继续加大，四川城镇化建设、城乡统筹积极稳妥推进，国内外产业加速向四川转移，成渝经济区区域规划深入实施，天府新区建设稳步推进。二是近年来四川更加注重科学发展和可持续发展，为经济发展方式转变、产业结构升级、经济发展提速创造了条件。四川省进一步实施新型工业化战略、积极培育和发展战略性新兴产业，大力发展特色优势产业、现代农业和现代服务业。三是当前处于国家深入实施扩大内需战略、地方政府换届后抢抓机遇的良好开局时期。因此，四川省经济发展要转变经济发展方式，以经济增长质量和效益为重心，统筹城乡总体战略，大力推进新型城镇化，突出创新产品和服务。金融应重点支持环保、高科技、创新性行业及企业，促进四川经济持续稳健发展。

但与此同时，四川经济发展也面临诸多挑战，包括经济企稳回升的基础还不牢固，经济内生增长动力不足，开放型经济发展形势较为严峻，部分产能相对过剩行业和地方融资平台特别是县级平台等领域潜在金融风险隐患要密切关注。

综合上述因素，四川经济将保持平稳较快的发展势头。四川金融机构将进一步促进货币信贷和社会融资规模合理适度增长，不断优化调整信贷结构，提升金融服务水平，坚守不发生系统性和区域性金融风险的底线，为区域经济发展创造良好的货币金融环境。

参考文献

[1] 四川省统计局：2008～2012年《四川省国民经济和社会发展统计公报》。
[2] 中国人民银行成都分行政策分析小组：《2008～2012年四川省金融运行报告》。
[3] 中国人民银行成都分行：《2008～2013年四川省金融产业发展报告》。
[4] 中国人民银行成都分行：《2008～2012年四川省金融稳定报告摘要》。

B.5

重庆金融发展报告

续　静*

摘　要：

重庆经济的飞跃式发展离不开金融，因此，本报告选取金融发展规模、金融发展结构、金融深化程度、民间金融发展（正规金融难以满足融资需求下的必然产物）及金融监管能力（地区金融风险防范的重要机制）五个方面的具体指标对重庆的金融发展状况进行统计分析。数据表明，重庆社会融资规模稳步提升；银行业机构数量及资产规模不断扩张，信贷稳步快速增长；证券业受市场影响，股票融资大幅下跌，但机构经营较为稳定；保险业多项指标均有提高。重庆市FSR、FIR、贷存比等指标较全国平均水平均较高，但在快速发展的过程中，仍需要再接再厉。

关键词：

金融发展　金融规模　金融结构　金融深化

重庆，中国直辖市，位于中国西南部，地处长江上游经济带核心地区，面积8.24万平方公里，人口总数近3000万。重庆市下辖19区15县4自治县，是重要的国家综合交通枢纽，长江上游

---

* 续静，陕西榆林人，陕西师范大学金融学专业在读硕士，研究方向：准金融机构监管问题。

地区经济、金融、创新、航运、政治、文化、科技、教育、通信等中心。重庆既是国家历史文化名城，也是国家重要的现代装备制造业基地。2012 年，重庆市经济总量达 11459 亿元，在中国内地城市中排名第七位，在 2012 年中国城市竞争力排行榜中跻身前十位。

从 20 世纪开始，外资及民族资本在重庆的投入促进了重庆近代工业的发展，经过抗日战争，重庆逐渐发展为中国六大老工业基地之一，但随着内迁企业的离开，重庆趋于没落。直到新中国成立以后，在国家的巨大投资下，重庆又成为重要的机械工业基地。而 2002 年以后，重庆东部发现的国内最大天然气田，更是带动了其贫困区县财富的急剧增长。

据统计数据显示，2012 年，重庆市地区生产总值达 11459 亿元，比上年增长 13.6%。2011 年更是以 16.4% 的增长率与天津并列全国增速第一，首次进入万亿元行列，城镇居民人均可支配收入达 20250 元，农村居民家庭人均纯收入接近 6480 元。重庆十年间 GDP 从 2001 年的 1485 亿元到 2012 年的 11459 亿元，经济发生了飞跃式的增长，增速远远超过全国平均水平。

重庆经济的飞跃式发展离不开其逐步完善的金融体系的支撑。作为西部大开发中扮演重要角色的重庆，充分分析其金融的发展状况不仅对其未来金融发展的方向具有启发意义，也对西部其他省、自治区的金融发展具有借鉴意义。金融发展是一个比较复杂的概念，至少应当包括金融发展的规模、效率和结构三个方面。因此，本报告选取了金融发展规模、金融发展结构、金融深化程度、民间金融发展（正规金融难以满足融资需求下的必然产物）及金融监管能力（地区金融风险防范的重要机制）五个方面的具体指标对重庆的金融发展状况进行统计分析。从而在数据分析的基础上，对重庆金融发展做出评价，并提出政策建议。

一 金融发展规模分析

金融发展规模能够在一定程度上体现一个地区金融发展的"量"的水平。本报告从重庆市社会融资规模和重庆市金融机构发展状况两个方面来分析该地区的金融发展规模。

（一）社会融资规模

社会融资规模是用来衡量金融对经济支持力度的重要指标，保持合理的社会融资规模，对于强化市场资源配置、提高经济发展的内生动力具有重要意义。社会融资规模包括各种金融机构、金融市场通过直接或间接的方式向实体经济提供资金支持，因此本报告选取了本外币贷款、委托贷款、信托贷款、未贴现的银行承兑汇票、企业债券、非金融企业境内股票融资、保险公司配成等指标来说明重庆市社会融资规模情况。

1. 人民币及外币贷款

中国人民银行重庆营管部2013年8月9日公布数据显示，截至2013年6月末，重庆市金融机构本外币贷款余额17288.92亿元，同比增长19.06%；比年初增加1666.54亿元，同比多增338.32亿元。其中，人民币贷款余额16492.33亿元，同比增长15.28%；比年初增加1333.01亿元，同比多增26.48亿元。中长期贷款增速持续上升。6月末，人民币中长期贷款余额11650.73亿元，同比增长11.10%；比年初增加730.97亿元，同比多增212.05亿元。其中，个人中长期消费贷款余额3425.91亿元，比年初增加390.94亿元，同比多增232.91亿元。个人中长期消费贷款增加额占全部中长期贷款新增额的比例超五成，是中长期贷款增长主力。表1为重庆金融机构本外币贷款余额近年表现，数据显示重庆市近年来本外币贷款余额呈现稳步增长趋势。

表1　重庆市2008年至2013年6月金融机构本外币贷款余额

单位：亿元

	2008年	2009年	2010年	2011年	2012年	2013年6月
本外币贷款余额	6384	8857	11000	13195	15594	17289

2. 银行表外融资

2012年，重庆市票据市场大幅增长，贴现利率全面走低。自2012年初起，在中长期贷款需求偏弱、资金面逐步宽松、中小银行吸收保证金存款的需求增加等影响下，票据贴现利率快速下行，带动企业开票意愿增强。2012年重庆市银行承兑汇票承兑业务情况如表2所示。

表2　2012年重庆市金融机构票据业务量统计

单位：亿元

季度	银行承兑汇票承兑		贴现			
			银行承兑汇票		商业承兑汇票	
	余额	累计发生额	余额	累计发生额	余额	累计发生额
1	1478.5	855.0	412.6	4869.4	37.5	200.1
2	1851.7	1220.2	566.2	7367.3	36.4	128.5
3	2007.2	1023.3	523.2	5396.6	7.9	118.7
4	2181.8	1327.4	348.9	5331.1	6.5	58.9

资料来源：中国人民银行重庆营业管理部。

3. 企业债券、境内股票融资与保险赔款及给付

截至2012年底，重庆市累计发行债务融资工具81只，融资额达543.38亿元。企业发行债券涉及多行业领域，涵盖重庆农牧业、交通运输业、制造业、能源产业及民生领域，对重庆市经济转型和发展起到积极作用。同时，重庆市债务融资工具发行的品种繁多，包括短期融资券、中期票据、中小企业集合票据、定向债务融资工具等，融资渠道更趋畅通，呈现多元化融资格局。

2012年，重庆保险业保障补偿功能有了更进一步的发挥，各类赔款给付达91.8亿元，较2011年74亿元的规模增加了17.8亿元，同比增长24.1%。

（二）金融机构发展

一个地区金融机构的发展状况体现了该地区的金融活跃程度，因此本报告对重庆市包括银行业、证券业及保险业在内的金融机构的发展情况进行考察。

1. 重庆银行业发展现状

重庆经济的高速增长为其金融机构的壮大提供了良好的基础。一方面，重庆市金融机构的数量不断增长；另一方面，各金融机构的资产总额、从业人员数量也在不断扩张。重庆银行业形成了以大型商业银行、国家开发银行和政策性银行为核心，城市商业银行、邮政储蓄银行、小型农村金融机构为重要补充，并涵盖外资银行、新型农村金融机构、财务公司、信托公司的完整的行业体系。

2. 重庆证券业发展现状

截至2012年末，重庆共有上市公司37家，比上年增加1家。但由于国内证券市场整体不景气，所以重庆市市场交易活跃度受到影响，持续下降。2012年全年股票和期货交易额均同比下降一成，其中股票交易额的下降程度较2011年18.5%的幅度有所减少，但期货交易额的下降程度较2011年的7.5%有所加强。各法人机构的运营基本上处于平稳状态，期货公司的盈利状况有所改善，2家公司的监管评级上调。西南证券自营业务和利润大幅增长，终止了对国都证券的吸收合并，控股重庆股权转让中心。新华基金创新采用发起式设立债券基金，管理基金数量和规模都有较快的增长（见表3）。

表3　2012年重庆市银行业金融机构情况

机构类别	营业网点			
	机构个数(个)	从业人数(人)	资产总额(亿元)	法人机构(个)
一、大型商业银行	1306	26755	9451.7	0
二、国家开发银行和政策性银行	39	1113	2453.8	0
三、股份制商业银行	167	6202	6703.6	0
四、城市商业银行	122	4779	2848.4	2
五、城市信用社	0	0	0	0
六、小型农村金融机构	1765	15877	4328.2	1
七、财务公司	1	24	59.4	1
八、信托公司	2	656	127.3	2
九、邮政储蓄银行	1705	4104	1454.4	0
十、外资银行	28	892	169.8	0
十一、新型农村金融机构	39	1056	119.2	27
十二、其他	2	67	366.0	2
合计	5176	61525	28081.9	35

资料来源：中国人民银行重庆营管部。

在资本市场上，同样由于市场不景气，重庆企业股票融资额同比下降81%。因此证券期货机构加强了创新意识，中小企业私募债券首批试点发行，部分券商向综合服务平台和财富管理中心转型，更贴合市场的需求。西南证券则完成了市场上首例资产重组和配套融资项目，初步化解了公司的退市风险（见表4）。

表4　2012年重庆市证券业基本情况

项目	数量
总部设在辖内的证券公司数(家)	1
总部设在辖内的基金公司数(家)	1
总部设在辖内的期货公司数(家)	4
年末国内上市公司数(家)	37
当年国内股票(A股)筹资额(亿元)	30.0
当年发行H股筹资额(亿元)	0
当年国内债券筹资额(亿元)	566.4
其中:短期融资券筹资额(亿元)	88.1
中期票据筹资额(亿元)	150.2

资料来源：重庆证监局、中国人民银行重庆营管部。

3. 重庆保险业发展现状

重庆保险业发展总体向好，市场主体持续增加，业务结构有所变化，服务民生作用增强。2012 年，重庆市新增 3 家省级保险分公司，行业总资产较年初增加 17%，从业人员达 8.5 万人，精英效益持续改善，财产险公司承保利润高于全国平均水平，人身险公司短期承保利润则保持平稳。全市保费收入增长 6.2%，同比下降 3.7 个百分点，主要源于分红险的保费收入增速和所占比例下降。

重庆市全年保险赔付额增长 24.1%，风险保障额和保障人数分别增长 24.3% 和 27.4%，覆盖养老、医疗、农业、社会管理等领域。同时，重庆市启动了小额代理保证保险，支持小微企业贷款 1.1 亿元。此外，秀山土鸡养殖、黔江自然灾害公众责任保险等地方特色险种稳步推进，农业保险总规模达到 39 亿元（见表 5）。

表 5　2012 年重庆市保险业基本情况

项目	数量
总部设在辖内的保险公司数(家)	3
其中:财产险经营主体(家)	2
人身险经营主体(家)	1
保险公司分支机构(家)	41
其中:财产险公司分支机构(家)	22
人身险公司分支机构(家)	19
保费收入(中外资,亿元)	331.0
其中:财产险保费收入(中外资,亿元)	95.2
人身险保费收入(中外资,亿元)	235.8
各类赔款给付(中外资,亿元)	91.8
保险密度(元/人)	1124.0
保险深度(%)	2.9

资料来源：重庆保监局。

二　金融发展结构分析

重庆经济飞跃式发展带动金融改革，形成了当前重庆市较为完善的金融机构体系。但金融对实体经济的支持作用不仅取决于机构的完善性，同时，与全市金融体系结构的优化程度相关。本报告选取金融结构指标（FSR）来衡量重庆金融结构的优化程度，FSR 数值越高，表明金融结构优化程度越高。其计算公式如下：

FSR =（债券筹资额 + 股票筹资额 + 保费收入）/金融总资产

其中，金融总资产包括金融机构存贷款余额、债券筹资额、股票筹资额和保费收入。

本报告选取 2006 年至今的相关数据对各年 FSR 进行计算，得出结果如表 6 所示。为了更好地看出重庆市 FSR 指标的变化，我们将数据转化为图的形式。尽管 2008 年发生了金融危机，但未对重庆市 FSR 指数有什么影响，2006 ~ 2010 年始终处于稳步上升状态。2010 年 FSR 指数有较大幅度的下降，重庆市股票筹资额有较大幅度的下降，而当年存贷款余额则有较大幅度的增长，导致 FSR 指数的较大程度下滑。但 2012 年得益于债券筹资额的大幅增加，该指标有所反弹，但距 2010 年的峰值还有一定差距。总体来说，重庆市 FSR 指数处于稳步上升的态势，金融结构不断优化（见表 6 和图 1）。

表 6　重庆市金融结构变化

年份	债券筹资（亿元）	股票筹资（亿元）	保费收入（亿元）	金融机构存款余额（亿元）	金融机构贷款余额（亿元）	FSR
2006	30	0	93.2	5519.75	4388.28	0.012282
2007	20	26.4	124.7	6576.68	5131.69	0.014403

续表

年份	债券筹资（亿元）	股票筹资（亿元）	保费收入（亿元）	金融机构存款余额（亿元）	金融机构贷款余额（亿元）	FSR
2008	62.5	11.5	201.0	8021.95	6320.81	0.018813
2009	135.0	104.0	244.7	10933.00	8766.06	0.023966
2010	164.7	267.6	321.1	13455.00	10888.20	0.030020
2011	262.0	159.6	311.8	15832.80	13001.40	0.021075
2012	556.4	30.0	331.0	18934.80	15131.20	0.026224

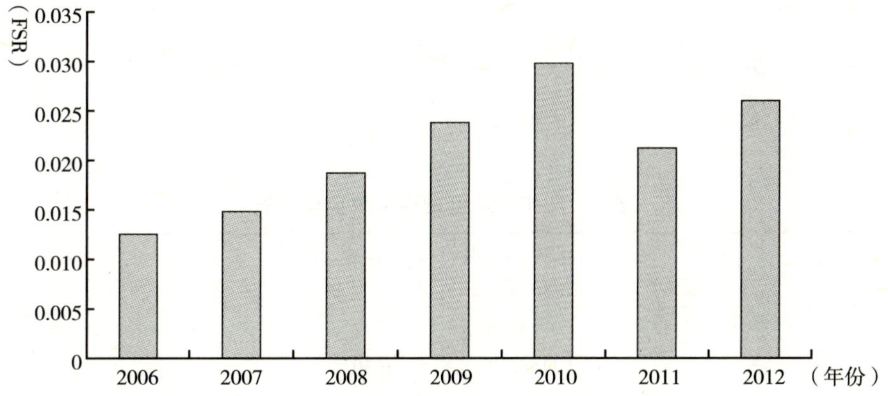

图1　重庆历年金融结构变化情况

三　金融深化程度分析

1973年，麦金农和肖提出了金融深化理论，探究金融发展对发展中国家经济发展的作用。他们认为，通过金融深化，可以导致整个国民产出水平的稳定增长，局域明显的收入效应。通常用来衡量金融深化程度的指标为M2/GDP，即货币化指标。王毅指出这种衡量我国金融深化程度的方法并不客观，而应当用“金融化”的分析方法。因此，本报告选取以下金融相关率和贷存比来进行考察。

（一）金融相关率（FIR）

金融相关率衡量的是一国金融资产价值占该国经济总量的比重，FIR 数值越高，表明金融结构深化程度越高。基于数据的可获得性，本报告选取金融机构贷款余额、保费收入之和衡量金融机构资产，经济总量用 GDP 衡量。这样，FIR =（贷款余额 + 保费收入）/GDP。由表 7 和图 2 可知，重庆金融相关率超过全国平均水平，其波动幅度逐渐下降，其中 2004 年重庆金融相关率超过全国平均水平最多。近年来，FIR 水平整体上有所下降，重庆金融深化工作还需要再接再厉。

表 7　历年重庆金融相关率变化情况

年份	保费收入（亿元）	金融机构贷款余额（亿元）	GDP（亿元）	FIR（重庆）	FIR（全国）
1996	12. 82	913. 93	912	1. 02	0. 87
1997	19. 52	1156. 13	1050	1. 12	0. 96
1998	22. 77	1358. 61	1117	1. 24	1. 04
1999	25. 39	1611. 68	1169	1. 40	1. 06
2000	27. 71	1881. 29	1364	1. 40	1. 02
2001	33. 72	1871. 98	1485	1. 28	1. 04
2002	46. 17	2244. 72	1598	1. 43	1. 12
2003	57. 93	2774. 81	1878	1. 51	1. 20
2004	66. 51	3246. 28	2200	1. 51	1. 14
2005	73. 10	3719. 52	3069. 10	1. 24	1. 08
2006	93. 20	4388. 28	3486. 20	1. 29	1. 07
2007	124. 68	5131. 69	4111. 82	1. 28	1. 01
2008	200. 56	6320. 81	5096. 66	1. 28	1. 00
2009	244. 70	8766. 06	6528. 72	1. 38	1. 21
2010	321. 10	10888. 20	7894. 24	1. 42	1. 23
2011	311. 8	13001. 40	10011. 1	1. 33	1. 19
2012	331. 0	15131. 20	11459. 0	1. 35	1. 27

资料来源：中国人民银行重庆营管部；重庆统计局；重庆市保监局。

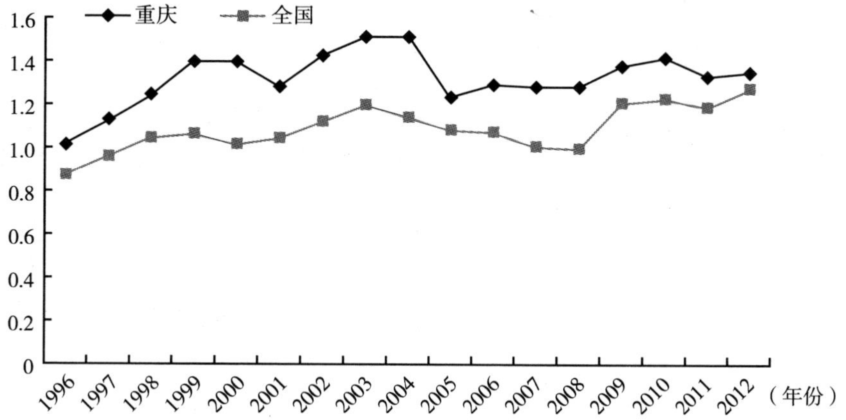

图2　重庆金融相关率与全国比较

（二）贷存比

贷存比作为基本的衡量金融机构资金使用效率的指标，指的是金融机构资产负债表中的贷款资产占存款负债的比例，贷存比越高，则表明金融机构盈利能力越强。本报告选取1980～2012年的数据来分析重庆市贷存比的变化情况，并将其与全国进行对比。截至2012年底，重庆市金融机构贷款余额达15131.2亿元，金融机构贷存比为80%，近十年内基本没有变化，基本高于全国贷存比。与全国相比，重庆市的信贷投放还是较为充足的，贷存比的变化趋势与全国一致。我们选取1980～2012年的相关数据进行分析，发现全国及重庆市的贷存比均呈现下降的趋势，全国贷存比的变化幅度较为平稳，而重庆市贷存比的变化则较为剧烈，但近年来趋于平稳（见表8和图3）。

表8　历年来重庆市贷存比的变化情况

年份	金融机构贷款余额(亿元)	金融机构存款余额(亿元)	贷存比	贷存比(全国)
1980	42.19	29.15	1.45	1.47
1981	50.29	33.98	1.48	1.36

续表

年份	金融机构贷款余额(亿元)	金融机构存款余额(亿元)	贷存比	贷存比(全国)
1982	55. 30	38. 66	1. 43	1. 29
1983	63. 25	45. 22	1. 40	1. 24
1984	84. 53	70. 86	1. 19	1. 27
1985	101. 56	62. 38	1. 63	1. 36
1986	131. 70	84. 57	1. 56	1. 37
1987	163. 63	110. 37	1. 48	1. 33
1988	183. 32	123. 47	1. 48	1. 36
1989	214. 41	146. 71	1. 46	1. 33
1990	268. 40	198. 00	1. 36	1. 26
1991	336. 85	253. 57	1. 33	1. 17
1992	408. 64	315. 70	1. 29	1. 11
1993	495. 71	386. 86	1. 28	1. 11
1994	596. 96	518. 27	1. 51	0. 99
1995	755. 39	676. 70	1. 12	0. 94
1996	913. 93	846. 43	1. 08	0. 89
1997	1156. 13	1098. 67	1. 05	0. 91
1998	1358. 61	1306. 04	1. 04	0. 90
1999	1611. 68	1580. 80	1. 02	0. 86
2000	1881. 29	1904. 71	0. 99	0. 80
2001	1871. 98	2294. 05	0. 82	0. 78
2002	2244. 72	2821. 04	0. 80	0. 77
2003	2774. 81	3438. 61	0. 81	0. 76
2004	3246. 28	4039. 61	0. 80	0. 74
2005	3719. 52	4727. 72	0. 79	0. 68
2006	4388. 28	5519. 75	0. 80	0. 67
2007	5131. 69	6576. 68	0. 78	0. 67
2008	6320. 81	8021. 95	0. 79	0. 65
2009	8766. 06	10933. 00	0. 80	0. 67
2010	10888. 20	13455. 00	0. 81	0. 67
2011	13001. 40	15832. 80	0. 82	0. 68
2012	15131. 20	18934. 80	0. 80	0. 69

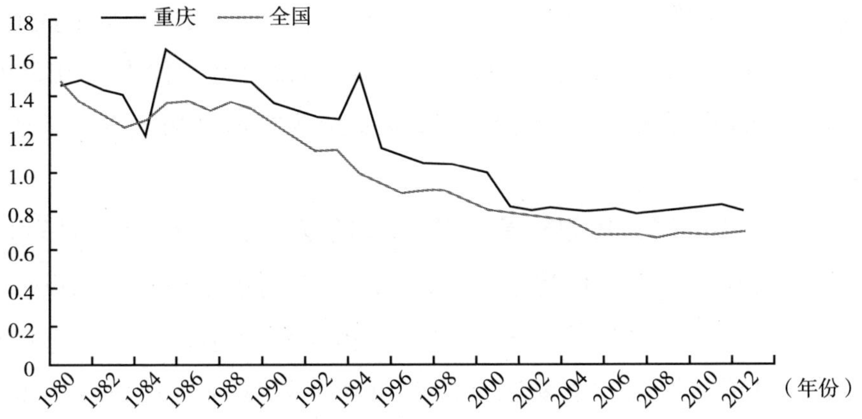

图 3　重庆金融机构贷存比与全国比较

四　民间金融发展分析

林毅夫指出，我国现阶段经济发展过程中，具有劳动力相对丰富、资本相对稀缺的要素禀赋特色，使得劳动密集型中小企业在很长一段时间内是我国企业组织中最有活力的构成部分。活跃的经济必定伴随着活跃的民间金融，重庆市经济的增长离不开数量繁多的中小企业。2012 年，重庆中小企业贷款余额为 6281.1 亿元，较年初增长 21.5%，高于同期大企业贷款增幅 8.7 个百分点，全年新增量为大企业的 2.4 倍。这些数据一方面说明重庆市银行业加大了对中小企业融资的扶持力度；另一方面也说明中小企业融资存在较大的缺口，因此，民间金融对中小企业的发展具有十分重要的意义。

（一）民间资本金融规模

近年来，重庆市经济增长迅速，GDP 增速连续六年保持全国前四位，成为金融业发展的肥沃土壤，吸引大量金融机构和金融资本进入。现阶段重庆市民营金融机构的发展以村镇银行为代表。2012 年，重庆市村镇银行在乡镇设立支行 12 家，成为重庆县域金融的重要补充力量。

2012 年中国人民银行重庆营管部数据显示，当年监测样本的民间融资规模和利率保持平稳回落态势，四季度因贷款投放放缓、资金季节性需求增加等因素导致民间借贷利率小幅上涨。重庆民间借贷以短期为主，主要还是以解决企业短期内流动资金不足为主要用途，涉及行业涵盖了制造业、建筑业、商贸流通和房地产等行业。

（二）非正规金融机构数量

当正规金融机构无法满足企业融资需求时，企业往往借助非正规金融机构；同时由于农村住宅地无法像城市房产一样抵押给银行或者非正规金融机构，众多农民在创业中往往无法从银行获得贷款，因而转向民间借贷。所以，非正规金融机构对于民营企业经营具有重要的意义。

基于信任的民间借贷往往脱离机构，通过关系网络进行。所以，研究重庆市非正规金融机构的数量，一方面这些机构的作用较为有限；另一方面，更多的民间资本还是集中在资本信贷机构以外，需要对重庆市民间借贷的规模进行调研。

虽然相对正规金融机构来讲，非正规金融机构的经营管理能力较弱，但其可作为民间资本纳入监管视野的重要途径，即所谓“阳光化”过程。因此，当局应当注重非正规金融机构的发展，增强民众对非正规金融机构的认识，引导民间资本进入，真正做到为实体经济服务，成为正规金融机构的重要补充。

五 金融监管能力分析

2012年，重庆市建立了全市金融工作协调联席会制度，完善金融监管部门协同监管机制；建立了市、区县两级联动的创新型机构监管制度；强化担保、小贷、私募股权基金等行业协会自律监管。从结构上来讲，重庆市以传统的“一行三会”（中国人民银行、银监会、证监会、保监会）在重庆的派驻机构负责监管。此外，重庆市金融工作办公室在贯彻执行国家有关金融工作的方针政策和法律、协助中央监管机构整顿本市金融秩序；负责本市地方金融机构和金融中介机构的行业管理和服务；全市公司股份制改造，上市公司培育、初审、推荐工作，指导和推进上市公司资产重组和再融资；协调处理金融风险防范和化解工作等方面负有重要职责。

整体上看来，重庆市监管模式属于分业监管，但伴随着全市金融工作协调联席会制度的建立开始具有混业管理特征。这种监管思维一方面利用了专业监管机构的专业化优势，提高了监管效率；另一方面在一定程度上解决了多重监管机构之间难以协调、设立多重目标或不透明目标的问题。当然，在这种监管模式下，需要注意的是联席会会议的目的性和有效性，防止“走过场”现象出现。

六 结论与政策建议

（一）结论

本报告选取了金融发展规模、金融发展结构、金融深化程度、民间金融发展及金融监管能力五个指标对重庆的金融发展水平进行分析。

首先，社会融资规模和金融机构发展状况是考察地区金融发展规模的重要指标。重庆市2012年本外币贷款余额稳步增长；企业债券融资额有较大幅度的增长；股票融资则因市场不景气有较大幅度的下滑；保费收入稳步增加。从重庆市的金融机构发展来看，重庆金融机构发展迅速，体系趋于完善，从业人数、资产总额都比上一年有显著提高。银行业金融机构的数量和资产规模不断增加；虽然由于国内证券市场不景气，重庆证券业的交易活跃度有明显下降，但机构的创新能力在困境中逐步提升，经营能力稳步上升；重庆保险业的各项指标都保持了较快的增长势头，机构数目增加，保险给付额、保费收入、覆盖领域等方面均有较好表现。

其次，本报告选取金融结构指标（FSR）衡量重庆历年金融结构的优化程度变迁。根据相关数据计算显示，不同于其他区域，重庆市2008年并未受到金融危机的太大冲击，FSR指标仍稳步上升，而在2011年有较大的起伏。这主要是由于当年证券市场的不景气所带来的股票筹资额的下降，以及当年存贷款余额的大幅上涨，从而导致金融结构在这一段时间内呈现下降趋势，但2012年重庆FSR数值有较大幅度的回升，虽然没有达到2010年的峰值水平，但优于其余年份水平。2006~2012年，重庆FSR指数呈现良好的增长态势，重庆的金融结构持续优化。

通过上述分析，我们看到重庆市的金融业发展迅速，发展水平基本上高于全国平均水平。接下来我们对重庆市的金融相关率和贷存比进行计算并分析重庆市的金融深化水平。我们发现，除2004年及2005年重庆金融相关率较全国平均水平稍低外，其余年份重庆金融相关率均超过全国平均水平。其中，2008年重庆金融相关率超过全国平均水平最多，主要是因为当年金融危机对重庆的影响并不是很大，而当年国家宏观金融受到了较大影响。重庆市与全国平均水平的差距呈现从大到小，再从小到大的态势。

然后，我们对重庆市的贷存比进行计算并与全国平均水平进行对比分析，发现从整体上来讲，重庆市贷存比变化趋势与全国贷存比变化趋势基本一致，呈现稳步下降的趋势。重庆市贷存比较全国平均水平高，信贷投放较全国平均水平更为充足，但两者差距有所减小，重庆还需要进一步加大金融深化的步伐。

此外，由于重庆市中小企业具有较大活力，其民间资本金融规模虽有所回落但仍较大，非正规金融机构数量有所增加。正规金融机构难以满足中小企业的融资需求，多数民间借贷并未通过资本信贷机构来进行，需要加大民间资本“阳光化”的过程，以便监管部门的监管治理工作。

最后，本报告对重庆市的金融监管情况进行了说明。当前重庆市与全国其他地区的金融监管体系基本一致，形成以中国人民银行为核心，银行、证券、保险等监管部门为支撑的金融监管格局。在2012年，重庆市建立了全市金融工作协调联席会制度，完善金融监管部门协同监管机制；建立了市、区县两级联动的创新型机构监管制度；强化担保、小贷、私募股权基金等行业协会自律监管，此外重庆金融工作办公室对上级监管部门与地方监管部门间、监管部门间的协调也起到了重要作用。

（二）政策建议

纵观上述数据和分析，我们发现重庆市金融发展较为迅速，与全国平均水平相比具有优势，其金融机构和监管部门的创新意识较强，充分体现了经济、金融的相互促进作用。但重庆金融在发展过程中依然存在一些问题，对此，本报告提出以下政策建议。

1. 加快证券机构转型

首先，证券市场的不景气对证券机构来说，一方面，影响了证券市场的交易活跃度；另一方面，为证券机构的创新转型提供了契机。传统券商的盈利模式在市场的考验下受到挑战，因此，应当促进券商向专业的财富管理中心和综合服务平台转型，以增强在市场中的竞争力。

其次，期货公司的盈利情况虽有所好转，但其业务类别仍较为单一，产品和服务同质化现象较为严重，期货交易所收费过高，挤出了期货公司的佣金收入。在期货交易所收费短时间内无法调整的情况下，期货公司应当主动寻求发展之路，主动兼容证券公司、投行各业务线，实现资源的有效整合；加大对专业化人才团队的引进，提高服务的专业化程度。此外，可以利用股东资源，打开思路，探索更多的发展路径。

2. 加强对民间融资风险的监测、管理

虽然2012年重庆市民间融资规模和利率有所回落，但其行业集中程度较高，部分行业产能过剩，存在违约风险。重庆民间借贷涉及行业主要包括制造业、建筑业、商贸流通和房地产业。我们发现，这些行业所需资金量一般较大，虽然借款期限较短，但一旦发生违约，资金链条发生断裂，将产生较大的系统性风险。

3. 推进金融生态环境建设

首先，在开发建设重庆市企业信用培育系统的基础上，加快重庆市企业信用体系建设。信用体系是一个有机系统，单个部门无法完成，必须联合各金融机构和有关部门的信用资源，避免信息的重复和分割。通过上述工作，降低企业和金融机构间信息不对称的程度，客观评价企业信用等级，对降低银行业不良贷款率具有重要意义。同时，信用资源要与非正规金融机构进行对接，增加信息来源，提高信息的客观程度，降低社会整体的信息获取成本。

其次，个人征信系统也要加强建设。对于个体经营者和个人住房贷款者来说，其个人征信情况对银行的风险管理具有重要意义。

在建立和完善社会信用体系的过程中，专业化金融中介机构具有重要作用。因此，要增加专业化金融中介机构数量，提高中介机构的行业准入标准及从业人员的专业素质，同时强化从业人员的职业道德规范，建立良好的行业秩序。

参考文献

［1］陈志刚、王皖君：《金融发展与中国的收入分配：1986～2005》，《财贸经济》2009 年第 5 期。

［2］王毅：《用金融存量指标对中国金融深化进程的衡量》，《金融研究》2002 年第 1 期。

［3］林毅夫、李永军：《中小金融机构发展与中小企业融资》，《经济研究》2001 年第 1 期。

B.6

贵州金融发展报告

于江波*

摘　要：

2008～2012年贵州省金融业发展较快，本报告从金融发展规模、金融发展结构、金融深化程度、民间金融以及金融监管能力五个方面研究贵州金融业的发展。研究发现，贵州省金融业发展依然存在一些问题，社会融资规模总量上逐年增大，但并未有效地转化为实体经济增长的动力源，社会资本向实体经济转化过程中存在阻力因素，贵州省实体经济的发展过多依靠负债拉动，经济稳定的风险系数过高。本报告认为应该引入竞争机制，深化贵州省金融改革。

关键词：

社会融资规模　金融深化　金融发展结构

2012年，贵州地区生产总值增长13.6%，人均地区生产总值近2万元，以第二产业带动总体经济增长，经济结构不断优化，但依然存在依靠一次性耗竭资源的初级加工带动经济的弊病，第三产业发展动力不足。本报告认为，优化贵州产业结构不合理的局面须以货币为中介，发挥货币的资源导向作用，在竞争市场的基础上，挖掘劳动力与

---

* 于江波，陕西西安人，西安交通大学博士研究生，研究方向：能源金融。

资源的最大潜力，寻求最佳自然配比，优化经济增长的质量。本报告从金融发展规模、金融发展结构、金融深化程度、民间金融以及金融监管能力五个方面对贵州省的金融市场进行分析，发现贵州在市场化过程中所存在的问题，并提出解决建议。

一　现状分析

（一）金融发展规模分析

金融发展规模的大小决定着当地经济发展水平，本部分从社会融资规模、金融机构发展状况和金融市场发展状况三个方面对贵州省金融发展规模进行研究。

1. 社会融资规模及比率

（1）社会融资规模总量。社会融资规模能够比较完全地反映金融发展与经济发展的关系，是金融对实体经济资金支持的总量指标，指一定时期内实体经济从金融体系获得的全部资金总额。其计算公式为：

社会融资规模 = 人民币贷款 + 外币贷款（折合人民币）+ 委托贷款 + 信托贷款 + 未贴现的银行承兑汇票 + 企业债券 + 非金融机构境内股票融资

贵州省 2008 ~ 2012 年社会融资规模总量如表 1 所示。

表 1　贵州省 2008 ~ 2012 年社会融资规模总量

	2008 年	2009 年	2010 年	2011 年	2012 年
社会融资规模（亿元）	3795.0902	4696.4712	6166.9678	7641.4976	9967.2293

资料来源：根据贵州省统计局、中国人民银行贵阳中心支行数据计算而得。

如表 1 所示，2008 ~ 2012 年，贵州省社会融资规模总量加速增加，源于社会融资规模构成中各项贷款的增加，2009 年由美国次贷危机引发世界性的经济危机，我国采取扩张性货币政策，通过银行贷款渠道向社会传导，引起社会融资规模的加速增加。

如图 1 所示，2008～2012 年，贵州省社会融资规模加速增长，国内生产总值（GDP）以平稳速度增长，社会融资总量增长并未有效转化为经济增长的动力源，原因在于不同形式的社会融资未能有效转化为经济增长。从贵州社会融资规模组成数据分析，信托融资、未贴现的银行承兑汇票以及企业债券净融资均增长较多，造成经济增长无效转换的根源。从信息披露和流程监管机制分析，债券市场具有完善的信息披露机制，可确保资金流向实体经济领域，而不被私自变更用途流向虚拟经济，但信托融资和未贴现的银行承兑汇票无论在信息披露的完备性还是在后期的流程监管方面都存在不少缺陷，资金偏离实体经济，向虚拟经济转移，加大资金风险。

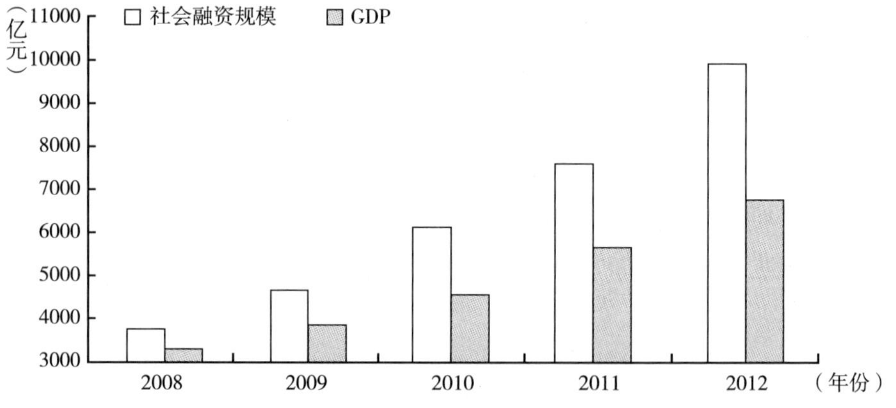

图 1　2008～2012 年贵州省社会融资规模与 GDP 比较

社会融资规模/GDP 表示每 1 元 GDP 所需向社会融资金额，按照国际惯例，社会融资规模/GDP 低于 1.3 属于合理区间。表 2 显示，贵州省 2010 年之后社会融资规模/GDP 均超过 1.3，且具有增大趋势，表示贵州经济依靠负债拉动的趋势愈来愈明显，政府财政收入与通胀双重压力下，经济稳定的危险系数过高。

表2　贵州 2008～2012 年社会融资规模/GDP

	2008 年	2009 年	2010 年	2011 年	2012 年
社会融资规模/GDP	1.1385	1.2062	1.3424	1.3402	1.4653

资料来源：根据中国人民银行贵阳中心支行、贵州省统计局数据计算而得。

（2）金融产业 GDP。国家《金融业发展和改革“十二五”规划》提出“十二五”金融业改革的具体量化目标值，“十二五”时期，金融服务业增加值占国内生产总值比重保持在5%左右，社会融资规模保持适度增长。5%目标值对于金融业的发展意味着金融服务业将成长为国民经济的支柱产业。

表3显示，贵州 2008～2012 年金融业增加值增长远高于经济增长率，按照国际惯例，金融业增加值增长率略高于经济增长率属于合理范围，贵州省金融业增加值/GDP 过早实现国家“十二五”规划目标，金融产业所占比重并不稳定，不能简单认为金融业已经成为贵州省的支柱产业，贵州省经济发展与金融发展存在程度上的偏差，造成金融市场的不稳定以及金融产值的不稳定，风险较大。

表3　贵州 2008～2012 年金融业增加值/GDP

	2008 年	2009 年	2010 年	2011 年	2012 年
金融业增加值（亿元）	131.20	190.17	231.5	268.44	358.15
增长率（%）	10.6	26.2	21.7	8.7	13.9
金融业增加值/GDP（%）	4.0	4.9	5.0	4.7	5.2

资料来源：根据中国人民银行贵阳中心支行、贵州省统计局数据计算而得。

（3）其他指标。本部分以信贷/国内生产总值、存款/国内生产总值以及信贷/社会固定资产投资三个指标分析贵州金融发展规模（见表4）。

表 4 贵州 2008～2012 年金融发展规模其他指标

	2008 年	2009 年	2010 年	2011 年	2012 年
信贷/国内生产总值	1.0708	1.1960	1.2511	1.2000	1.2165
存款/国内生产总值	1.4211	1.5150	1.6030	1.4512	1.5495
信贷/社会固定资产投资	1.9207	1.9099	1.8038	1.3411	1.0596

资料来源：根据中国人民银行贵阳中心支行、贵州省统计局数据计算而得。

信贷/国内生产总值指标表示贵州经济增长对银行信贷的依赖程度，金融部分对实体经济的渗透。表4显示，2010 年，贵州经济对信贷依赖达到125%，过于依赖金融部门。其中原因在于物价带动工资上涨，迫使企业从劳动密集型转变为资本密集型，意味着企业对当地金融机构融资需求的增长。短期内，大宗商品价格与工业产出品价格下跌，存货贬值侵蚀企业留存利润，企业投资对于外部融资依赖性上升，表现为对当地金融机构信贷需求的增长。土地财政影响信贷和 GDP 的增速差距，地方政府卖地收入下降，土地出让金中越来越多的部分需要补偿给农户，因此地方政府的投资也相应需要更多的信贷融资。

存款/国内生产总值指标表示储蓄性存款对 GDP 的贡献度。表 4 显示，存款/GDP 指标保持在 1.5 左右，2010 年超过 1.6，达到近年来最大值。存款/GDP 指标显示贵州银行体系流动性充足，但同时显示地区内需求不足，以及金融市场的不稳定导致居民对金融市场信任度的缺失，地区金融衍生产品的不发达以及风险超过居民的预期，大部分的资金存入银行。再者，显示居民对未来预期的恐慌以及社会保障制度的不完善，居民对养老、教育、医疗以及住房等民生问题依然存在自给自足的思想，养儿防老的思想根深蒂固。

图 2 显示，CGDP 与 DGDP 分别表示信贷/贵州国内生产总值和存款/贵州国内生产总值两个指标。贷款与存款对 GDP 的贡献度基本保持同步变动，在总量上显示差异性，信贷的贡献度明显高于存款的

贡献度。一方面，显示资金的流动性强；另一方面，显示过高的流动性导致金融体系的风险较大。

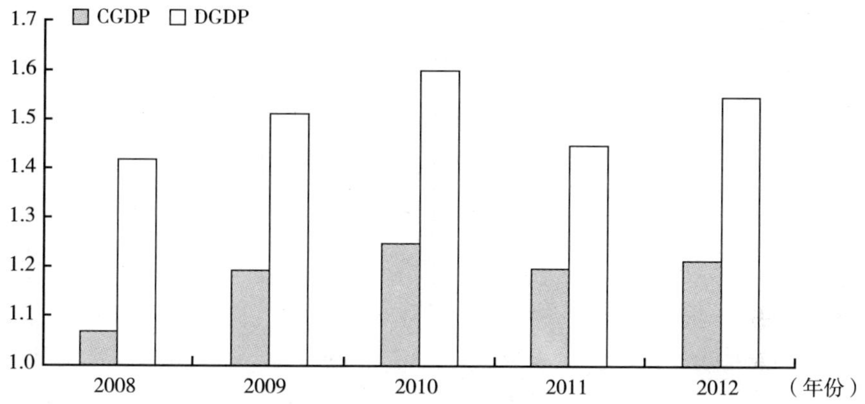

图 2　贵州 2008～2012 年信贷/国内生产总值与存款/国内生产总值对比

2. 金融机构发展

金融发展理论指出，金融发展是从银行类金融机构开始发展的，依赖货币在经济中的普及程度。银行机构数量的增加提高居民生活水平，按照就近原则可选择更多的金融服务，有利于金融业对居民生活以及企业发展的渗透。同时，金融从业人员的增多表示金融业规模的增大。

表 5 显示，2012 年，贵州银行业组织体系不断完善，银行机构数量合理增加，银行业的竞争力度增大，机构设置以邮储银行和大型商业银行为主，从业人员集中在大型金融企业。贵州经济较为落后，金融业的发展超过经济实体，以传统的金融机构为主，新兴金融机构以及其他地市商业银行对贵州的渗透并不显著，国有金融机构以及政策性银行占据绝大部分，显示贵州金融创新的落后。

表 6、表 7 显示，贵州证券业发展极为落后，证券业金融机构对贵州的渗透不足，贵州金融业由传统大型国有商业银行主导。

表5　2012年贵州省银行业金融机构情况

机构类别	营业网点			法人机构(个)
	机构个数(个)	从业人员(人)	资产总额(亿元)	
大型商业银行	1054	18101	5700.7	0
国家开发银行和政策性银行	67	1306	1650.5	0
股份制商业银行	12	515	725.7	0
城市商业银行	194	4300	1971.0	2
小型农村金融机构	2118	21643	2728.2	85
财务公司	3	48	87.9	1
信托公司	1	172	37.3	1
邮政储蓄银行	924	1387	606.9	0
外资银行	1	39	3.1	0
新型农村金融机构	26	669	51.8	20
合计	4400	48180	13563.1	109

注：营业网点不包括国家开发银行和政策性银行、大型商业银行、股份制商业银行等金融机构总部数据；大型商业银行包括中国工商银行、中国农业银行、中国银行、中国建设银行和交通银行；小型农村金融机构包括农村商业银行、农村合作银行和农村信用社；新型农村金融机构包括村镇银行。

资料来源：中国人民银行贵阳中心支行、各金融机构。

表6　2012年贵州省证券业基本情况

项目	数量	项目	数量
总部设在辖内的证券公司数(家)	1	当年国内股票(A股)筹资额(亿元)	20.8
总部设在辖内的基金公司数(家)	0	当年发行H股筹资额(亿元)	0.0
总部设在辖内的期货公司数(家)	0	当年国内债券筹资额(亿元)	304.0
年末国内上市公司数(家)	21	其中:短期融资券筹资额(亿元)	21.0
		中期票据筹资额(亿元)	29.0

资料来源：中国人民银行贵阳中心支行；贵州证监局；贵州省发展和改革委员会。

表7　2012年贵州省保险业基本情况

项目	数量	项目	数量
总部设在辖内的保险公司数(家)	0	保险公司分支机构数(家)	23
其中:财产险经营主体(家)	0	其中:财产险公司分支机构(家)	14
人身险经营主体(家)	0	人身险公司分支机构(家)	9

资料来源：贵州保监局；贵州省统计局。

3. 金融市场发展

（1）信贷市场。金融市场可以理解为资金在金融机构以及居民之间的融通市场，是资金供应者和需求者双方通过信用工具作为媒介融通资金的市场，金融市场是可实现资金的借贷和资金的融通、办理各种票据和进行有价证券交易活动的市场，是交易金融资产并确定金融资产价格的一种机制。

表8显示，2008～2012年，贵州存款余额与贷款余额在总量上均保持上涨趋势，存款余额增长率较为稳定，贷款余额增长率波动较大。存款余额增长率的稳定反映金融市场落后，居民可支配收入的增长绝大部分以现金形式进入银行系统，证券市场缺乏流动性，金融衍生工具交易欠发达，体现贵州金融市场风险较大，超过居民预期。

表8　贵州2008～2012年存款余额与贷款余额

		2008年	2009年	2010年	2011年	2012年
存款余额	规模(亿元)	4737.0	5898.3	7363.9	8742.79	10540.06
	增长率(%)	23.79	24.51	24.85	18.97	20.56
贷款余额	规模(亿元)	3569.3	4656.5	5747.5	6841.92	8274.78
	增长率(%)	17.44	30.46	23.43	19.38	20.88

资料来源：根据中国人民银行贵阳中心支行、贵州省统计局数据计算而得。

2012年，贵州省不良贷款规模138.58亿元，不良贷款率为1.66%，增长率为-0.33%。不良贷款率的增长率成为负值体现贵州信用环境建设取得一定成效，信用环境改善有利于资金由银行向实体经济转移，有利于贵州经济的可持续性发展。

（2）证券市场。证券市场包括债券、股票以及各种金融衍生工具，鉴于贵州金融市场欠发达，本部分以债券和股票为例研究贵州证券市场状况。

如表9所示，2008～2012年，贵州融资量构成中以银行贷款为主，直接融资（债券和股票）所占比例逐年提升，但存在扩张速度过于缓慢问题。

表 9　2008～2012 年贵州非金融机构部分融资结构

年份	融资量（亿元）	比重（%）		
		贷款	债券	股票
2008	562.9	96.2	2.7	1.1
2009	1120.4	97.2	0.9	1.9
2010	1242.7	88.6	7.0	4.4
2011	1210.8	92.9	5.9	1.3
2012	1795.3	81.9	16.9	1.2

资料来源：中国人民银行贵阳中心支行；贵州证监局；贵州省发展和改革委员会。

（3）保险市场。保险市场的发展程度间接反映居民参与金融市场的程度以及对金融市场风险的辨别程度，较高参与程度是居民理财意识的提高以及对市场信任度提高的重要表现。

保险深度是指某地保费收入占该地 GDP 之比重，反映该地保险业在整个国民经济中的地位，保险深度取决于经济总体发展水平和保险业的发展程度。保险密度是按当地人口计算的人均保险费额，反映该地国民参加保险的程度、国民经济和保险业的发展水平。如表 10 所示，贵州 2008～2012 年保费收入有较大提高，五年间提高近一倍。保险深度趋于稳定，无较大变化，保险业在 GDP 中所占比重基本保持不变，保险业相对于其他产业的发展并无明显提高。人均保费提高较快，居民参与市场化保险程度发展较快，居民逐步用市场化的手段取代传统养老方式，市场化观念转化较快。

表 10　贵州 2008～2012 年保险市场数据

	2008 年	2009 年	2010 年	2011 年	2012 年
保险收入（亿元）	80.0	95.2	122.6	131.8	150.2
保险深度（%）	2.4	2.5	2.7	2.3	2.2
保险密度（元/人）	211.7	250.9	321.7	379.4	431.2

资料来源：根据中国人民银行贵阳中心支行、贵州省统计局数据计算而得。

（二）金融发展结构分析

在经济发展过程中，银行体系内的资产总额在社会资产总额中的占比逐渐下降，大部分资金会进入非银行金融机构，但在欠发达地区中，这一过程需要较长的时间。贵州省经济总体水平相对于发达地区较低，银行业金融资产总额具有逐年扩大的趋势（见表11）。

表11　贵州省2008～2012年银行业金融机构资产总额

单位：亿元

	2008年	2009年	2010年	2011年	2012年
大型商业银行	3035	3592	4222	4827	5700.7
国家开发银行和政策性银行	692	882	1079	1330	1650.5
股份制商业银行	—	34	343	530	725.7
城市商业银行	565	726	1077	1416	1971.0
小型农村金融机构	1075	1344	1717	2137	2728.2
财务公司	19	72	38	88	87.9
信托公司	—	—	—	32	37.3
邮政储蓄银行	244	306	370	476	606.9
外资银行	—	—	2	3	3.1
新型农村金融机构	1	16	7	22	51.8
合　计	5631	6972	8855	10861	13563.1

如表11所示，贵州省2008～2012年银行业金融资产总额扩大的迹象明显，主要体现在国有商业银行金融资产增加较快，小型商业银行资产增加的幅度远低于大型国有商业银行，贵州省金融业的发展主要依靠国有商业银行支撑。表12为2011年金融市场中银行业、保险业以及证券业资产总额的比较数据。

如表12所示，贵州省2011年金融市场中银行业金融资产规模占据较大比例，保险业资产高于证券业，贵州省金融市场还处于以银行业为主导的传统模式上，尽管有发展，但发展速度明显过慢。贵州省证券业发展过于缓慢的原因在于居民对除银行外的金融机构的风险控制能力信任不足，同时对整体经济环境的预期并不乐观。

表 12　2011 年贵州省银行业、保险业和证券业资产总额

	银行业	保险业	证券业
金融资产规模（亿元）	10862	217.17	27.712381

（三）金融深化程度分析

1. 金融相关率

金融相关率反映地区经济货币化程度，金融相关率 FIR = M2/GDP，近似可表示为 FIR = （D + C）/GDP。其中，D 表示全部金融机构存款，C 表示全部金融机构贷款。金融相关率提高到一定程度后趋于稳定。

金融相关率反映经济增长的货币化程度，经济货币化是经济活动中以货币为媒介的交易份额逐步增大的过程。在经济货币化进程中，货币经济向非货币经济领域扩展，生产、流通和消费中通过货币来进行交易部分所占比重不断提高。如表 13 所示，贵州 2008 ~ 2012 年金融相关率基本稳定，金融对实体经济的渗透以银行为主，其他金融相关机构涉及较少。稳定的金融相关率预示金融体系过于保守，体现为传统大型国有商业银行对金融市场的垄断，新兴金融机构以及金融衍生工具在贵州难以开拓市场，保守的居民理财意识以及金融市场风险的不确定性导致贵州实体经济与居民的融资以及理财依靠传统大型国有商业银行，阻碍贵州经济的货币化，货币资源对资源调节作用效率低下，阻碍经济的可持续性增长。

表 13　贵州 2008 ~ 2012 年金融相关率

	2008 年	2009 年	2010 年	2011 年	2012 年
金融相关率	2.4918	2.7109	2.8540	2.7332	2.7660

资料来源：根据中国人民银行贵阳中心支行网站数据计算而得。

2. 贷存比

贷存比是商业银行贷款总额除以存款总额的比值。从银行盈利的角度讲，贷存比越高越好，存款是要付息的，即资金成本，如果一家银行的存款多、贷款少，意味着成本高、收入少，银行的盈利能力差。商业银行以盈利为目的，从银行抵抗风险的角度讲，贷存比不宜过高，银行须应付广大客户日常现金支取和日常结算，要求银行留有一定的库存现金存款准备金，贷存比过高，这部分资金就会不足，会导致银行的支付危机，如支付危机扩散，有可能导致金融危机，对地区或国家经济的危害极大。如银行因支付危机而倒闭会损害存款人利益。

如表 14 所示，贵州 2008 ~ 2012 年贷存比稳定在 78% 左右，高于中国人民银行对商业银行贷存比上限 75%，商业银行逐利性过强，贷款增长超过存款增长力度，存款增长力度减少源于理财产品的崛起，包括储蓄性理财产品和信托类理财产品对银行存款的挤压。银行业监管力度不够导致银行内部流动性不足，挤兑风险较大。

表 14　贵州 2008 ~ 2012 年贷存比

	2008 年	2009 年	2010 年	2011 年	2012 年
贷存比	0. 7535	0. 7895	0. 7805	0. 7826	0. 7851

资料来源：根据中国人民银行贵阳中心支行数据计算而得。

3. 间接融资/直接融资

居民或企业将流动性较强的资金通过银行存款、保险和证券公司等金融机构发行证券的方式提供给金融机构，金融机构通过贷款等形式提供给实体企业，整个过程为间接融资。直接融资是资金供求双方通过一定的金融工具直接形成债权债务关系的融资形式。按照国际经验，间接融资与直接融资比值趋近于 1 属于合理范围。

如表15所示，贵州省2008～2012年间接融资与直接融资的比值逐年下降，反映资本市场参与度的改善，但总体上仍然处于由间接融资主导实体经济的局面。银行承担较多金融风险，具有发展潜力的企业难以从证券市场中获得低成本发展资金，企业发展的激励机制和社会监管机制不能借助资本市场建立健全。贵州省间接融资与直接融资的比值过高受制于整体大环境的低迷、证券市场的持续低迷、居民以及投资者操作意愿下降，大量资本进入银行系统，银行在逐利性以及流动性压力下大量向企业进行放款。

表15　贵州省2008～2012年间接融资与直接融资的比值结果

	2008年	2009年	2010年	2011年	2012年
间接融资/直接融资	25.3158	34.7143	7.7720	12.9028	4.5249

资料来源：根据中国人民银行贵阳中心支行数据计算而得。

4. 金融开放程度

由金融发展理论得知，外国融资作为国内不足资金的补充或作为国内剩余资金的出路，在大多数国家的某个发展阶段都发挥了重大作用。

如表16所示，贵州2008～2011年外币存款/总存款数量指标持续增长，2012年有所下降；外币贷款/总贷款数量指标持续上涨。贵州省以稳定的速度开放其金融市场，国外资本通过直接投融资的方式渗入贵州经济发展。

表16　贵州省2008～2012年金融开放程度

	2008年	2009年	2010年	2011年	2012年
外币存款/总存款数量	0.0263	0.0284	0.0292	0.0443	0.0311
外币贷款/总贷款数量	0.0313	0.0334	0.0389	0.0561	0.0637

资料来源：根据中国人民银行贵阳中心支行数据以及历年平均汇率计算而得。

（四）民间金融分析

鉴于民间金融数据难以获得，本部分借鉴熊晓炼的实地考察研究成果，采取抽样统计的方法，以贵州省黔东南台江县几个苗族村寨的调查为基础，对民间资本的规模进行测算。

1. 民间金融资本规模

民间融资是相对于国家依法批准设立的金融机构融资而言的，泛指非金融机构的自然人、企业及其他经济主体（财政除外）之间以货币资金为标的的价值转移及本息支付。

熊晓炼（2011）通过对问卷调查和口头采访的形式对民间资本的现状进行了研究，其研究表明，在所选取的176个样本中有139户存在资金的借贷关系，占抽样总量的78.98%。有效样本139户家庭中，民间借入58.75万元，占借款总额的64.36%，与传统金融机构中的借贷总额比较，民间借贷规模远高于正规金融。其中，从借贷结构看，万元以上的借贷占8.3%，万元以下的借贷占比91.7%。通过家庭收入与借贷金额相关性分析后发现，所调查的农民年均家庭总收入和贷款数额呈负相关关系，表明收入越少的家庭越倾向于向民间借款，而资金用途主要是子女教育、医疗等生活必需开支，生活性的资金借贷占72.33%，而生产性资金借贷仅占借款总额的27.67%，其中以农业生产经营用途最大。

2013年5月16日，贵州省第一家村镇银行清镇市兴邦村镇银行有限责任公司成立，以“服务民众，实干兴邦”为宗旨，以“贴近农村、治理灵活、高效动作”为原则，本着“短、易、快”的服务特色，面向小微企业和“三农”，服务城乡。

2. 利率水平监测

民间借贷是民间融资的传统方式，据中国人民银行贵阳中心支行监测，2011年贵州民间借贷利率上升，三季度达到最高值，四季度有所回落，年末借贷利率较年初上涨 12.7%，81.8% 的借贷发生在下半年，民间融资需求逐步趋旺。

（五）金融监管能力分析

金融是现代经济的核心，具有特殊的公共性和全局性。金融业是一个存在诸多风险的特殊行业，关系千家万户和国民经济的方方面面，维护金融秩序、保护公平竞争、提高金融效率是实施货币政策和金融调控的保障，金融监管在金融业发展过程中至关重要。本部分从金融监管机构数量、从业人员数量以及人均监管规模三个指标分析贵州省金融监管状况。

如表 17、表 18、表 19 所示，贵州省金融监管规模较大，从业人员数目较多，但人均监管成本各个分指标均呈现上涨趋势，贵州省监管难度逐年提高。

表 17　贵州省 2012 年金融监管机构数量

单位：家

机构	省	市	县	合计
中国人民银行	1	8	71	80
银监局	1	8	71	80
保监局	1	0	0	1
证监局	1	0	0	1

表 18　贵州省 2012 年金融监管机构从业人员数量

单位：家

机构	省	市	县	合计
中国人民银行	442	1044	1293	2779
银监局	140	311	220	671
保监局	57	0	0	57
证监局	26	0	0	26

表 19　贵州省 2008～2012 年人均监管规模

单位：元

	2008 年	2009 年	2010 年	2011 年	2012 年
人均社会融资规模	10005. 51	12365. 64	17751. 78	22027. 96	28608. 58
人均金融资产总量	14845. 77	18357. 03	25486. 47	31311. 62	38929. 39
人均信贷总量	9410. 229	12260. 4	16544. 33	19723. 03	23750. 8
人均存款总量	12488. 8	15530. 02	21197. 18	25202. 62	30252. 76
人均金融业 GDP	345. 9003	500. 7109	666. 3788	773. 8253	1027. 985

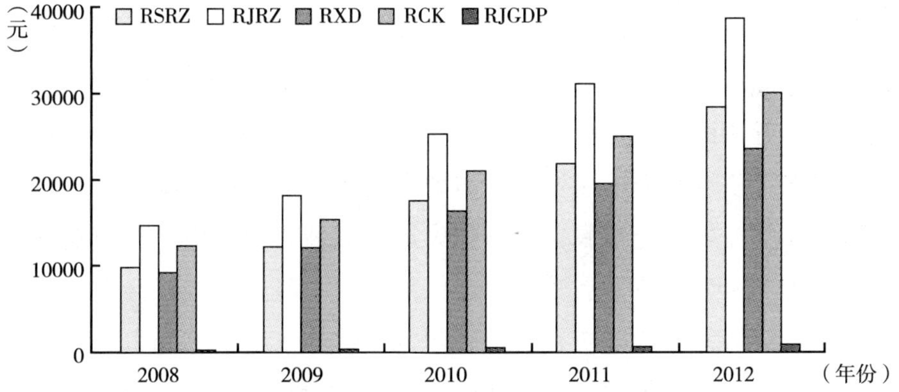

图 3　贵州省 2008～2012 年人均监管规模数据

如图 3 所示，RSRZ、RJRZ、RXD、RCK 和 RJGDP 分别表示人均社会融资规模、人均金融资产总量、人均信贷总量、人均存款总量和人均金融业 GDP。贵州省人均监管规模逐年扩大，人均监管成本上升，监管难度增大，源于贵州省金融业的发展速度高于监管增长速度。

二　现状揭示

2012 年，贵州省经济继续保持向好态势，地区生产总值增长 13. 6%，人均地区生产总值接近 2 万元，产业结构不断优化，工业对经济增长贡献率提升，行业创新和转型步伐持续加快。固定资产投资高位运行，累计完成7809.1亿元，同比增长53.1%；社会消费品市场快速增长，同比增长16.0%；对外贸易和实际利用外资保持快速增长，进出口总额同比增长35.7%，出口总额增长65.9%，实际利用外资总额突破10亿美元，同比增长55.4%，外商直接投资实际到位资金主要进入第三产业。

银行业组织体系进一步完善，货币信贷总量实现突破，银行业机构数量继续增多，存贷款适度增长，银行业改革有序推进，跨境人民币业务创新高；证券市场运行平稳，证券业机构经营总体平稳，法人类机构可持续发展能力进一步增强，市场有效性和规范性不断提高，上市公司业绩良好；保险业发展平稳，市场体系持续完善，保险服务能力增强；债券融资迅速发展，本地金融机构市场参与度提高，货币市场参与度提高，金融服务设施建设取得进展，金融生态环境改善。

尽管贵州金融业发展较快，但依然存在一些问题。社会融资规模总量上逐年增大，但并未有效地转化为实体经济增长的动力源，社会资本向实体经济转化过程中存在阻力因素，本报告认为是由于信息不对称阻碍着社会资本向实体经济转化；贵州省实体经济的发展过多依靠负债拉动，经济稳定的风险系数过高；金融业增加值占GDP的比例逐年增大，但存在经济发展与金融业发展不匹配的现象，贵州省实体经济的发展过多依靠信贷；从贵州省的存款结构中发现银行体系内流动性充足，间接可以发现居民对金融市场的发展缺乏信任度，对金融市场未来发展的预期存在恐慌；银行业组织体系不断完善，但仍以银行业金融机构的扩张为主，大型国有商业银行扩张的速度快于其他商业银行，其他金融机构增加数量有限，发展缓慢；贷款余额与存款余额均呈现上涨趋势，存款余额增长率较为稳定，贷款余额增长率波动较大，银行体系不良贷款率下降，信用建设取得一定成效。贵州省金融监管尽管在规模以及从业人员数量上有较大提高，但总体速度低于金融业的扩张，人均监管成本扩大。

三 对策措施

通过对贵州省金融业发展状况的分析与问题解释，本报告提出以下对策建议。

第一，引进和培养金融高端人才，提高员工素质。对从业人员进行金融基础知识、各类金融产品的特点、用户心理学等内容培训，多方面提高从业人员的素质，增强为客户服务的意识，优化服务态度。同时，创新激励机制，实行员工差别化管理，引进人才，留住人才。

第二，银行业的发展应加速推进小银行资本民营化。政府、地方融资平台、地方国有公司应该从城商行、农商行中退出来。积极加快信贷资产证券化，对于盘活银行存量、吸纳大量社会流资将起到积极作用。进一步完善税收政策，适度降低银行小额贷款的营业税，更好地发挥税收政策的引导作用，支持小微企业发展。

第三，证券业的发展应引入竞争机制，提高证券机构的竞争力。本报告认为，贵州证券业发展缓慢与竞争缺乏不无关系，应通过政策性条件的优惠引入更多的证券公司，促使证券市场加快改革和创新，提高竞争力。

第四，保险业的发展重点在于对居民切身利益的保护以及保险市场的规范，加大保险功能的宣传力度，设计出针对居民切身利益且对居民财产具有保护功能的产品，简化理赔程序，让居民真正认识到保险的益处。同时，规范保险市场的秩序，提高保险出售人员的素质，改善保险出售人员各种不正规方式。

参考文献

[1] 王礼全：《实现“历史性跨越”的思考》，《贵州社会科学》2005 年第 7 期。

［2］庞维杰：《贯彻科学发展观实现贵州经济跨越发展》，《贵州工业大学学报》2006 年第 3 期。

［3］刘宁、申锦：《贵州经济增长与金融成长的耦合以及实证分析》，《贵州社会科学》2009 年第 10 期。

［4］〔美〕R. I. 麦金农：《经济发展中的货币与资本》，卢骢译，上海三联书店，1988。

［5］文丽、张强：《区域货币合作的理论回顾与反思》，《云南师范大学学报》（哲学社会科学版）2008 年第 5 期。

［6］涂人猛：《区域金融发展与区域经济增长——以湖北省为例》，《湖北社会科学》2009 年第 1 期。

［7］滕建州、杨帆、史宁中：《我国金融发展与经济增长：基于结构变化下的检验》，《东北师大学报》（哲学社会科学版）2011 年第 3 期。

［8］于东平、段万春：《云南省金融发展与经济增长关系研究》，《昆明理工大学学报》（社会科学版）2009 年第 10 期。

［9］刘雪斌、王森林：《金融发展与经济增长关系的实证研究——基于江西省的实证分析（1978～2008 年）》，《南昌大学学报》（人文社会科学版）2009 年第 5 期。

［10］孙佳钧、何家宏、刘厚俊：《金融发展与经济增长：基于资本账户视角的实证研究》，《南京社会科学》2009 年第 9 期。

B.7

云南金融发展报告

曹璞　尹英琦*

摘　要：

随着新一轮西部大开发和建设中国面向西南开放重要桥头堡战略的不断深入，云南省经济发展实现了新跨越，2012年全省经济总量突破万亿元，成功加入全国万亿元俱乐部。在此过程中，云南金融对经济的支持作用巨大。本报告从金融发展规模、金融发展结构、金融发展深化、民间金融发展和金融监管能力五个方面分析了云南省金融的整体发展情况，并以此为基础对云南省未来金融发展过程中面临的挑战提出了相关的政策建议。

关键词：

金融发展　金融规模　金融结构　金融深化

云南省位于中国西南边陲，总面积约39万平方公里，省内资源丰富，享有“植物王国”“动物王国”“有色金属王国”“香料之乡”“天然花园”等美誉，烤烟、卷烟产量位居全国第一。云南省与四川、贵州、广西、西藏4省区相邻，与缅甸、老挝和越南3国接壤。在国家新一轮西部大开发和建设中国面向西南开放重要桥头堡的重大战略支持下，云南省按照“稳增长，冲万亿，促跨越”的发展目标，

* 曹璞，金融学硕士，西安医学院教师；尹英琦，经济学硕士，就职于西安市长安区国家税务局。

积极推动发展方式转变，以推进园区经济、县域经济、民营经济发展“三大战役”为抓手，攻坚克难，开拓进取，实现了经济的快速增长。

2012年，云南省地区生产总值（GDP）达10309.80亿元，比上年增长13.0%，高于全国5.2个百分点。全省人均生产总值（GDP）达22195元（折合3531美元），比上年增长12.3%。非公经济增加值实现4546.62亿元，占全省生产总值的比重为44.1%，比上年提高2.0个百分点。全省固定资产投资（不含农户）7553.51亿元，比上年增长27.3%。

云南经济的发展离不开逐步完善的金融体系的支撑。近年来云南金融资源总量稳步增长，金融体系日益完善，金融市场逐渐丰富，金融资源配置能力稳步增强。云南金融在全省经济发展中的核心地位和支撑作用日益凸显，但也面临着诸多挑战。本报告从金融发展规模、金融发展结构、金融深化程度、民间金融发展及金融监管能力五个方面对云南的金融发展状况进行分析，对云南的金融发展水平做出评价，并提出相关的政策建议。

一　金融发展规模分析

金融发展规模在一定程度上反映一个地区金融发展“量”的水平，主要包括金融资产的绝对量和金融机构的发展状况。本报告从云南省社会融资规模、金融机构发展状况两个方面分析该地区的金融发展规模。

（一）社会融资规模

社会融资规模是指一定时期内（每月、每季或每年）实体经济从金融体系获得的全部资金总额，是一个增量概念。它是用来衡量金融对经济支持力度的重要指标。保持合理的社会融资规模，对于强化市场资源配置、提高经济发展的内生动力具有重要意义。本报告从人民币贷款、外币贷款、委托贷款、信托贷款、未贴现的银行承兑汇票、企业债券、非金融企业境内股票融资和保险公司赔偿等几个方面来考察云南省社会融资规模的变化。

1. 人民币及外币贷款

截至2012年12月末，云南省金融机构本外币各项贷款余额14169亿元，同比增长14.8%。其中，短期本外币贷款余额4126.5亿元，同比增长30.1%；中长期本外币贷款余额9644.4亿元，同比增长8.2%；票据融资232.8亿元，同比增长48.2%。金融机构人民币各项贷款余额13869.8亿元，同比增长14.3%；金融机构外币贷款余额47.6亿美元，同比增长37.8%。从图1可见，2003~2012年云南省本外币贷款余额有较大幅度的增长。

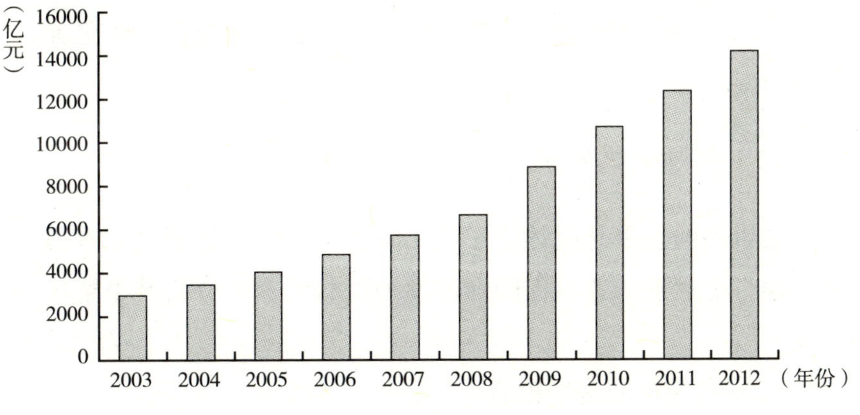

图1　2003~2012年云南省金融机构本外币各项贷款余额

2. 银行表外融资

云南省银行业金融机构不断加大金融创新力度，银行体系表外融资业务发展较快。2012年，全省委托贷款、信托贷款和银行承兑汇票余额同比分别增长 23.4%、9.5 倍和 26.1%；全年委托贷款、信托贷款和未贴现的银行承兑汇票合计新增 751.4 亿元，同比多增 454.3 亿元。

3. 企业债券、境内股票融资与保险赔款及给付

2012 年，云南省企业债券净融资 293 亿元，融资额较上年大幅提高，其占贷款、债券、股票融资总量的 13.9%，比重较上年提高 10.2 个百分点。其中，上市公司通过发行可转债、可分离债、公司债融资 10 亿元，比上年减少 12 亿元。

全年云南企业通过境内 A 股再融资（包括配股、公开增发、非公开增发、认股权证融资）99.5 亿元，较上年增加 21.3 亿元。年末全省有上市公司 28 家，总股本 172.58 亿股；总市值 1982.0 亿元，比上年减少 128.3 亿元。

全年支付各类赔款及给付 100.11 亿元，比上年增长 25.3%。其中，财产险业务赔款 64.22 亿元，增长 35.6%；寿险业务给付 21.46 亿元，增长 6.8%；健康险和意外伤害险赔款及给付 14.43 亿元，增长 16.1%。

（二）金融机构发展

金融机构的发展状况体现了一个地区的金融活跃程度，本报告对云南省银行业、证券业、保险业的发展进行考察，分析其金融机构发展情况。

1. 云南省银行业发展现状

云南省银行业金融机构近年来运行稳健，经营效益和风险管控能力有所提升，已经形成了以政策性银行和大型国有商业银行为核心，股份制商业银行、城市商业银行、农村信用社以及外资银行共同发展的局面。2012 年，全省银行业金融机构数量、从业人员同比分别增加 92 个和 4597 人，资产总额同比增长 21.3%；东亚银行昆明分行设立，成为云南省第4家外资银行；新型农村金融机构快速发展，村镇银行数量增加到26家，营业网点增至42个，资产规模扩大到84.5亿元（见表1）。

表1　2012年云南省银行业金融机构情况

机构类别	营业网点		
	机构个数（个）	从业人数（人）	资产总额（亿元）
一、大型商业银行	1584	35088	9766.0
二、国家开发银行和政策性银行	88	2030	2541.8
三、股份制商业银行	163	5611	3897.8
四、城市商业银行	149	3335	1326.0
五、城市信用社	0	0	0
六、小型农村金融机构	2382	20699	4742.8
七、财务公司	2	38	61.4
八、信托公司	1	82	12.8
九、邮政储蓄银行	851	2864	588.3
十、外资银行	4	98	33.5
十一、新型农村金融机构	42	635	84.5
十二、其他	0	0	0
合　计	5266	70480	23054.9

资料来源：《2012年云南省金融运行报告》。

2. 云南省证券业发展现状

截至2012年，云南省有A股上市公司28家，总部设在云南的证券公司2家。2012年，云南省82家证券经营机构新增A股投资者开户数9.1万户，比上年增长4.9%。受市场震荡调整影响，全年云南省证券市场A股、基金总成交金额同比下降26.5%，两家法人券商营业收入和资产利润率分别比上年下降22.4%和1.8个百分点。全省28家上市公司总市值同比减少2.1%。从对比中可见（见表2），2007～2012年5年间，云南省上市公司数目无较大增长，国内债券筹资增长幅度较大。

表 2　2012 年云南省证券业基本情况

项目	2007 年	2012 年
总部设在辖内的证券公司数(家)	2	2
总部设在辖内的基金公司数(家)	0	0
总部设在辖内的期货公司数(家)	2	2
年末国内上市公司数(家)	26	28
当年国内股票(A 股)筹资额(亿元)	74.8	0.7
当年发行 H 股筹资额(亿元)	0	0
当年国内债券筹资额(亿元)	45	292.1
其中:短期融资券筹资额(亿元)	28	-6.1

资料来源:《2012 年云南省金融运行报告》。

3. 云南省保险业发展现状

截至2012 年末，云南省有保险公司分支机构 32 家，较上年增加 1 家；保险业资产总额 441.2 亿元，同比增长 15.9%；赔付支出首次突破百亿元，比上年增长 25.3%；全年实现保费收入增长 12.5%（见表 3）。保险密度和保险深度一升一降，分别比上年提高 65.2 元/人和下降 0.1 个百分点。全年提供涉农风险保障 1303.2 亿元，比上年增加 128.9 亿元；农业保险赔付支出 4.1 亿元，同比增长 44.1%；受益农户达 4.1 万户；农业保险品种已基本覆盖全省主要农业支柱产业。

表 3　2012 年云南省保险业基本情况

项目	数量
总部设在辖内的保险公司数(家)	1
其中:财产险经营主体(家)	1
人身险经营主体(家)	0
保险公司分支机构(家)	32
其中:财产险公司分支机构(家)	20
人身险公司分支机构(家)	12

续表

项目	数量
保费收入(中外资,亿元)	271.3
其中:财产险保费收入(中外资,亿元)	123.5
人身险保费收入(中外资,亿元)	147.8
各类赔款给付(中外资,亿元)	100.1
保险密度(元/人)	585.8
保险深度(%)	2.6

资料来源:《2012 年云南省金融运行报告》。

二　金融发展结构分析

金融体系的结构对于整体经济和金融业的健康稳定发展有着至关重要的作用，作为金融结构优化的体现，本报告选取金融结构指标（FSR）来衡量云南省金融结构的优化程度，FSR 数值越高表明金融结构优化程度越高。其计算公式如下：

FSR =(债券筹资额 + 股票筹资额 + 保费收入)/金融总资产

其中，金融总资产包括金融机构存贷款余额、债券筹资额、股票筹资额和保费收入。

可见，FSR 数值越高，表明金融结构优化程度越高。本报告收集了 2006 ~2012 年云南省 FSR 数据（见表 4），可见云南省金融结构逐年优化，除受 2008 年金融危机影响 2009 年云南 FSR 有较大降幅外，其他年份云南省金融结构较稳定。图 2 反映了云南金融结构优化的情况：2008 ~2009 年 FSR 有较大的波动，主要受金融危机的影响，加之金融机构存款余额较上年度有大幅度提高；2012 年受我国证券市场持续震荡影响，2012 年股票（A 股）筹资额仅有 0.7 亿元，导致 FSR 较上年有所下降。总体来看，云南金融结构优化程度比较稳定，排除整体经济的影响和市场波动的因素，其金融优化程度呈逐年提高之势。

表 4　云南省金融结构变化

年份	债券筹资额（亿元）	股票筹资额（亿元）	保费收入（亿元）	金融机构存款余额（亿元）	金融机构贷款余额（亿元）	FSR
2006	48	19	95.0	6192.7	4855.3	0.0145
2007	45	74.8	111.9	7215.6	5733.9	0.0176
2008	108	61	165.0	8470.5	6649.3	0.0216
2009	36	81.6	180.1	11174.1	8853.4	0.0146
2010	358	56	236.0	13476.2	10701.9	0.0262
2011	238.5	78.3	241.1	15429.0	12348.0	0.0197
2012	292.1	0.7	271.3	18061.5	14169.0	0.0172

资料来源：2006～2012 年《云南省国民经济和社会发展统计公报》。

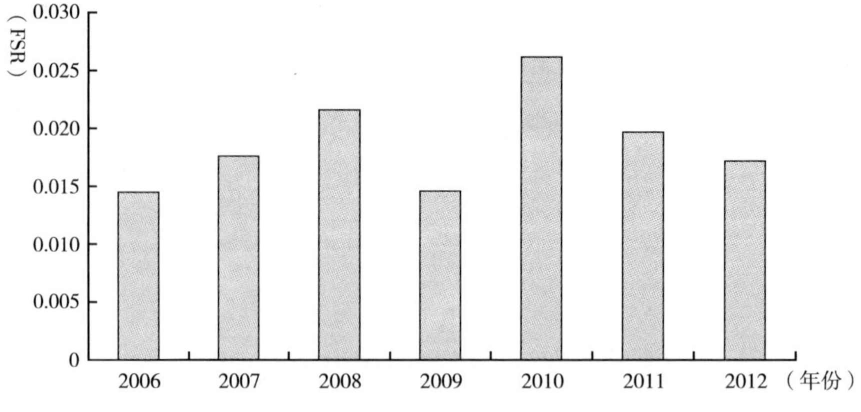

图 2　云南省历年 FSR 变化情况

三　云南省金融发展深化分析

1973 年麦金农和肖提出了金融深化理论，探索金融发展对发展中国家经济发展的作用。他们认为，金融深化可以导致整个国民产出水平的稳定增长。通常用来衡量金融深化程度的指标为M2/GDP，即货币化指标。但我国有学者指出这种衡量方法并不适用于对中国金融深化程度的评价，“金融化”的分析方法更为适用。因此，本报告选取金融相关率和贷存比来进行考察。

（一）金融相关率

金融相关率（FIR）最早由美国经济学家雷蒙德·W. 戈德史密斯提出，其衡量的是一国金融资产价值占该国经济总量的比重。由于云南省证券市场发展较晚，鉴于数据的可获得性，本报告选取金融机构贷款余额与保费收入衡量金融机构资产，经济总量用GDP衡量。其计算公式为：

$$FIR = (贷款余额 + 保费收入)/GDP$$

本报告收集了2003～2012年云南省FIR的变化情况（见表5），并与全国平均FIR水平作对比，结果发现云南省10年间FIR数据整体高于全国平均水平，表明云南省金融深化程度较高（见图3）。同时从统计结果中可见，云南省FIR指数近10年来整体呈增长趋势。2008年金融危机过后受中央经济刺激政策的影响，2009年、2010年云南省FIR有较大幅度提高；2011年、2012年国家货币政策趋于稳健，云南省FIR较上年均有所下降，但趋势依然稳定。可见，以FIR考量的云南省金融深化程度逐步加强，金融在经济中发挥的作用持续加深。

表5　云南省金融相关率变化情况

年份	保费收入（亿元）	金融机构贷款余额（亿元）	GDP（亿元）	FIR（云南）	FIR（全国）
2003	73.75	2955.57	2458.8	1.23	1.20
2004	74.2	3449.2	2959.5	1.19	1.14
2005	81.03	4030.9	3472.89	1.18	1.08
2006	95.0	4855.3	4006.7	1.21	1.07

续表

年份	保费收入（亿元）	金融机构贷款余额（亿元）	GDP（亿元）	FIR（云南）	FIR（全国）
2007	111.9	5733.9	4772.52	1.22	1.01
2008	165.0	6649.3	5692.12	1.17	1.00
2009	180.1	8853.4	6169.75	1.46	1.21
2010	236.0	10701.9	7224.18	1.51	1.23
2011	241.1	12348.0	8893.12	1.39	1.19
2012	271.3	14169.0	10309.8	1.40	1.27

资料来源：2003～2012年《云南省国民经济和社会发展统计公报》。

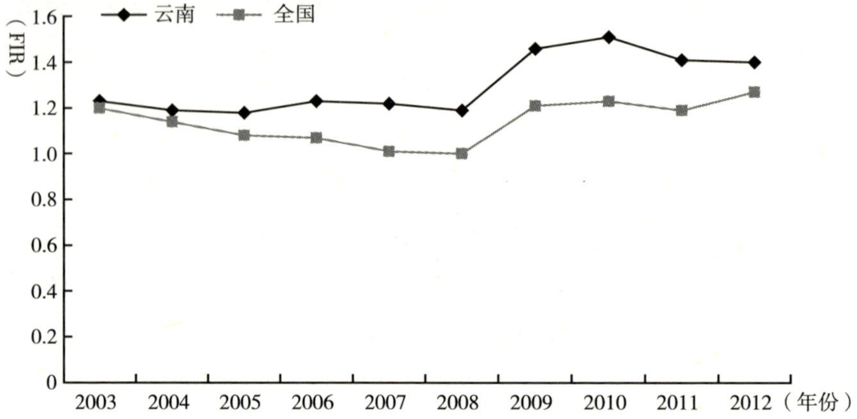

图3　云南省金融相关率与全国金融相关率比较

（二）贷存比

贷存比作为基本的衡量金融机构资金使用效率的指标，指的是金融机构资产负债表中的贷款余额与存款余额的比值，贷存比越高则表明金融机构盈利能力越强。本报告选取2003～2012年的数据来分析云南省贷存比的变化情况，并将其与全国进行对比。截至2012年末，云南省金融机构贷款余额达14169.0亿元，金融机构贷存比为78%，2003～2012年云南省贷存比10年内变化不大，稳定在

77%～80%之间，基本高于全国贷存比（见表6和图4）。与全国相比，云南省的信贷投放还是较为充足的，贷存比的变化趋势也与全国较一致。2004～2005年，全国贷存比显著下降，云南省则未出现明显波动。

表6　历年云南省贷存比变化情况

年份	金融机构贷款余额(亿元)	金融机构存款余额(亿元)	贷存比	贷存比(全国)
2003	2955.57	3747.46	0.79	0.76
2004	3449.2	4474.1	0.77	0.74
2005	4030.9	5199.5	0.78	0.68
2006	4855.3	6192.7	0.78	0.67
2007	5733.9	7215.6	0.79	0.67
2008	6649.3	8470.5	0.78	0.65
2009	8853.4	11174.1	0.79	0.67
2010	10701.9	13476.2	0.79	0.67
2011	12348.0	15429.0	0.80	0.68
2012	14169.0	18061.5	0.78	0.69

资料来源：2003～2012年云南省经济发展公报。

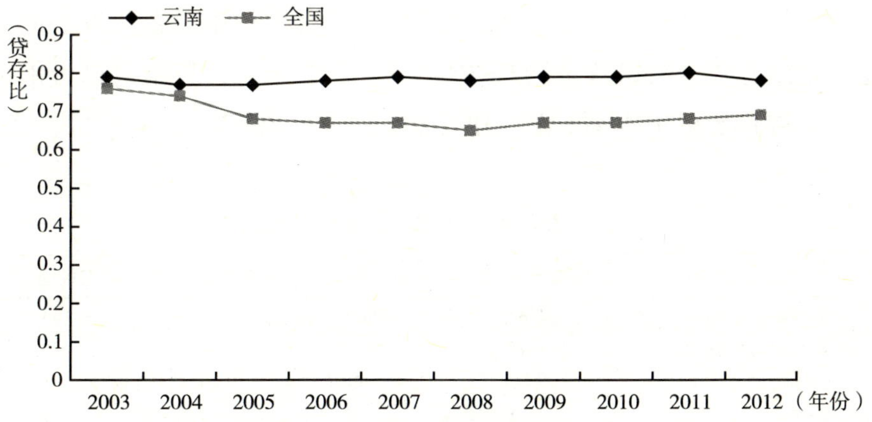

图4　云南省贷存比与全国贷存比比较

四　民间金融发展分析

广义的民间金融，是指为民间经济融通资金的所有非公有经济成分的资金活动，其主要表现形式为资金供求者之间直接完成，或通过民间金融中介机构间接完成的债权融资。民间金融的主要形式有农村信用社、农村合作基金、民间借贷、私人钱庄、民间集资以及小额信贷等。

民间金融的发展对一个地区经济有着积极的促进作用，尤其是能够支持中小企业的发展。中小企业作为促进区域经济发展的重要力量，一直处于“融资难”的困境之中。民间金融的发展有助于活跃云南的地方经济，促进中小企业成长，对于缓解中小企业的“融资难”问题起到一定作用。

（一）民间资本金融规模

截至2012年，云南省民间资本金融规模稳步增长，其形式以小型农村金融机构、新型农村金融机构为主。其中，新型农村金融机构发展迅速，2012年村镇银行数量增加到26家，营业网点增至42个，资产规模扩大到84.5亿元。此外，服务于农村和小微企业发展的非银行业地方金融组织数量增长较快。至2012年末，云南省已批准成立的小额贷款公司达484家，其中430家已挂牌营业（见表7）。

表7　2012年云南民间金融机构情况

项　目	机构个数(个)	从业人数(人)	资产总额(亿元)	法人机构(个)
小型农村金融机构	2383	20699	4742.8	133
新型农村金融机构	42	635	84.5	26
财务公司	2	38	61.4	1
信托公司	1	82	12.8	1
总　计	2428	21454	4901.5	161

资料来源：《2012年云南省金融运行报告》。

表7数据显示，现阶段云南省民间资本金融规模较小，其主要的组织形式还是小型农村金融机构。由此可以得出：云南省民间资本金融业务形式还是以小额农用贷款为主，整体的民间资本金融对第二、第三产业的支持力度不大，对中小企业的支持力度也不够。

同时，云南省民间资本金融结构尚不合理，其中农村信用社占比过大。从未来发展来看，云南省民间金融资本需要进行结构性调整。随着政府金融监管和管理体制的完善，金融市场相关制度的健全，多元化风险防范机制的建立，以及中小企业融资担保体系的发展，以中小企业投融资业务为主的农村合作基金、投资管理公司、具有民间集资背景的信托投资公司将会蓬勃发展，为中小企业的发展提供更多的资金支持。

（二）非正规金融机构发展

在现实经济中，有部分民间借贷并非通过资本信贷机构来进行，在某些地方这种借贷行为甚至规模庞大，因此能够统计到的小型农村金融机构、新型农村金融机构、小额贷款公司等数量有限，并不能完全反映真实的民间借贷规模。从市场需求的角度，已统计到的机构所提供的资金并不能够满足社会融资的需要。中小企业往往会求助于非正规金融机构，以民间借贷、地下钱庄、民间集资等形式出现。这种基于信任、关系网络进行的非正规金融行为，随着经济的发展日趋活跃。相对于正规金融机构来讲，非正规金融机构的经营管理能力较弱，因此更需要将非正规金融机构及其资本、活动纳入监管的范畴内，即实现所谓“阳光化”过程。综上，应当重视非正规金融机构的发展，增强民众对非正规金融机构的认识，引导民间资本为实体经济服务。

五　金融监管能力分析

目前云南省金融监管主要由“三监、一行、一办”（银监会、证监会、保监会、中国人民银行、金融工作办公室）负责，已经形成了较为完善的金融监管体系，具体监管工作由“三监一行”在云南的派驻机构和云南省金融工作办公室实施。近年来云南金融监管能力不断加强。

云南银监局在原有监管体制的基础上不断进行改革，建立健全银行监管的法律法规体系，优化和完善银行监管理念，更新银行监管的技术和方法，努力培养专业化监管队伍及监管人才，走出了一条符合云南现实发展的银行监管道路，银行监管的有效性显著增强。

云南证监局始终坚持突出“六个注重”：注重基础建设，推动云南资本市场规范运作；注重市场服务，增强资本市场服务地方经济发展的能力；注重风险控制，及时防范和化解云南资本市场风险；注重调查研究，积极探索辖区资本市场良性发展新途径；注重工作创新，努力开创云南资本市场发展新局面；注重队伍建设，全面提高促进市场主体发展的服务质量。

云南保监局按照保监会构筑防范风险五道防线的要求，严格规范公司经营行为，加强公司内控制度建设，强化市场行为监管，有效地防范了误导宣传，制止了不正当竞争，促进了行业自律，促使各公司依法合规经营；坚持保护消费者权益监管理念，将切实维护投保人和被保险人合法利益作为监管工作的出发点和落脚点。

中国人民银行建立了反洗钱协调机制，开展对商业银行反洗钱、现金和账户管理规定的全面检查，对违法违规行为依法进行处理，提高了银行业依法经营的意识。随着各类监管法规的不断完善、监管手段的不断改进，其金融监管能力和操作水平显著提高。

云南省金融工作办公室贯彻执行国家有关金融工作的方针政策和法律，协助中央监管机构整顿本市金融秩序；负责地方金融机构和金融中介机构的行业管理和服务；承担公司股份制改造、上市公司培育、初审、推荐工作，指导和推进上市公司资产重组和再融资；协调处理金融风险防范和化解工作，对全省金融监管工作起到重要作用。

六 结论及政策建议

（一）结论

本报告选取了金融发展规模、金融发展结构、金融深化程度、民间金融发展及金融监管能力五个方面对云南省的金融发展水平进行分析。

第一，在金融发展规模分析中，我们从社会融资规模、金融机构发展状况两个方面考察了云南省金融发展规模。云南省社会融资规模方面：本外币贷款余额稳步增长；企业债券筹资额有较大幅度提高；国内股票（A股）筹资额在市场因素、政策因素影响下出现了较大幅度的下滑；保费收入逐年来增长稳定。云南省金融机构发展方面：云南省金融机构发展迅速，金融机构体系也趋于完善，金融机构数量、从业人数、资产总额近年来均稳步增长，经营能力显著提高；由于国内证券市场的震荡调整，云南省证券业的交易活跃度有明显下降，但其机构创新能力在困境中有所提升；云南省保险业的各项指标都保持了健康稳定的增长势头，机构数目有所增加，保险给付额、保费收入、覆盖领域、保险密度、保险深度等指标均保持稳定增长。

第二，在金融发展结构分析中，我们选取了金融结构指标（FSR）衡量云南省历年来金融结构的优化程度及其结构变迁。根据2006～2012年相关数据计算显示，云南省金融结构逐年优化，除受

2008 年金融危机影响 2009 年云南 FSR 有较大降幅外，其他年份云南省金融结构均较稳定。云南金融结构优化的情况为：2008 ~2009 年 FSR 有较大的波动，主要受金融危机的影响，加之金融机构存款余额较上年度有大幅度提高；2012 年受我国证券市场持续震荡影响，股票（A 股）筹资额仅有 0.7 亿元，导致 FSR 较上年有所下降。总体来看，排除整体经济的影响和市场波动的因素，云南金融结构优化程度比较稳定。

第三，在金融深化程度分析中，我们选取了金融相关率（FIR）、贷存比来分析云南省金融深化的程度，并将其与全国平均水平做了对比。FIR 方面：2003 ~2012 年 10 年间云南省 FIR 数据整体高于全国平均水平，表明云南省金融深化程度较高，FIR 近 10 年来呈整体增长趋势，2008 年金融危机过后受中央经济刺激政策的影响，2009 年、2010 年云南省 FIR 有较大幅度提高；2011 年、2012 年国家货币政策趋于稳健，云南省 FIR 较上年均有所下降，但趋势依然稳定。贷存比方面：2003 ~2012 年 10 年间云南省贷存比变化不大，稳定在 77% ~ 80% 之间，均高于全国贷存比，表明云南省的信贷投放还是较为充足的，同时云南省贷存比的变化趋势也与全国趋势较为一致。

第四，在民间金融发展分析中，我们从民间资本金融规模、非正规金融机构发展两方面进行了分析。近年来云南省民间资本金融规模有所增长，小型农村金融机构、新型农村金融机构在机构数量、从业人数、资产规模、法人数量上都有较大增长，小额贷款公司也蓬勃发展。但我们认为其在经济、金融体系中的作用仍然有限，其对第二、第三产业及中小企业的支持力度仍然不足。在非正规金融机构方面，随着经济的发展其活跃度也逐年提高，但面临着“阳光化”的需要，需要对其进行监督和管理。

第五，本报告对云南省的金融监管情况进行了说明。当前云南省与全国其他地区的金融监管体系基本一致，即以中国人民银行为核心，银监、证监、保监三个监管部门为支撑的金融监管格局。同时，云南省金融工作办公室在促进金融监管部门协同监管，强化担保、小贷、私募股权基金等行业协会自律监管等方面也起到了重要作用。

（二）政策建议

通过上述分析可见，近年来云南省金融发展较为平稳、健康，金融对经济的支持作用逐步增强，金融机构、金融监管部门的创新能力有所提升。但云南省金融发展中依然面临挑战，依据上文分析，提出政策建议如下。

1. 加大直接融资的比重

一方面，鼓励企业上市融资。结合云南省产业特点，给予支柱产业、特色企业实施股份制改造更多优惠政策或启动上市绿色通道。大力培植上市后备资源，使上市公司数量增加，直接融资规模不断扩大，提升对经济增长的贡献率。提振企业上市信心，提升企业上市意愿，提高企业上市能力，优化企业上市环境。另一方面，支持资本市场中介服务机构发展。支持在云南省注册的证券公司、期货公司实现资源优化与整合，促进传统券商业务盈利模式向新型创新业务模式的转型，建成具有竞争力的现代金融服务企业。

2. 大力发展债券票据融资

大力推进符合条件的企业通过发行公司债券、可转换债券、短期融资券及城市公用设施项目债券等筹集资金。同时，做好发行的后续管理和风险防控工作，促进市场有序扩容，防止出现系统性风险。

3. 加强对民间金融风险的监测、管理

虽然云南省民间资本金融规模不大，对第二、第三产业和中小企业的支持力度也不大，但由于经济发展的需要，催生了非正规金融机构的存在且其活跃度不断提升。由于这类金融机构以个人信用、关系网络为基础，故其存在较大的违约风险，一旦发生违约，资金链条断裂，将对经济产生较大影响。因此云南省应加强对民间金融风险的监测、管理，逐步实现对非正规金融的监督和管理。

4. 推进区域金融的协调发展

逐步推进全省各州（市）金融的协调发展对云南金融的发展非常重要。应该对落后州（市）给予一定的政策倾斜和支持，使其加快发展，逐步改变州（市）间、昆明与其他州（市）金融发展的不平衡现状。一方面，注重各州（市）的经济社会均衡发展，努力找准问题，采取更加有针对性的对策。特别是要抓紧解决制约各州（市）发展的外部环境因素，诸如基础设施建设、经商环境等。此外，在政策放活和资金支持方面需要进一步加大力度。另一方面，金融机构对其他州（市）的支持力度应该加大。要认识到云南的长远发展机遇，主动下沉服务重心，前移服务窗口，避免金融资源在省会城市集中带来的竞争风险，主动加大对各州（市）的金融支持力度。

参考文献

[1] 雷蒙德·W. 戈德史密斯：《金融结构与金融发展》，周朔译，上海三联书店、上海人民出版社，1990。

[2] 罗纳德·I. 麦金农：《经济发展中的货币与资本》，卢骢译，上海三联书店，1988。

[3] 爱德华·肖：《经济发展中的金融深化》，邵伏军译，上海三联书店，1988。

[4] 黄达：《金融学》，中国人民大学出版社，2009。

[5] 中国人民银行昆明中心支行课题组：《改革开放三十年云南省金融业发展研究——回顾与展望》，2009。

[6] 曹璞：《云南金融发展报告》，《中国西部金融发展报告（2011）》，社会科学文献出版社，2012。

B.8

广西金融发展报告

熊毅伟*

摘　要：

随着新一轮西部大开发和建设中国面向西南开放重要桥头堡战略的不断深入，广西壮族自治区经济发展实现了新跨越，2012年全区经济总量突破万亿元，成功加入全国万亿元俱乐部。本文从金融发展规模、金融发展存在问题两个方面分析了广西壮族自治区金融的整体发展情况，并以此为基础对自治区未来金融发展提出了相关的政策建议。

关键词：

金融发展　金融规模　金融结构　金融深化

广西壮族自治区简称桂，地处祖国南疆，区位优越，南临北部湾，面向东南亚，西南与越南毗邻，东邻粤、港、澳，连华中，背靠大西南，是西南地区最便捷的出海通道，也是中国西部资源型经济与东南开放型经济的结合，在中国与东南亚的经济交往中占有重要地位。广西周边与广东、湖南、贵州、云南等省接壤。东南与广东省省界线长约931公里，东北与湖南省省界线长约970公里，北面与贵州省省界线长约1177公里，西面与云南省省界线长约632公里。西南

* 熊毅伟，在读博士，就职于陕西省保监局。

与越南社会主义共和国边界线长约637公里。大陆海岸线长约1595公里。全自治区聚居着壮、汉、瑶、苗、侗、仫佬、毛南、回、京、彝、水、仡佬等民族。2009年广西行政区划为14个地级市，7个县级市、68个县（含12个民族自治县）、34个市辖区，702个镇、424个乡（含58个民族乡）。

2005～2011年，广西GDP连续7年保持12%以上的增长，2012年GDP达13031.04亿元，同比增长11.24%。与往年相比，2012年GDP增长速度明显偏低，这主要是受到国际国内经济形势不佳的大环境影响（见表1）。2013年上半年，广西地区生产总值5810.18亿元，按可比价格计算，同比增长10.2%，高于全国2.6个百分点；财政金融运行保持稳定，2013年上半年，全区财政收入1021.22亿元，同比增长11.1%。其中，公共财政预算收入691.26亿元，增长14.9%；全区公共财政预算支出1335.07亿元，同比增长10.2%。广西金融业增加值从2008年的181.32亿元增长到2011年的445.37亿元，年均增长率达34.92%。

表1　广西部分年份GDP及金融业增加值情况

	2008年	2009年	2010年	2011年	2012年	2013年6月
GDP(亿元)	7150	7700	9502	11714	13031.04	5810.18
同比增长(%)	22.79	7.69	23.40	23.28	11.24	10.2
金融业增加值(亿元)	181.32	336.82	384.53	445.37	—	—

资料来源：历年《广西统计年鉴》。

一　金融发展规模分析

（一）社会融资规模

社会融资规模是全面反映金融与经济关系，以及金融对实体经济资金支持的总量指标。社会融资规模是指一定时期内（每月、每季或每年）实体经济从金融体系获得的全部资金总额，是增量概念。这里的金融体系为整体金融的概念。2012 年，广西银行业金融机构资产总额 21544. 17 亿元，比年初增加 3612. 9 亿元，同比多增 430. 71 亿元，比年初增长 20. 15%。

1. 人民币及外币贷款

中国人民银行公布的数据显示，2013 年 6 月，广西本外币贷款余额 13414 亿元。2012 年末，本外币贷款余额 10646 亿元，同比增长 -13. 84%，人民币贷款余额 10409 亿元，同比增长 -12. 83%，外币贷款余额 377543 万美元，同比增长 -42. 69%；本外币存款余额 13528 亿元，同比增长 -15. 28%，人民币存款余额 13453 亿元，同比增长 -15. 16%，外币存款余额 118665 万美元，同比增长 -32. 59%。自 2008 年以来，仅 2012 年出现了存贷均负增长的局面，这主要源于国际金融危机的影响（见表 2）。

表 2　广西 2008 ~ 2013 年金融机构信贷情况

		本外币余额(亿元)	人民币余额(亿元)	外币余额(万美元)
2013 年 6 月	各项存款	17419	17307	181842
	各项贷款	13414	12951	748772
2012 年 12 月	各项存款	13528	13453	118665
	各项贷款	10646	10409	377543
2011 年 12 月	各项存款	15967	15856	176031
	各项贷款	12356	11941	658796
2010 年 12 月	各项存款	11814	11747	101367
	各项贷款	8980	8868	169632
2009 年 12 月	各项存款	9583	9583	81652
	各项贷款	7268	7268	134764
2008 年 12 月	各项存款	7075	7024	74512
	各项贷款	5110	5066	63472

资料来源：中国人民银行南宁中心支行。

2. 企业债券、境内股票融资与保险赔款及给付

在间接融资稳步增长的同时，广西的直接融资也取得了快速增长。2012 年，广西辖区内累计发行各类债券共计 437.9 亿元，同比多发 198.3 亿元，直接融资占全部融资的 49.70%。

2012 年，广西的资本市场较为活跃，股票融资规模持续扩大。广西辖区内共有 29 家上市公司，其中上交所 12 家，深市主板 12 家，深市中小板 5 家，总体市值达到 1188.51 亿元，A 股上市公司总市值较年初增加 287.2 亿元，通过资本市场融资突破 200 亿元。

2012 年，广西保险业保障补偿功能有了进一步的发挥，全年赔款和给付支出总额达 74.40 亿元，同比增长 26.50%，增幅比上年回落 5.65 个百分点。其中非寿险行业赔款 47.93 亿元，同比增长 30.36%，寿险行业赔付 26.47 亿元，同比增长 20.07%。

（二）金融机构发展

一个地区金融机构的发展状况也是该地区金融发展水平的重要体现，鉴于数据的可获得性，本报告考察的金融机构主要包括银行业、证券业及保险业。

1. 广西银行业发展现状

广西经济的跨越式发展为银行业的发展提供了广阔的机遇和舞台。广西银行机构顺应时势不断壮大，实力逐渐提升。2012 年底，广西基本形成了以政策性银行和大型国有商业银行为核心，股份制商业银行、城市商业银行、农村信用社以及外资银行共同发展的局面。城市商业银行 3 家，农信社 1 家，三类新型农村金融机构 25 家，金融租赁公司 1 家，外资银行分支 2 家，国有银行及股份制银行分支机构 13 家，财务公司 1 家。

2. 广西证券业发展现状

截至 2012 年末，广西辖区内共有 5 家证券公司开设分支机构，共有境内上市公司 30 家（2008 年共有 25 家），上市公司总股本

183.9 亿股，同比增长 15.6%；总市值 1276.9 亿元，同比增长 6.3%。2012 年，广西上市公司通过资本市场融资 56.1 亿元。其中，百洋股份在深圳证券交易所挂牌上市，募集资金 5.3 亿元。债券筹资额 50.8 亿元。国海证券有限责任公司 2001 年经中国证监会批准，由原广西证券有限责任公司通过增资扩股脱胎而成，是广西区内成立的第一家可从事综合类业务的全国性证券公司。

3. 广西保险业发展现状

广西保险业稳步发展。截至 2012 年末，各保险公司累计实现原保险保费收入（以下简称保费收入）238.26 亿元，同比增长 12.04%，其规模在全国 31 个省（自治区、直辖市）中排名第 23 位，增速排名第 13 位。据初步统计，广西保险密度为 508.9 元/人，较上年增加 51.1 元/人，保险深度 1.84%，较上年增长 0.02 个百分点。截至 2012 年末，广西保险业总资产达 495 亿元，比 2010 年底增加 77 亿元。财产险业务实现保费收入 92.25 亿元，同比增长 16.69%；人身险业务实现保费收入 146.01 亿元，同比增长 9.29%。2012 年，广西保险市场体系进一步完善，服务网络覆盖面不断拓宽。截至年底，广西共有省级保险公司 33 家，比上年增加 2 家，其中财产险公司 19 家，人身险公司 14 家；共有各级保险分支机构（含营销服务部）2039 家，比上年增加 21 家，保险服务网络进一步延伸；保险代理、经纪、公估法人及分支机构达到 93 家，较上年增加 15 家；银行、车商等兼业代理机构 6126 家，同比净增加 2064 家。截至 2012 年底，广西共有保险从业人员 7.3 万人，比上年减少约 0.2 万人，其中保险营销员 5.46 万人，比上年减少 0.4 万人。

二　广西金融业发展存在的问题

（一）金融业发展的总体水平仍然偏低

突出表现为总量小、基础差、结构失衡和发展不平衡。金融主体结构失衡，银行业占主导地位，证券期货业比重明显偏低，信托投资、融资租赁、财务公司、消费金融公司等新型金融机构仍处于空白状态；以政策性金融、国有商业金融、股份制金融为代表的金融机构得到了长足发展，而地方金融、其他新型金融等多种所有制金融还处于起步阶段，地方金融机构规模偏小。金融业区域之间、城乡之间发展不平衡，金融资源配置不均衡，对欠发达地区、县域、“三农”和中小企业的服务较为薄弱，无法满足实际需求。

（二）金融改革创新能力亟待提升

地方金融机构改革亟须深化，管理体制亟须理顺，制度机制亟须健全。资本市场发展滞后，融资结构单一，依赖银行间接融资仍然较为严重，金融风险加大。金融服务创新程度较低，金融产品单一，营销手段简单，市场竞争同质化现象严重，缺乏品牌效应。

（三）金融业对外开放合作的水平不高

金融机构“引进来”尚处于起步阶段，“引金入桂”虽然成效显著，但与四川、云南等省份相比，引进机构的数量、结构和质量等仍存在一定差距，引进的银行、保险等机构较多，而证券、基金、融资租赁等机构少。东盟各国对金融服务业开放承诺仍然存在一定限制，受东盟国家银行机构的资本回报水平、资产质量、抗风险能力不高等因素影响，驻桂金融机构“走出去”设立分支机构尚未取得实质性进展。

（四）金融发展环境建设存在薄弱环节

全社会金融意识仍然较弱。金融知识普及不足，群众金融意识总体水平不高，一些地方、部门和不少领导干部对金融业的重要性认识不够，仅仅将金融作为融通资金的工具，而忽视了其服务的本质和产业的特性，没有将金融业发展纳入工作全局谋划、作为工作重点来抓。地方政府金融工作组织体系不健全。不少区市至今尚未成立专门的政府金融工作部门，地方金融工作处于无机构抓、无人员管的状态，即使是已经成立机构的区市也普遍存在机构级别较低、编制短缺、人员配备不到位等情况。社会信用体系建设有待加强。全区缺乏统一的信用信息数据库，80%左右的信用信息分散在有关部门和单位中，亟须整合；信用服务业发展缓慢，信用中介机构市场化、规模化、集约化和社会化程度低。法治环境有待改善，反假币、反洗钱以及打击和处置非法集资工作形势不容乐观，金融机构胜诉案件“执行难”问题仍然不同程度存在。支付清算系统和非现金支付工具的使用率有待提升，安全、方便、快捷、高效的支付结算品种仍需进一步推介。金融信息化建设发展不均衡，全区大部分金融机构尚未建设灾备中心，金融业信息安全保障能力不足。

（五）金融人才特别是高端人才较紧缺

突出表现为金融人才总量少、层次低、整体素质不高，特别是高层次人才、创新人才匮乏，能满足金融创新需求的风险管理、国际结算、金融科技、金融法律及外语等方面的高端人才很少，熟悉东盟国家语言和金融情况的人才更为稀缺，严重制约了广西金融业更好更快发展。

三　政策建议

（一）强化金融要素支撑，保障经济社会发展需求

全区在努力扩大金融资源供给总量的同时，应大力调整金融资源配置结构，加强金融政策与产业政策的协调配合，加大对重点区域、

重要产业、重大项目以及薄弱环节的金融支持力度，提高金融资源配置效率，为全区经济社会全面、协调、可持续发展提供强力支撑。

1. 保持信贷持续较快增长

发挥金融支持经济的核心功能，引导和激励银行业金融机构继续发挥作为信贷投放主力军的作用，争取总行支持，加强银团合作，盘活存量资本，引入外地资金，改善资金供给，实现存贷款的年均增幅、增量持续平稳增长，进一步健全信贷政策导向评估制度，引导金融机构不断优化信贷投向结构。

2. 积极扩大直接融资比重

大力推进上市融资，继续培育上市后备资源，加快推进优质企业到境内外上市融资进程，鼓励和支持业绩优良的上市公司通过配股、增发、发行可转债等方式再融资，鼓励有实力的企业参与上市公司并购重组，通过资本市场做大做强。积极推进场外证券市场建设，推动区内高新区加入“新三板”扩大试点，满足处于不同发展阶段企业的资金需求。大力发展债券融资。鼓励符合条件的企业灵活运用公司债、企业债、短期融资券、中期票据、集合债券和中小企业集合票据等融资工具，降低融资成本，扩大债券融资规模。积极发展创业投资和股权投资基金。建立和完善配套政策体系，发挥政府创业投资资金的引导作用，充分利用市场机制，在风险可控的范围内支持机构投资者和民间资本参与创业投资和股权投资。

3. 充分发挥保险多重功能

发挥好保险的经济补偿、资金融通和社会管理功能，以推进政策性保险为重点，大力发展项目保险，服务基础设施建设；发展“三农”保险，服务社会主义新农村建设；发展商业健康、养老保险，支持完善社会保障体系；发展出口信用保险，支持和扩大出口；发展责任保险，服务构建和谐社会。积极引进保险资金，投入广西经济建设。

（二）加强金融主体建设，构建普惠制金融组织体系

按照增加机构总量、提高供给能力、扩大服务范围、满足基本需求的目标要求，着力构建完善的政策性金融、商业性金融、合作性金融等多种所有制、多种成分构成的功能齐备、层次丰富、竞争有序的普惠制金融组织体系。

1. 深入实施“引金入桂”战略

继续推进“引金入桂”战略，大力引进金融机构，增加金融市场主体，完善金融组织体系。重点引进实力强的全国性、地方性银行机构和国际金融组织、外资金融机构，鼓励和支持证券、期货、信托、保险等非银行业金融机构进驻广西。

2. 积极发展壮大地方金融机构

做大做强广西北部湾银行、柳州银行、桂林银行，进一步健全法人治理结构，逐步将其打造成差异化、特色化、具有较强竞争力的区域性商业银行；推动农村信用社完善产权制度、法人治理结构和内控制度，加快产权组织形式改革，适时组建农村商业银行；加快国海证券公司上市步伐，将其打造成为实力较强、法人治理结构完善、内控机制健全、业务资格齐备的证券公司，助推全区资本市场加快发展；发展壮大期货经纪公司，抓住金融期货交易品种推出的机遇，争取设立法人期货经营机构；加快组建立足广西、面向全国的保险法人机构；充分发挥广西金融投资集团在整合地方金融资产和发展地方金融业方面的平台作用，提升地方国有金融资产和股权经营的水平；加快培育发展村镇银行、农村资金互助社等新型农村金融机构，优化区域布局，提高为县域、“三农”服务的能力和水平。

3. 推进非银行业金融机构和中介机构建设

积极推进信托投资公司、金融租赁公司、保险公司、期货公司、财务公司、创业投资公司等非银行业金融机构建设；支持和鼓励金融

中介服务机构发展，推动信用评级机构信用评级业务健康发展；完善社会征信服务工作，为企业融资和金融业的发展提供配套服务和风险保障。

4. 加快发展小额贷款公司

加快推进小额贷款公司组建工作，积极拓展小额贷款公司的融资渠道，着力做大做强做优小额贷款行业，使之成为广西信贷投放新的来源。

5. 规范发展融资性担保行业

在完善政策、清理规范、加强监管的基础上，制定出台扶持政策，引导各类资本投资设立融资性担保公司。大力发展各类融资性担保机构，不断完善覆盖区、市、县的多层次、多成分的融资性担保体系，扩大担保机构的覆盖面；推进银担合作，促进银行业金融机构与担保公司建立合理分担风险、分享利益的协作机制，加快融资性担保行业的健康发展。

参考文献

[1] 广西壮族自治区金融工作办公室：《广西“十二五”金融业发展规划》，2011。
[2] 2006~2012 年《广西壮族自治区国民经济和社会发展统计公报》。

B.9

新疆金融发展报告

刘敏 刘敏 王彦*

摘 要：

2012年以来，世界经济复苏进程缓慢，中国经济下行压力较大。尽管外部环境不利，但新疆大力推进重大基础设施、基础产业和重点民生工程建设，使得新疆经济发展迅速，金融业发展稳中有进。社会融资规模快速扩大；银行业扩张迅速，信贷快速增长；证券业稳扎稳打，融资能力大幅提升；保险业多项指标增长速度高于全国平均水平。新疆金融业取得了跨越式发展，但是，也要看到，新疆金融发展与全国水平相比仍存在差距，新疆金融发展仍然任重道远。

关键词：

金融市场　金融规模　金融结构　金融深化

新疆维吾尔自治区幅员辽阔，占中国陆地总面积的1/6。新疆拥有得天独厚的水土光热资源，矿产种类全、储量大，生物资源种类繁多。这本应成为发展的有利条件，但是由于历史、自然、交通、社会

* 刘敏，陕西西安人，经济学硕士，西安欧亚学院金融学院副院长，研究方向：金融发展理论；刘敏，云南怒江人，数量经济学硕士，西安欧亚学院金融学院教师，研究方向：中国金融发展与产业结构优化升级的互动机制；王彦，陕西西安人，金融工程硕士，西安欧亚学院金融学院教师，研究方向：数理金融、投资组合和资产定价。

等多方面原因，新疆的经济社会发展相对落后，人均国内生产总值低于全国平均水平，新疆迫切需要加快现代化建设的步伐。

1999 年 11 月，中央经济工作会议确定了对西部地区进行大开发的战略决策。新疆维吾尔自治区是西部大开发的主要阵地。2000 年至今，国家投入了巨额资金支持新疆的经济社会发展，从 2010 年开始的 19 个省份对口援疆更是极大地推动了新疆经济的发展。

国家实施西部大开发战略以来，新疆维吾尔自治区实现了地区经济的快速发展。统计数据显示，2011 年，新疆全年实现地区生产总值 6610.05 亿元，与 2001 年的 1491.6 亿元相比，实现了十年内地区生产总值翻两番的快速增长。十年间 GDP 的年均增长率为 10.5%，与全国同期 GDP 的年均增长速度持平。新疆维吾尔自治区人均国内生产总值由 2001 年的 7945 元增长到 2011 年的 30087 元，年均增长率为 8.8%，略低于全国 9.8% 的平均水平。

在新疆经济的跨越式发展进程中，高效的金融支撑是必不可少的。根据 Gurley 和 Shaw（1955）的研究，一个国家或者地区的经济发展阶段越高，金融作用就越强。其后，Goldsmith（1969）、Mckinnon（1973）和 Shaw（1973）以及众多学者也证实了金融发展能够促进经济发展。因此，了解新疆的金融发展状况，从而有重点有目的地深化新疆的金融改革和创新是当前急需解决的问题。基于此，本报告首先从金融发展规模、金融发展结构、金融深化程度、民间金融发展及金融监管能力五个方面对新疆的金融发展状况进行统计分析。在此基础上，根植于新疆跨越式发展的大背景，进一步提出新疆未来发展的政策建议。

一　金融发展规模分析

黄达在《金融学》一书中指出，金融规模可通过金融资产的绝对数量来衡量。另外，一个地区金融机构的发展状况也是该地区金融发展的重要体现，因此，本报告从社会融资规模和金融机构发展状况两个方面来分析新疆的金融发展规模。

（一）社会融资规模

社会融资规模是指一定时期内金融体系对实体经济提供的所有资金支持，这一指标反映了金融业对实体经济的支持作用。本报告主要从人民币贷款、外币贷款、委托贷款、信托贷款、未贴现的银行承兑汇票、企业债券、非金融企业境内股票融资和保险公司赔偿几个方面来考察社会融资规模的变化。

1. 人民币及外币贷款

中国人民银行公布的数据显示，2012 年末，新疆本外币贷款余额 8386 亿元，同比增长 27%。人民币贷款余额 7914 亿元，同比增长 26.2%，较 11 月末提高 0.5 个百分点。全年人民币贷款增加 1640.9 亿元，同比多增 343.9 亿元。其中，短期贷款增加 509.6 亿元，同比多增 104.8 亿元；中长期贷款增加 873.7 亿元，同比多增 39.8 亿元；票据融资增加 134.4 亿元，同比多增 109.8 亿元。2012 年末，外币贷款余额 75.1 亿美元，同比增长 42%，全年外币贷款增加 22.2 亿美元。从图 1 可看出，自西部大开发以来，人民币贷款余额逐年递增，新疆金融对实体经济的支持力度逐年加大。

2. 银行表外融资

2012 年，新疆以银行承兑汇票、委托贷款和信托贷款等表外方式融资 1060.6 亿元，有力支持了实体经济发展。

3. 企业债券、境内股票融资与保险赔款及给付

在间接融资稳步增长的同时，新疆的直接融资也取得了快速增长。2012 年，新疆辖区内累计发行各类债券共计 414.5 亿元，直接融资占全部融资的 17.9%，占比较 2011 年提高 3.7 个百分点。其

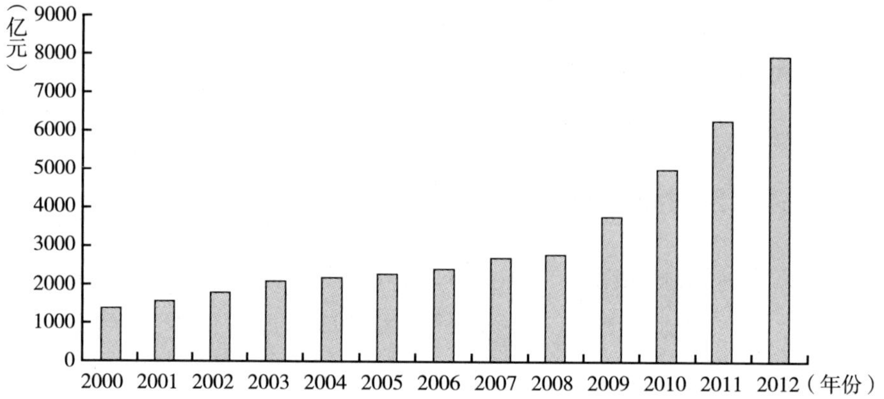

图 1　新疆维吾尔自治区历年金融机构各项贷款余额

中，新疆 32 家企业在全国银行间市场累计注册发行各类债务融资工具 345.9 亿元，是上一年发行总额的 1.8 倍。中小企业集合票据、非公开定向债务融资工具和区域集优票据注册发行实现新疆零的突破。

2012 年，新疆的资本市场较为活跃，股票融资规模持续扩大。A 股上市公司总市值较年初增加 287.2 亿元，通过资本市场融资 204.3 亿元，同比增长 1.3 倍。

2012 年，新疆保险业保障补偿功能有了更进一步的发挥，各类赔款给付较 2011 年增加了 22.7 亿元，突破 80 亿元大关，同比增长 39%。

（二）金融机构发展

一个地区金融机构的发展状况也是该地区金融发展的重要体现，鉴于数据的可获得性，本报告考察的金融机构主要包括银行业、证券业及保险业。

1. 新疆银行业发展现状

新疆经济的跨越式发展为银行业的发展提供了机遇和广阔的舞台。新疆银行机构顺应时势不断壮大，实力逐渐提升。2012 年底，新疆基本形成了以大型国有商业银行及政策性银行为核心，股份制商业银行、城市商业银行、农村信用社以及外资银行共同发展的局面。银行业金融机构的机构个数、从业人数、资产总额都比上一年有了显著提高（见表1）。

表1　2012年新疆维吾尔自治区银行业金融机构情况

机构类别	营业网点		
	机构个数(个)	从业人数(人)	资产总额(亿元)
一、大型商业银行	1296	30554	7230.5
二、国家开发银行和政策性银行	93	2183	2558.0
三、股份制商业银行	47	1834	1358.2
四、城市商业银行	164	4172	2634.8
五、城市信用社	0	0	0
六、小型农村金融机构	1012	10533	2242.2
七、财务公司	1	13	7.2
八、信托公司	2	141	34.3
九、邮政储蓄银行	647	6720	627.3
十、外资银行	2	91	34.5
十一、新型农村金融机构	17	416	62.2
十二、其他	3	223	233.3
合　计	3284	56880	17022.5

资料来源：中国人民银行乌鲁木齐中心支行。

2. 新疆证券业发展现状

截至2012年末，新疆共有上市公司41家，比上年增加2家。尽管受金融危机影响，国内证券市场不景气，证券交易量持续走低。新疆维吾尔自治区内仅有的一家证券公司——宏源证券却通过不断拓展资产管理业务，实现了固定收益的稳步增加。2012年，宏源证券实现利润11.9亿元，综合实力在全国109家证券公司中排名第15位，主要业务排在10名以内。

2012年，新疆辖区内的上市公司发展迅速。新疆浩源、天山生物首发上市，A 股上市公司达 39 家，H 股上市公司 2 家。A 股上市公司总市值较年初增加了 287 亿元，通过资本市场融资 204 亿元，同比增长了 1 倍。债券筹集资金 415 亿元，同比增长了 71%（见表 2）。

表 2　2012 年新疆维吾尔自治区证券业基本情况

项目	数量
总部设在辖内的证券公司数(家)	1
总部设在辖内的基金公司数(家)	0
总部设在辖内的期货公司数(家)	2
年末国内上市公司数(家)	41
当年国内股票(A 股)筹资额(亿元)	204
当年发行 H 股筹资额(亿元)	0
当年国内债券筹资额(亿元)	415
其中:短期融资券筹资额(亿元)	130
中期票据筹资额(亿元)	28

资料来源：中国人民银行乌鲁木齐中心支行。

3. 新疆保险业发展现状

新疆保险业稳步发展。截至 2012 年末，共有 28 家保险市场主体，其中新增人身险公司分支机构 1 家。实现保费收入 236 亿元，同比增长 15.7%。其中，财产险保费收入为 94 亿元，同比增长 19.7%；人身险保费收入为 142 亿元，同比增长 13.5%。各类赔款给付较 2011 年增加了 22.7 亿元，同比增长 39%，保障补偿功能得以更好发挥。保险密度比 2011 年提高了 129.5 元/人，实现人均保费 1055 元。尽管与全国保险密度（1144 元/人）相比，新疆居民的参保程度仍然偏低，但新疆保险密度保持了较快的增长势头，2012 年，新疆保险密度的增速是全国同期增速的 1.8 倍。2012 年，新疆的保险深度为 3.2%，同比增长 0.1 个百分点，比全国保险深度高 0.3 个百分点（见表 3）。新疆保险业服务和保障民生的作用稳步增强。

表3　2012 年新疆维吾尔自治区保险业基本情况

项目	数量
总部设在辖内的保险公司数(家)	0
其中:财产险经营主体(家)	0
人身险经营主体(家)	0
保险公司分支机构数(家)	28
其中:财产险公司分支机构数(家)	15
人身险公司分支机构数(家)	13
保费收入(中外资,亿元)	236
其中:财产险保费收入(中外资,亿元)	94
人身险保费收入(中外资,亿元)	142
各类赔款给付(中外资,亿元)	80
保险密度(元/人)	1055
保险深度(%)	3.2

资料来源：中国人民银行乌鲁木齐中心支行。

二　金融发展结构分析

经过多年的金融改革，新疆维吾尔自治区货币市场和资本市场迅速发展，从改革开放初期只有中国人民银行提供信贷发展到现今金融机构多元化、融资渠道多样化的格局。金融结构的优化在金融发展中扮演着举足轻重的角色，作为金融结构优化的体现，直接融资比率逐年上升和金融中介组织结构日益完善是衡量金融发展程度的另一个重要方面。所以，本报告选取金融结构指标（FSR）来衡量新疆金融结构的优化程度。

FSR =（债券筹资额 + 股票筹资额 + 保费收入）/金融总资产

其中，金融总资产包括金融机构存贷款余额、债券筹资额、股票筹资额和保费收入。

显然，FSR 数值越高，表明金融结构优化程度越高（见表 4）。图 2 反映了新疆金融结构优化的状况。从图 2 可以看到，2008 年、

2009 年 FSR 有较大的起伏，这主要是由于受到金融危机的冲击，证券市场受到很大程度的影响而萎缩，金融结构在这一段时间内呈现恶化趋势，不过2010 年 FSR 立即强势回升，尽管2011 年 FSR 数值有所下降，但仍然好于2010 年以前的情况。从 2010 年以来的发展历程来看，新疆的金融结构呈现持续优化的趋势。

表 4　新疆维吾尔自治区金融结构变化

年份	债券筹资（亿元）	股票筹资（亿元）	保费收入（亿元）	金融机构存款余额(亿元)	金融机构贷款余额(亿元)	FSR
2006	6	12	85	4041	2413	0. 0157
2007	16	113	106	4615	2685	0. 0312
2008	12	54	153	5399	2827	0. 0259
2009	39	34	157	6845	3783	0. 0212
2010	127	213	191	8871	4973	0. 0369
2011	242	98	204	10387	6270	0. 0316
2012	415	204	236	12331	7914	0. 0405

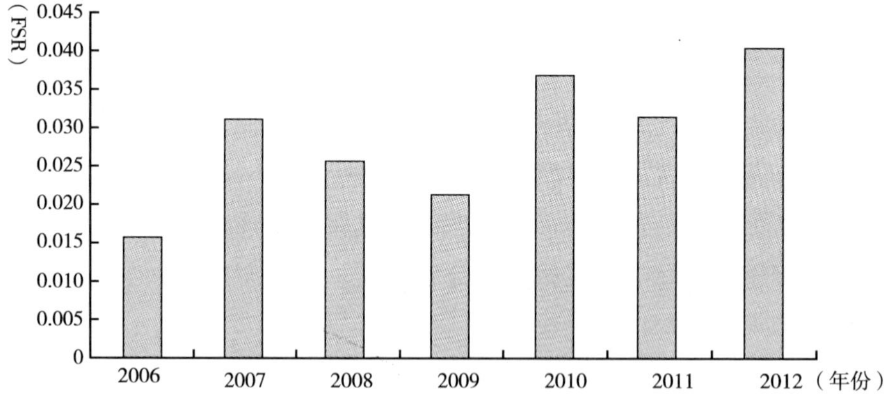

图 2　新疆金融结构优化

三　金融深化程度分析

改革开放以来，新疆的金融业发展迅速，不仅金融资产总量取得突飞猛进的增长，单一的金融结构也演变得更为多元化，银行业、证券业、保险业、信托业分业经营、分业管理。尽管成绩斐然，但新疆金融的发展水平尤其是金融深化程度与全国相比仍然存在差距。本报告选取以下两个指标进行考察。

（一）金融相关率（FIR）

金融相关率（Financial Interrelations Ratio，FIR）这一指标最早由美国经济学家雷蒙德·W. 戈德史密斯（Raymond W. Goldsmith）提出，其衡量的是一国金融资产价值占该国经济总量的比重。由于新疆证券市场发展较晚，鉴于数据的可获得性，本报告选取金融机构贷款余额与保费收入衡量金融机构资产，经济总量用GDP衡量。于是有：

$$FIR = (贷款余额 + 保费收入) / GDP$$

显然，FIR数值越高，表明金融结构深化程度越高。表5中的数据显示，金融相关率在2000～2008年有所下降，这主要是由于西部大开发以来，新疆经济快速增长，GDP增速较快，相比较而言，这段时间新疆金融业的发展速度没有GDP快，所以，FIR有所下降。2009年至今，金融业发展速度增快，FIR数据持续上升，新疆金融深化程度提高。图3反映了历年来新疆金融深化程度的变化，以及与全国金融深化程度的比较。从图3可以看到近十年来，新疆金融深化程度明显低于全国水平，新疆的金融发展任重道远。

（二）贷存比

贷存比（Loan-to-deposit Ratio），即金融机构资产负债表中的贷款资产占存款负债的比例。在其他因素不变的情况下，贷存比越高表明金融机构对资金的使用效率越高，盈利能力越强。截至2012年末，新疆金融机构各项贷款余额为7914亿元，新增贷款1644亿元，同比

表 5　历年新疆维吾尔自治区金融相关率变化情况

年份	保费收入（亿元）	金融机构贷款余额（亿元）	GDP（亿元）	FIR（新疆）	FIR（全国）
1980	0. 01	25	53	0. 47	0. 55
1981	0. 02	29	59	0. 49	0. 58
1982	0. 04	33	65	0. 51	0. 59
1983	0. 07	39	79	0. 49	0. 60
1984	0. 15	52	90	0. 58	0. 66
1985	0. 41	73	112	0. 66	0. 69
1986	0. 55	93	129	0. 73	0. 80
1987	0. 75	111	149	0. 75	0. 82
1988	1. 03	139	193	0. 73	0. 80
1989	1. 19	173	217	0. 80	0. 85
1990	1. 57	234	274	0. 86	0. 95
1991	2. 17	300	336	0. 90	0. 98
1992	3. 03	380	402	0. 95	0. 97
1993	3. 82	468	506	0. 93	0. 95
1994	5. 16	632	674	0. 95	0. 84
1995	6. 65	843	825	1. 03	0. 84
1996	8. 66	1016	912	1. 12	0. 87
1997	13	1215	1050	1. 17	0. 96
1998	17	1318	1117	1. 20	1. 04
1999	25	1387	1169	1. 21	1. 06
2000	28	1403	1364	1. 05	1. 02
2001	34	1585	1485	1. 09	1. 04
2002	52	1801	1598	1. 16	1. 12
2003	62	2099	1878	1. 15	1. 20
2004	68	2215	2200	1. 04	1. 14
2005	73	2272	2604	0. 90	1. 08
2006	85	2413	3045	0. 82	1. 07
2007	106	2685	3523	0. 79	1. 01
2008	153	2827	4183	0. 71	1. 00
2009	157	3783	4277	0. 92	1. 21
2010	191	4973	5437	0. 95	1. 23
2011	204	6270	6610	0. 98	1. 19
2012	236	7914	7530	1. 08	1. 27

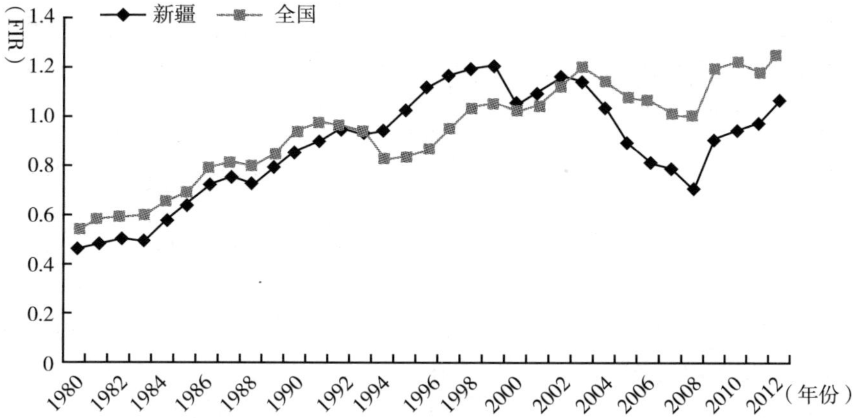

图3　新疆维吾尔自治区金融相关率与全国比较

增长26.2%。金融机构各项存款余额为12331亿元，新增存款1944亿元，同比增长18.7%。新疆金融机构贷存比为64%，同比提高4个百分点（见表6）。可见，新疆正在响应国家“稳增长”的号召，扩大信贷投放总量，有效缓解了中小微企业的燃眉之急。但是，目前经济下行态势明显，市场不景气状况仍将持续。一方面，企业面临“成本节节高升”和“出厂价格一跌再跌”的双重困境，“融资难”的问题突出；另一方面，新疆金融机构64%的贷存比仍然低于全国69%的平均水平（见图4）。信贷投放不足的问题仍然比较突出，企业尤其是小微企业的资金缺口还很大，需要引起高度重视，并且加以解决。

表6　历年新疆维吾尔自治区贷存比的变化情况

年份	金融机构贷款余额(亿元)	金融机构存款余额(亿元)	贷存比(新疆)	贷存比(全国)
1978	18.26	32.07	0.57	1.64
1979	21.19	33.44	0.63	1.53
1980	25	38.6	0.65	1.47
1981	29	45.6	0.64	1.36

续表

年份	金融机构贷款余额(亿元)	金融机构存款余额(亿元)	贷存比(新疆)	贷存比(全国)
1982	33	53.5	0.62	1.29
1983	39	61.9	0.63	1.24
1984	52	73.6	0.71	1.27
1985	73	83.0	0.88	1.36
1986	93	102.7	0.91	1.37
1987	111	124.9	0.89	1.33
1988	139	141.1	0.99	1.36
1989	173	167.0	1.04	1.33
1990	234	221.8	1.06	1.26
1991	300	282.2	1.06	1.17
1992	380	336.6	1.13	1.11
1993	468	397.4	1.18	1.11
1994	632	634.4	1.00	0.99
1995	843	838.4	1.01	0.94
1996	1016	1012.5	1.00	0.89
1997	1215	1180.8	1.03	0.91
1998	1318	1336.6	0.99	0.90
1999	1387	1548.7	0.90	0.86
2000	1403	1863.5	0.75	0.80
2001	1585	1972.5	0.80	0.78
2002	1801	2225.3	0.81	0.77
2003	2099	2661.7	0.79	0.76
2004	2215	2959.8	0.75	0.74
2005	2272	3427.48	0.66	0.68
2006	2413	4040.78	0.60	0.67
2007	2685	4614.62	0.58	0.67
2008	2827	5399.34	0.52	0.65
2009	3783	6845.07	0.55	0.67
2010	4973	8870.72	0.56	0.67
2011	6270	10387	0.60	0.68
2012	7914	12331	0.64	0.69

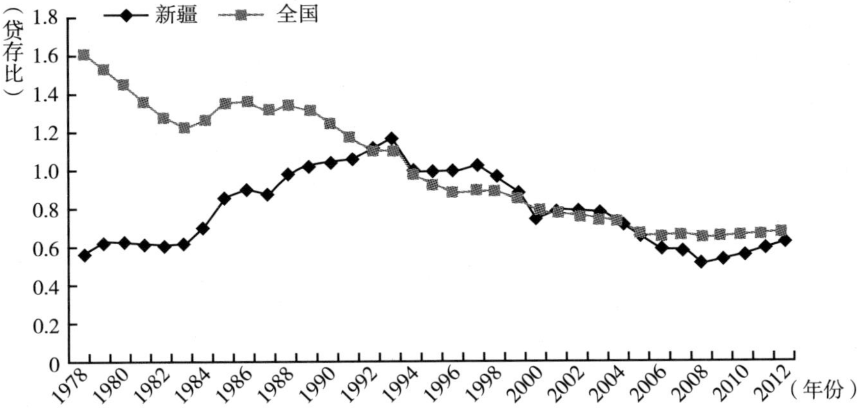

图4　新疆维吾尔自治区金融机构贷存比与全国比较

四　民间金融发展分析

近年来，中小企业作为促进新疆经济发展的重要推动力量，一直处于“融资难”的困境之中，制约了中小企业的正常发展。而民间金融的诞生根植于活跃的地方经济，它与中小企业共同成长，对于缓解中小企业的“融资难”问题，起到了极大的保障作用。

（一）民间资本金融规模

在对民间金融资本规模的统计中，我们根据其特性，认为广义的民间金融，就是为民间经济融通资金的所有非公有制经济成分的资金活动。其主要表现形式为资金供求者直接完成或通过民间金融中介机构间接完成的债权融资。主要运行形式有农村信用社、农村合作基金、合会、民间借贷、私人钱庄、民间集资以及小额信贷等。

表7数据显示，现阶段新疆地区整体民间金融规模较小，其主要

的组织形式还是农村信用社，可以判定其金融信贷形式也还是以小额农用贷款为主，整体的民间金融资本缺乏活力。

表7　2011年民间金融机构和人员数

单位：个，人

项　目	合　计		自治区级		地区级		县　级		营业网点	
	机构	人员	机构	人员	机构	人员	机构	人员	机构	人员
总　计	1078	12398	7	381	3	211	84	4146	984	7660
农村合作银行	17	251					1	102	16	149
农村信用社	1052	11702	1	147			83	4044	968	7511
财务公司	1	13			1	13				
信托投资公司	1	123			1	123				
金融租赁公司	1	75			1	75				
资产管理公司	3	117	3	117						
信达公司	1	32	1	32						
华融公司	1	42	1	42						
长城公司	1	43	1	43						

资料来源：2012年新疆年鉴。

从年鉴数据来看，现阶段新疆地区民间资本结构依然偏向保守，属于典型的重农轻商的资本结构，其中农村信用社占有绝大部分资本份额。从未来发展来看，民间金融的资本面临着结构性调整，未来随着政府金融监管和管理体制的完善，金融市场相关制度的建设完善，多元化风险防范机制的建立形成，以及中小企业融资担保体系的发展和完善，农村合作社、信用社等目前占据主要地位的民间金融的资本占有份额必将逐渐缩小，而以中小企业投融资业务为主的农村合作基金、投资管理公司、具有民间集资背景的信托投资公司等将会取而代之，占有市场的绝大多数份额，为经济的发展尤其是小微企业的发展提供新的资金支持和导向。

（二）非正规金融机构数量

目前虽然农村信用社、合作社占有主要金融资本，但是由于资本逐利的本性，同时资本市场发展较慢、融资渠道和工具单一，农用资金的获取较企业融资更难。新疆农村资金通过各种渠道大量流失，农用资金借贷无法获得满足，因此民间借贷成为必然选择。从某种意义上，非正规金融机构的出现，在一定程度上补充了市场缺口，对经济活动的正常运行具有积极意义。

除信用社和合作社之外的民间金融机构都可以叫非正规金融机构，其数量只占有市场份额中极小部分。《中国农村金融发展调查报告》显示，参与调查的1523农户中，74%的农户都有积蓄，从整体上看，信用社存款仍是农户的第一选择，资金相对更富余的农户则更青睐银行。在有存款的基础上，农户的贷款需求却没有得到满足，调查样本中有66.9%的农户有过借贷，其中51.3%来自非正规金融，主要是亲友互借，来自信用社占44.2%，来自商业银行的只占4.5%。对农村地区企业金融需求的调查显示，有92.7%的企业申请过贷款，有52.5%的企业认为贷款不方便。

可以看出，多数民间借贷并非通过资本信贷机构来进行，所以规模的微小无法代表金融资本的规模。相反，从市场需求的角度，无法统计的民间借贷数量和额度应该相当庞大。

五　金融监管能力分析

新疆的金融监管从结构上来讲，银、证、保等传统金融机构主要由中国银行业监督管理委员会、保险业监督管理委员会和证券业监督管理委员会在新疆的派驻机构负责监管。其中，银监会新疆监管局各分支机构55家，从业人员910人；保监会新疆各分支机构39家，从业人员 692 人；证监会新疆各分支机构 28 家，从业人员 463 人。金融业中其他行业的监管基本由中国人民银行在新疆的分支机构负责，其在新疆的分支行共计 68 家，从业人员 3533 人。

从数据上看，新疆地区银行业总体从业人员 60331 人，监管人员 910 人；证券业从业人员 4856 人，监管人员 463 人。

新疆监管模式属于分业监管。其优点是：第一，专业监管机构负责不同的监管领域，具有专业化优势，可提高监管效率。第二，具有竞争优势。尽管监管对象不同，但不同机构之间存在竞争压力。缺点是：第一，多重监管机构之间难以协调，设立多重目标或不透明目标；第二，从整体上看，分业监管各个机构庞大，监管成本较高，规模不经济。

六　结论与政策建议

（一）结论

本报告从金融发展规模、金融发展结构、金融深化程度、民间金融发展及金融监管能力五个方面对新疆的金融发展状况进行统计分析。

首先，本报告从社会融资规模和金融机构发展状况两个方面考察了新疆的金融发展规模。本外币贷款、银行表外融资、企业债券、境内股票融资与保险赔款及给付逐年递增，表明新疆的社会融资规模呈现逐年递增的走势。而从新疆的金融机构发展来看，新疆金融机构发展迅速，金融的服务功能得以增强。新疆银行业金融机构的机构个数、从业人数、资产总额都比上一年有显著提高；尽管国内证券市场不景气，新疆证券业却能够稳扎稳打向前发展，不论股票融资还是债券融资能力都比上一年有明显的提高；新疆保险业的各项指标都保持了较快的增长势头，2012 年新疆保险密度的增速甚至是全国同期增速的 1.8 倍。

接着，本报告选取金融结构指标（FSR）衡量新疆金融结构的优化程度。计算结果显示，2008 年、2009 年 FSR 有较大的起伏，这主要是由于受到金融危机的冲击，证券市场受到很大程度的影响而萎缩，金融结构在这一段时间内呈现恶化趋势，不过 2010 年 FSR 立即强势回升，尽管 2011 年 FSR 数值有所下降，但仍然好于 2010 年以前的情况。从 2010 年以来的发展历程看，直接融资比率逐年上升，金融中介组织结构日益完善，新疆的金融结构呈现持续优化的趋势。

通过上述分析，我们看到新疆的金融业发展迅速。但新疆金融的发展水平尤其是金融深化程度与全国相比仍然存在差距。本报告选取了金融相关率（FIR）和贷存比来衡量新疆的金融深化程度，并且与全国的平均水平进行比较。分析结果显示，金融相关率在 2000 ~ 2007 年有所下降，这主要是由于西部大开发以来，新疆经济快速增长，GDP 增速较快，相比较而言，这段时间新疆金融业的发展速度没有 GDP 快，所以，FIR 有所下降。2008 年至今，金融业发展速度增快，FIR 持续上升，新疆金融深化程度提高。但是与全国水平进行比较，新疆的金融相关率明显低于全国水平，新疆的金融发展任重道远。同样，通过分析新疆金融机构的贷存比，我们看到，2012 年，新疆金融机构贷存比为 64%，同比提高 4 个百分点。可见新疆正在响应国家“稳增长”的号召，扩大信贷投放总量，有效缓解了中小微企业的融资需求。但是，新疆金融机构 64% 的贷存比仍然低于全国 69% 的水平。新疆信贷投放不足的问题仍然比较突出，企业尤其是小微企业的资金缺口还很大，需要引起高度重视，并且加以解决。

本报告通过民间资本金融规模和非正规金融机构数量两项指标考察了新疆民间金融发展状况。考察发现，现阶段新疆地区整体民间金融规模较小，其组织形式还是以农村信用社为主，可以判定，其金融信贷形式也还是以小额农用贷款为主，整体的民间金融资本缺乏活力。新疆非正规金融机构的数量暂时无法获得，不过，通过《中国农村金融发展调查报告》的数据，可以推断多数民间借贷并非通过资本信贷机构来进行，无法统计的民间借贷数量和额度应该相当庞大。

最后，本报告考察了新疆的金融监管能力。目前，新疆已形成以中国人民银行为核心，银行、证券、保险等监管部门为支撑的宏观金融监管格局。这是一个典型的分业经营、分业管理的金融管理体制，也是一个多元化的金融监管体制。

（二）政策建议

上述分析表明，新疆金融发展迅速，但是金融发展水平和深化程度与全国水平相比，仍然存在差距。金融发展水平对一个地区的经济增长有重要的支撑作用，深化新疆金融体系的改革和创新对实现新疆跨越式发展有重要的现实意义。为此，本报告提出以下政策建议。

1. 适当扩大社会融资规模

间接融资方面，鼓励银行适度加快信贷投放步伐，适度下调准备金率，提高银行的信贷供给能力。直接融资方面，鼓励发展股票和债券融资，加快金融产品及金融服务的创新，完善多层次资本市场的建设。主板、中小企业板、创业板、新三板的建设取得更多突破，债券市场的互联互通取得更多进展。在保证社会融资规模扩大的同时，也要有意识地提高针对性，大力引导，确保资金流向实体经济。

另外，通过大胆摸索、学习国内外先进经验等方式，不断创新金融服务，切实解决实体经济“融资难”问题。例如，中国小微企业“融资难”的原因在于资金的供需双方信息不对称，一些小微信贷做得好的银行，通过企业的水表、电表、煤气表而不是财务报表给企业评分。如果能将企业水表、电表、煤气表之类的信息纳入征信系统，就能吸引更多的银行为小微企业提供金融服务。

2. 优化信贷结构，信贷投放向“三农”、中小微企业倾斜

中小微企业数量众多，在吸收就业以及支持经济增长方面发挥了极大的作用。坚持金融服务实体经济，就要加大对中小微企业的信贷支持，尤其要对发展契合国家产业发展目标的中小微企业提供资金支持。在德勤管理咨询发布的《中国商业银行发展中小企业业务》一书中提到，商业银行要想取得未来发展，必须确立以客户定位为核心的营销模式，包括明确中小企业业务的目标客户，并设计与之适合的渠道、产品和服务。

优化“三农”贷款的信贷结构，最重要的是要优化涉农信贷投放结构。调整完善涉农贷款监测考核制度，在确保涉农贷款增速不低于各项贷款平均增速的基础上，将信贷资源优先配置到农业产业链的前端领域，加大对农业基础设施、农业科技开发以及新型农业生产经营主体的信贷支持。

3. 加强金融监管，防范金融风险

当前，国际金融危机持续深化，很多国家放弃了温和可持续的政策而采用非常规的经济刺激性措施，这为将来的经济发展埋下了隐患。同时，国内经济发展也面临着经济下行和通胀的双重风险，金融体系在推进经济结构转型的过程中也暴露出许多问题。在内忧外患的背景下，预防国际和国内的金融风险就变得极其重要。

预防国际和国内的金融风险首先就是要从发达国家吸取经验教训，不能脱离实际过度发展金融衍生品。适度的资产证券化是有利于实体经济发展的，但推进资产证券化的同时还要提防金融风险，信用评级体系的完善迫在眉睫。

其次，地方融资平台需要警惕遭遇债务风险。鉴于当前地方政府的偿债方式及存量债务规模，很难依靠地方政府和银行去清理解决债务问题，处理不当还有可能带来较大的经济波动。有专家指出，中央政府应制订一系列地方政府债务的综合性解决方案，推进包括财政体制改革在内的一整套制度的改革，建立行之有效的地方政府债务治理模式。

另外，金融机构的流动性风险以及其他风险也不容小觑。目前，多样化的理财产品分流了一部分银行存款，银行间的揽储大战此起彼伏。银行的贷存比压力仍然存在，银行的流动性风险不容忽视。民间小额贷款公司的大批涌现，有力地支持了实体经济的发展，但这些中小型金融机构也存在发展过快和不够规范的问题，这些都需要引起注意。

参考文献

[1] Gurley J. G. & Shaw E. S. , "Financial Aspects of Economic Development", *American Economic Review*, 1955, 45 (September): 516 - 522.

[2] 雷蒙德·W. 戈德史密斯：《金融结构与金融发展》，周朔译，上海三联书店、上海人民出版社，1990。

[3] 罗纳德·I. 麦金农：《经济发展中的货币与资本》，卢骢译，上海三联书店，1988。

[4] 爱德华·肖：《经济发展中的金融深化》，邵伏军译，上海三联书店，1988。

[5] 黄达：《金融学》，中国人民大学出版社，2009。

B.10

西藏金融发展报告

刘振华*

摘 要：

西部大开发的号角吹响后，作为我国西部重要的少数民族地区，西藏通过十多年的有序发展，在经济增长和社会稳定方面都取得了显著成绩，在此期间金融业发挥了显著的支持作用。本报告通过收集整理2008～2012年西藏金融发展数据，试图从金融发展规模、金融机构发展、金融发展结构、金融深化程度以及金融监管能力五个方面阐述西藏金融业的发展现状，揭示金融对经济的支持力度，发现发展过程中存在的问题并提出对策措施。通过对5年间金融发展数据的分析，本报告认为，西藏金融业在逐步壮大和规范的同时依然存在一些问题，金融发展规模较小，金融机构及金融产品不能满足目前产业发展的需求，金融深化的程度不高，金融对经济的支持力度较弱，外生金融状态仍未明显改善，目前西藏经济发展主要仍依靠财政转移和政府引导，市场化程度较低，造成发展的成本相对较高和发展效率相对较低。本报告认为西藏应进一步扩大内生金融资本，引进优质金融企业，丰富金融衍生品，提高金融市场化程度以保障西藏经济又好又快可持续发展。

* 刘振华，陕西西安人，陕西师范大学西部商学研究中心成员，西安交通大学博士研究生，研究方向：金融人力资本。

关键词：

内生金融发展　金融市场化　金融深化

西藏地处我国西南边陲，总人口为 270 万人，其中农牧业人口为 221 万人，占全区总人口的 82%；农牧业总产值 57.22 亿元。农牧业在西藏国民经济中占有十分重要的地位，是西藏经济发展和社会稳定的基础。2012 年，西藏自治区生产总值达 701 亿元人民币，增长 12%；人均 GDP 突破 2 万元。第一产业发展继续保持良好势头；第三产业稳步扩大，产品附加值不断提升，但过度依靠农林牧渔和旅游对当地的生态破坏较为严重；第二产业发展动力不足。研究认为，西藏产业结构不合理、生态环境未得到根本性改善的主要原因是金融对经济的支持力度不够。因此，优化和升级产业结构必须加大金融支持力度，提高金融市场化程度，丰富金融衍生品，明确金融扶持产业的针对性，归根结底要将外生金融状态转变为金融内生状态，提高金融发展的自主性，从而改善金融生态环境，提高资金使用效率。本报告从金融发展规模、金融发展结构、金融深化程度、民间金融以及金融监管能力五个方面对西藏自治区金融业现状进行评价，通过数据整理和计算找出西藏自治区金融发展过程中存在的问题，并分析问题形成的原因，提出相应的政策建议。

一　金融发展现状分析

（一）金融发展规模分析

整体上金融发展规模对经济增长有正的影响，本部分分别从社会融资规模、金融机构发展状况和金融市场发展状况三个方面对西藏自治区金融发展规模进行分析，总体上描述西藏金融发展现状。

1. 西藏自治区金融规模及其他指标

（1）西藏自治区社会融资总量。社会融资总量指标是反映金融与经济相关关系，以及金融业对实体行业资金支持的综合指标。本报告所指的社会融资规模总量是某一时期段内，如每月、每半年、每季度或每年，实体行业从金融业获取的全部资金总和。其中金融业是指广义层面的金融业，按照主营业务划分，广义的金融机构包括银行、证券、保险、小额信贷、担保等金融机构；按照所属市场划分，广义的金融市场包括债券市场、期货市场、信贷市场、理财市场、股票市场、各类保险市场以及中介市场等。西藏自治区 2008 ~ 2012 年社会融资规模总量如表 1 所示。

表 1　西藏自治区 2008 ~ 2012 年社会融资规模总量

	2008 年	2009 年	2010 年	2011 年	2012 年
社会融资规模(亿元)	219.32	248.35	301.82	409.05	453.52

资料来源：西藏自治区统计局；中国人民银行拉萨中心支行。

从表 1 可以看出，西藏自治区社会融资规模呈现逐年递增的趋势，特别是 2010 年后社会融资规模总量加速增加。一方面，西藏经济近几年持续增长，人均 GDP 增速加快，导致人均储蓄量大幅增加，提供大量社会融资资本；另一方面，实体经济的快速发展，对于资金的需求量急剧增加，进一步导致社会融资总量快速扩张。

本部分将西藏自治区社会融资规模总量与 GDP 进行了比较研究，可以更好地分析社会融资规模总量与经济增长之间的关系以及存在风险的可能性。

如图 1 所示，西藏自治区社会融资规模总量逐年递增，特别是 2010 年后增长幅度较大，国内生产总值（GDP）保持每年 10% 以上的增长。由于西藏金融具有明显的外生性，财政转移支付对经济支持的力度相对其他省份较大，所以社会融资规模总量占GDP的比重较小。同时，西藏自治区社会信托贷款、企业债券、非金融机构境内股票融资相对较小，社会融资总量构成主要为人民币贷款，所以社会融资规模总量相对较小。从图1可以发现西藏的社会融资规模与GDP的比值低于1，说明内生金融对西藏的经济支持力度依然很弱。

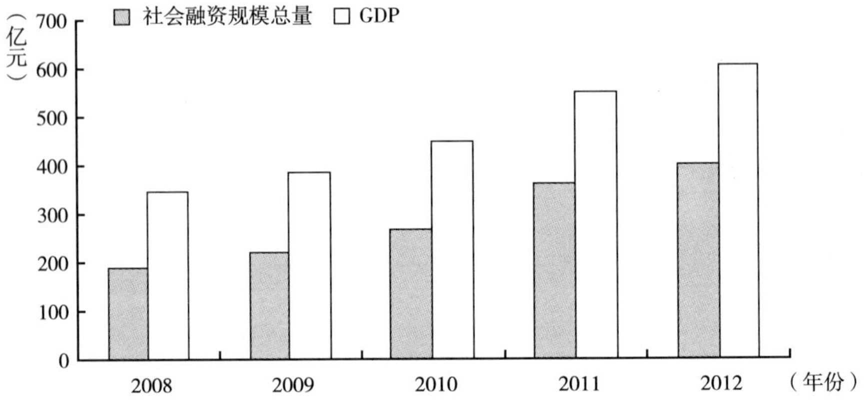

图1　2008～2012年西藏自治区社会融资规模总量与GDP对比

资料来源：西藏自治区统计局；中国人民银行拉萨中心支行。

（2）西藏自治区金融产业GDP。金融GDP是指某地域内金融行业实现的GDP金额，是反映当地金融行业在当年经济发展中占比的一个指标。根据“十二五”期间我国金融业发展和改革的主要目标要求，“十二五”时期，金融服务业增加值占国内生产总值的比重应保持在5%左右，社会融资规模保持适度增长。

如表2所示，西藏自治区2008～2012年金融产业增长率远高于国内生产总值（GDP）增长率，说明西藏自治区近年金融服务业的发展具有良好的势头，但金融服务业增加值离国家“十二五”规划要求仍有一定差距。应继续大力发展金融产业，提升金融产业附加值，通过引进优质金融企业，拓展社会融资渠道，使得金融业更好地为当地经济服务。同时，规范本地金融企业，进一步提升本地金融企业的服务质量和风险意识，加快转变金融外生状态，从而实现“十二五”期间我国金融业发展和改革的主要目标要求。

表2 西藏自治区2008~2012年金融产业GDP数据

	2008年	2009年	2010年	2011年	2012年
金融业增加值(亿元)	11.05	13.23	16.35	21.25	28.78
增长率(%)	15.72	19.72	23.58	29.6	35.4
金融业增加值/GDP(%)	2.8	3.0	3.2	3.4	4.1

资料来源：中国人民银行拉萨中心支行；《西藏自治区国民经济和社会发展统计公报》。

（3）西藏自治区存款/GDP现状。本报告通过对西藏自治区存款总量与GDP的比值，得出西藏自治区各类储蓄对GDP的贡献度。如表3所示。

表3 西藏自治区2008~2012年金融发展规模其他指标数据（一）

	2008年	2009年	2010年	2011年	2012年
存款/GDP	2.1148	2.3320	2.5552	2.6658	2.9532

资料来源：中国人民银行拉萨中心支行。

存款/GDP指标表示储蓄性存款对GDP的贡献度，如表3所示，存款/GDP指标逐年递增，2012年接近3，达到近年来最大值。存款/GDP指标显示西藏自治区银行体系资金充裕，居民储蓄值高，但同时反映西藏自治区居民消费能力不足，以及企业对金融市场的信任度缺失，地区金融衍生产品的缺乏以及居民风险承担能力较弱，将大部分资金存入银行。

（4）西藏自治区贷款/GDP现状。本报告通过对西藏自治区贷款总量与GDP的比值，得出西藏自治区贷款对GDP的贡献度。如表4所示。

表4　西藏自治区2008～2012年金融发展规模其他指标数据（二）

	2008年	2009年	2010年	2011年	2012年
贷款/GDP	0.5594	0.5633	0.5947	0.6535	0.9546

资料来源：中国人民银行拉萨中心支行。

贷款/GDP指标表示西藏自治区经济增长对银行信贷的依赖程度。表4显示，西藏自治区经济增长对银行依赖的程度逐步加强，但远远低于东部发达地区对银行的依赖程度，说明西藏自治区资金的流动性较弱，金融业未对地区经济起到明显的拉动作用。这是由西藏特殊的产业结构和居民金融意识薄弱导致的。牧区经济属于劳动密集型，对资金的需求量较少，而居民提前消费意识薄弱，担心负债的风险。因此，转变产业结构，由劳动密集型向资本密集型转变，增强居民承担风险能力将有助于改善目前现状。

（5）西藏自治区贷款/社会固定投资现状。本报告通过对西藏自治区贷款总量与社会固定资产投资的比值，得出西藏自治区贷款占社会固定资产投资总额的比重，如表5所示。

表5　西藏自治区2008～2012年金融发展规模其他指标数据（三）

	2008年	2009年	2010年	2011年	2012年
贷款/社会固定资产投资	0.7230	0.6547	0.6514	0.7448	0.9352

资料来源：中国人民银行拉萨中心支行。

表5显示，西藏自治区2008～2012年依赖贷款进行固定资产投资的比重呈U字形。2010年以后信贷投资固定资产的力度加大，一定程度上促进了银行自身资本性资金的增长，但与此同时，不良贷款的风险也在增加。因此加强固定资产投资的监管力度，完善企业征信制度对于西藏未来固定资产投资稳步增长和降低银行不良贷款具有重要意义。

2. 西藏自治区金融机构发展

(1) 银行业机构数量。银行业机构数量是衡量一个地区金融业发展规模的重要指标，经济越发达的地方银行机构数量越多，金融生态环境好的地方银行机构越容易扩张。因此，统计当地银行机构数量能够在一定程度上说明当地经济发展情况和金融生态环境。对于银行机构数量，本报告主要从机构个数、从业人员人数、机构规模等方面进行描述，西藏自治区银行机构数量如表 6 所示。

表 6　2012 年西藏自治区银行业金融机构情况

机构类别	营业网点			法人机构(个)
	机构个数(个)	从业人员(人)	资产总额(亿元)	
大型商业银行	557	6621	1881.0	0
国家开发银行和政策性银行	2	65	30.4	0
城市商业银行	1	124	82.2	1
信托公司	1	23	6.9	1
邮政储蓄银行	75	292	169.7	0
合　计	636	7125	2170.2	2

资料来源：西藏银监局。

如表 6 所示，西藏自治区在 2012 年银行业机构体系不断完善，经营效益稳步提高。2012 年，西藏继续扎实推进银行业机构体系建设，国家开发银行西藏分行挂牌，中国农业发展银行西藏分行获准设立，西藏银行成功组建，多层次的金融服务体系粗具雏形。但金融机构规模明显较小，国有银行所占比重过大，从一定程度上反映出西藏自治区金融市场化程度不高。

(2) 证券业机构数量。2012 年，西藏证券业运行情况较 2011 年有明显改善（见表 7），截至 2012 年末，证券业总资产 30.9 亿元，同比增长 17.2%。实现营业收入 3.2 亿元，同比增长 33.9%。境内证券市场交易额 120.4 亿元。与东部发达地区相比，西藏证券业由于底子薄、基础差、规模小，一定程度上制约了实体经济尤其是上市公司的发展。因此，努力培养本地区优质企业，为企业上市提供有利条件，扩大证券市场的融资金额将是未来西藏经济发展的主要任务。

表 7　2012 年西藏自治区证券机构情况

项目	数量
总部设在辖内的证券公司数(家)	1
总部设在辖内的基金公司数(家)	0
总部设在辖内的期货公司数(家)	0
年末国内上市公司数(家)	10
当年国内股票(A 股)筹资额(亿元)	7.4
当年发行 H 股筹资额(亿元)	0
当年国内债券筹资额(亿元)	0
其中:短期融资券筹资额(亿元)	0

资料来源：西藏证监局。

（3）保险业机构数量。2012 年，西藏自治区保险业发展较为平稳，民生险种增幅较大，经济补偿功能有效提升。2012 年，西藏区级保险机构和保险中介机构各新增 1 家，机构总数分别达到 5 家和 4 家。保险业资产总额约 4.6 亿元，从业人员达到 881 人（见表 8）。

表 8　2012 年西藏自治区保险业基本情况

项目	数量
总部设在辖内的保险公司数(家)	0
其中:财产险经营主体(家)	0
人身险经营主体(家)	0
保险公司分支机构(家)	5
其中:财产险公司分支机构(家)	4
人身险公司分支机构(家)	1
保费收入(亿元)	9.5
各类赔款给付(亿元)	4.1
保险密度(元/人)	309.7

资料来源：西藏保监局。

3. 西藏自治区金融市场发展状况

一般意义上金融市场又称为资本市场，是货币市场和资金市场的总称，以资本为商品在市场中融通。本报告所指的资金融通市场，是指在各类经济活动过程中，实体经济与金融通过各种金融工具进行资本交换以提高资本使用效率的活动总称。本报告从信贷市场、证券市场和保险市场三个方面阐述西藏自治区金融市场发展水平。

（1）信贷市场。如表9所示，西藏自治区2009年和2012年存款余额分别突破1000亿元和2000亿元，存款余额增长率年均超过20%。显示西藏自治区存款余额增长势头良好，尤其是机关团体存款增速较快，占每年总存款量的50%以上，一定程度上显示出中央转移支付力度持续加大。2010年后贷款余额规模增长加快，尤其2012年贷款余额增长率达到62.3%，进一步说明西藏自治区实体经济对于资金需求量显著放大，同时一定程度上也反映了企业融资渠道单一的局面，金融衍生品种类过少。

表9　西藏自治区2008～2012年存款余额与贷款余额数据

		2008年	2009年	2010年	2011年	2012年
存款余额	规模(亿元)	829.0	1028.4	1296.7	1662.5	2054.2
	增长率(%)	28.9	24.1	26.1	28.2	23.6
贷款余额	规模(亿元)	219.3	248.4	301.8	409.1	664.0
	增长率(%)	13.3	14.5	21.5	35.5	62.3

资料来源：根据中国人民银行拉萨中心支行、西藏自治区统计局数据计算而得。

（2）非银行类金融机构融资总量。如表10所示，2008～2012年，西藏自治区非银行类金融机构融资总量依然偏小，在融资结构中，贷款融资仍占据绝对的主导地位，2008年和2012年更是占融资总额的100%和97.2%。从表10中可以看出，非银行类金融机构对于经济发展的支持力度较小，有很大的提升空间。

表10　2008~2012年西藏自治区融资结构比重

	融资量(亿元)	比重(%)		
		贷款	债券	股票
2008年	25.8	100.0	0.0	0.0
2009年	36.2	86.7	0.0	13.3
2010年	111.4	48.0	0.0	52.0
2011年	143.1	74.9	7.0	18.1
2012年	262.4	97.2	0.0	2.8

资料来源：中国人民银行拉萨中心支行。

（二）金融发展结构分析

金融结构是指构成金融总体的各个组成部分的分布、存在、相对规模、相互关系与配合的状态，包括中央银行、商业银行、保险公司、信托投资公司、证券公司、信用合作社等。

随着金融市场化程度的不断提高，金融结构将会发生变化，一般情况下银行业在金融总体中的比例会逐步下降，同时，非银行类金融机构比例有所上升。由于西藏自治区金融市场化程度不高，经济发展水平较低，非银行类金融机构数量较少，因此，银行业在金融总体中所占的比重逐年上升。

如表11所示，西藏自治区2008~2012年银行业金融机构资产总额逐年增加，且增速较快，而证券业和保险业虽有一定程度增长，但发展速度较为缓慢。根据金融发展理论，西藏自治区金融发展结构不合理，从目前的情况分析，银行业总资产依然保持强劲增长，而非银行业金融机构依旧会受到抑制。

表 11　西藏自治区 2008 ~ 2012 年主要金融机构资产总额数据

单位：亿元

	2008 年	2009 年	2010 年	2011 年	2012 年
大型商业银行	782.4	926.0	1156.3	1492.0	1881.0
国家开发银行和政策性银行	0.0	0.0	0.0	11.0	30.4
城市商业银行	0.0	0.0	0.0	0.0	82.2
信托公司	0.0	0.0	0.0	4.0	6.9
邮政储蓄银行	27.3	32.0	40.7	46.0	169.7
证券业	24.9	26.6	25.8	26.4	30.9
保险业	1.4	2.2	2.9	3.5	4.6

资料来源：中国人民银行拉萨中心支行。

（三）金融深化程度分析

根据 1973 年美国斯坦福大学教授麦金农和肖提出的金融深化理论，通过金融深化，可以提高国内储蓄率，增加政府储蓄和外国储蓄，同时，金融自由化开辟了优化储蓄分配的道路，使边际的投入 - 产出比例上升，促使整个经济体系更有效地分配投资，提高投资效率。本报告通过研究西藏自治区 FIR、贷存比、间接融资/直接融资来阐述金融深化程度，从而发现问题并提出相应对策。

1. 金融相关率

金融相关率是由美国著名经济学家雷蒙德 · W. 戈德史密斯首先提出的，是指某一日期一国全部金融资产价值与该国经济活动总量的比值，计算公式为：

$$FIR = M2/GDP$$

金融相关率指标能过反映国家或区域内的金融深度。其影响因素由于受到统计指标、统计方法和区域经济运行各类指标的影响，其比例的大小应谨慎确定。

如表12所示，西藏自治区2008～2012年金融相关率基本逐年递增，说明金融深化程度加深，一定程度上说明金融抑制有效缓解，金融自由化程度增强，经济货币化程度逐步提高。但与东部发达地区相比，其金融深化程度明显较弱，说明金融对实体经济的渗透作用仍不明显，以货币为媒介进行交易所占的比重仍然较低，货币资源使用的效率有待提升。

表12　西藏自治区2008～2012年金融相关率数据

	2008年	2009年	2010年	2011年	2012年
M2:存款+贷款(亿元)	1048.3	1276.8	1598.5	2071.6	2718.2
GDP(亿元)	392	441	507.46	626	695.58
金融相关率(%)	2.67	2.89	3.15	3.30	3.90

资料来源：根据中国人民银行拉萨中心支行年度报告数据计算而得。

2. 贷存比

所谓贷存比（Loan-to-deposit Ratio），是指商业银行贷款总额除以存款总额的比值，即银行贷款总额/存款总额。从银行盈利的角度讲，贷存比越高越好，因为存款是要付息的，即所谓的资金成本，如果一家银行的存款很多，贷款很少，就意味着它成本高，而收入少，银行的盈利能力就较差。如贷存比过高，这部分资金就会不足，会导致银行的支付危机，如支付危机扩散，有可能导致金融危机，对地区或国家经济的危害极大。

如表13所示，西藏自治区2008～2012年贷存比相对比较稳定，且远远低于中国人民银行规定的商业银行贷存比上限75%，说明目前西藏银行业盈利能力较差，产品数量较少，银行业务过于保守，虽然能够有效防范风险，但对于实体经济的支持力度偏低。

表 13　西藏自治区 2008～2012 年贷存比数据

	2008 年	2009 年	2010 年	2011 年	2012 年
贷存比(%)	26	24	23	25	32

资料来源：根据中国人民银行拉萨中心支行年度报告数据计算而得。

3. 间接融资/直接融资

如表 14 所示，西藏自治区 2008～2012 年间接融资/直接融资的比值基本保持稳定，且属于合理范围。由于其融资总量较小，因此，比值较为稳定。

表 14　西藏自治区 2008～2012 年间接融资与直接融资的比值

	2008 年	2009 年	2010 年	2011 年	2012 年
间接融资/直接融资	1.12	0.96	1.08	1.63	1.58

资料来源：根据中国人民银行拉萨中心支行年度报告数据计算而得。

（四）民间金融分析

由于民间金融数据获取比较困难，本报告参考《西藏自治区金融运行报告》，该报告在 2005 年和 2010 年分别对民间金融借贷规模和利率进行了抽样调查。调查显示，西藏民间借贷规模较小，期限较短，2005 年以来，由于金融机构逐步增多，民间借贷融资总量呈下降趋势，民间借贷加权平均利率比较平稳，约为 10%。但由于融资主体的不同，利率差异比较大，家庭借贷利率从无息到 16.7‰高低不等，企业民间融资利率大致在 1‰～3‰。融资用途主要为城乡居民经商办企业、农业生产、子女上学、治病、购房、建房等。融资的方式主要有信用、保证和抵押三种，其中信用融资约占整个民间融资交易方式的 74.8%。

（五）金融监管能力分析

根据金融监管的定义，本报告认为金融监管涵盖金融监督和金融治理两方面内容。从世界范围来看，不论是市场经济国家还是计划经济国家，各国政府都对金融及金融业进行严格的管理和监控。多数国家设有多层级的监管体系，而我国对金融及金融业的监管部门主要有“一行、三局、一办”。一行是指中国人民银行；三局是指银监局、证监局、保监局；一办是指各省份金融办公室。这些部门根据其职责的不同主要从金融政策、金融业规范、金融调节、金融市场等方面对金融及金融业进行多层面、多维度的管理和监督。其目的是维持金融业健康运行的秩序，最大限度地减少金融业的风险，保障存款人和投资者的利益。本报告从金融监管机构数量和人均监管规模两个指标说明西藏自治区金融监管能力状况（见表15和表16）。

表15　西藏自治区2012年金融监管机构数量

机构	区级	市级	县级	合计
中国人民银行	1	7	0	8
银监局	1	0	0	1
保监局	1	0	0	1
证监局	1	0	0	1

资料来源：《西藏自治区金融运行报告》。

表16　西藏自治区2008～2012年人均监管规模

单位：元

	2008年	2009年	2010年	2011年	2012年
人均社会融资规模	8122.963	9198.148	11178.52	15150	16797.04
人均信贷总量	8122.222	9200	11177.78	15151.85	24592.59
人均存款总量	30703.7	38088.89	48025.93	61574.07	76081.48
人均金融业GDP	409.2593	490	605.5556	787.037	1065.926

资料来源：《西藏自治区金融运行报告》。

表16显示，西藏自治区人均各项金融指标稳步提升，人均持有的金融资源逐步增加，一定程度上对于金融监管增大了难度。由于西藏金融整体规模较小，金融业所占GDP比重较低，因此，西藏自治区目前金融监管状况较好。

二 改善西藏自治区金融发展的建议

（一）存在的主要问题

本报告从西藏自治区金融发展的角度对涉及金融发展的指标进行分析，得出西藏自治区金融发展存在的突出问题如下：金融在西藏的发展仍处于初级阶段，规模相对较小，金融创新能力不足，衍生品数量较少，金融支持经济的力度不够，金融内生状态仍未有效改善，金融市场化程度偏低；同时，随着西藏经济的快速发展，金融明显滞后于经济，不论是机构数量还是市场环境，西藏金融对于实体经济的支持明显不足，导致金融弱化现象严重。

1. 金融市场体系不健全，金融衍生品缺乏

从西藏金融市场的发展规模来看，西藏自治区不论是从社会融资规模总量、金融产业GDP，还是从金融机构数量来看，目前都排在西部各省份的后面，尤其是金融机构数量，2008年至今新建立的机构数量仅为3家，其中股份制商业银行、财务公司、期货公司仍处于空白状态。由于西藏自治区信贷规模较小，贷款渠道单一，因此相对应的金融衍生品种类较少，金融服务水平相对落后。

2. 金融深化程度较低，外生化状态仍未有效改善

西藏自治区金融深化的主要指标M2/GDP相对于西部各省份仍然偏低，近几年虽稳步上升，但上升的幅度较为缓慢，说明西藏自治区的金融自由化程度仍有很大的提升空间，由于受到产业结构和居民

储蓄意识的影响，西藏自治区金融发展由政府主导的痕迹过于明显，财政转移支付和政府债券在总投资中的比重过大，金融外生状态没有得到有效改善，从一定程度上抑制了当地金融业的发展。

3. 资本使用效率偏低，银行盈利能力较差

西藏自治区贷存比较差，远远低于央行对商业银行贷存比上限的要求，银行掌握大量的存款但缺乏资金投放的项目和经济增长点，资金无法有效转化为资本，导致对于经济的支持力度很弱。同时，由于存款需要支付利息，因为银行的成本高、收入少，盈利水平低，某种程度上也是引进区域外金融企业难的主要原因。

（二）政策建议

通过对西藏金融业发展现状和存在问题的描述与分析，本报告提出以下政策建议。

1. 加快经济发展

不断增强和完善实体经济部门，创造更多的投资项目和投资渠道，加快经济结构的调整和增长方式的转变，改善金融业所依托的经济环境，增强对资金的吸引力。

2. 进一步增加在西藏金融机构数量，增加适合当地经济的金融衍生品数量，加大西藏金融对实体经济的支持力度

西藏金融办应创造良好金融环境，提供优惠政策，鼓励和吸引更多的金融人才进藏服务，同时利用西藏广阔的市场空间吸引更多的金融机构在西藏设立分行或分支机构来提升西藏金融创新能力，丰富金融衍生品种，根据西藏自治区经济发展的特殊情况，有针对性地为农牧经济和旅游经济提供资金支持。

3. 金融外生状态向内生金融状态转变

在国家财政力量支撑西藏经济发展的同时，提高西藏金融微观主体支持经济的力度，加快金融市场化进程，鼓励非银行业金融机构参与经济建设的积极性，继续规范和发展民间金融。

4. 提高银行业盈利能力

拓展金融市场投资渠道，扩大消费信贷业务，尽快建立小微企业担保机构，增加有效贷款，提高贷存比。

参考文献

[1] 西藏自治区统计局：《西藏统计年鉴》（2008～2012年）。

[2] 张志恒：《改革开放以来西藏外生金融发展的质性分析》，《广西社会科学》2006年第9期。

[3] 龚明华：《当代金融发展理论：演进及前沿》，《国际金融研究》2004年第4期。

[4] 旺堆：《对西藏金融机构存差问题的理性思考》，《西南金融》2007年第6期。

[5] 徐诺金：《论我国金融生态问题》，《金融研究》2005年第2期。

[6] 伍艳：《对西藏金融弱化的思考——西藏金融发展55年（1952～2006）》，《西南民族大学学报》（人文社会科学版）2009年第1期。

[7] 李扬、王国刚等：《中国城市金融生态环境评价》，人民出版社，2005。

[8] 中国人民银行拉萨中心支行：《西藏金融生态环境实证研究》，《西南金融》2006年第4期。

[9] 滕建州、杨帆、史宁中：《我国金融发展与经济增长：基于结构变化下的检验》，《东北师大学报》（哲学社会科学版）2011年第3期。

B.11

青海金融发展报告

睢　博*

摘　要：

为实现青海省经济转型跨越发展，青海省金融业首先要做好支持保障。本报告依据青海省金融资产规模、金融机构数量、保险密度等指标对青海省金融规模以及金融深化程度进行分析。研究发现，虽然青海金融业取得了一定的发展，但是与全国水平相比仍存在差距。针对这些问题，本报告提出相应的政策建议。

关键词：

金融规模　金融结构　政策建议

金融是经济跨越发展的主要动力，是促进产业结构调整与产业水平提升的重要保证。2013 年，青海省全力稳增长、调结构、抓改革、促民生，全年完成地区生产总值 2101.05 亿元，比上年增长 10.8%。其中，第一产业增加值 207.59 亿元，同比增长 5.3%；第二产业增加 1204.31 亿元，同比增长 12.3%；第三产业增加值 689.15 亿元，同比增长 9.8%。全省新增就业 6 万人，城镇等企事业单位失业率为 3.3%，同比下降 0.1%。民生领域财政支出显著增加，全省经济呈

---

* 睢博，陕西西安人，金融学硕士，研究方向：金融发展理论。

现稳中有进的态势。

2012 年，青海省建立健全政府、金融监管部门和金融机构协调联动的金融风险防范处置机制，推动和实施“信用工程”，信用体系建设覆盖经济社会的各个领域。中国人民银行西宁中心支行与 25 家单位签署非银行信用信息采集协议，企业和个人征信系统为全省 1.9 万户企业和 356.3 万个自然人建立信用档案。农户信用档案建档面超过 51.8%，评定信用户 21 万户，建立信用村 1001 个、信用乡镇 56 个。此外，截至 2012 年末，共设立 178 个助农取款服务点，少数民族地区占 84.8%，其中海拔 4000 米以上的服务点 9 个，涉及 4 个藏族自治州、1 个蒙古族藏族自治州和 3 个回族自治县。2012 年，全省助农取款服务点业务笔数和金额同比分别增长 807% 和 1130%，有效破解了偏远牧区“取款难”问题，新农保、新农合等惠农政策得到快速落实，实现了金融服务民生与履行社会责任的有机结合。银行业改革稳步推进，金融体系不断完善。农村信用社股权改造加快推进，2012 年全省农村信用社投资股占比 94.1%，法人股占比 42.8%，股权结构日趋合理。年内 1 家农村商业银行正式筹建，1 家农村商业银行筹建申请通过银监会审核。浦发银行西宁分行、招商银行西宁分行、信达资产管理公司青海分公司相继开业运营，中信银行西宁分行获批筹建，地区金融市场活力显著增强。

但是，受金融结构等因素限制，青海省产业发展中的深层次矛盾仍然较为突出，青海金融资产自身规模低，金融深化程度低于全国平均水平，金融对产业结构优化升级的促进作用尚未完全显现。因此，研究青海省金融业的发展水平，探索支持当地金融业发展的高效金融体系，既是青海省制定金融发展战略的现实需要，也是青海省实现经济转型跨越发展的必要举措。

一 金融发展规模分析

（一）社会融资规模

社会融资规模是全面反映金融与经济关系，以及金融对实体经济资金支持的总量指标。社会融资规模是指一定时期内（每月、每季或每年）实体经济从金融体系获得的全部资金总额，是增量概念。这里的金融体系为整体金融的概念，本报告主要统计机构包括中国人民银行、中资全国性大型银行（工商银行、农业银行、中国银行、建设银行、国家开发银行、交通银行、邮储银行）、中资全国性中小型银行（招商银行、农业发展银行、浦发银行、中信银行、浙商银行）、中资区域性中小型银行、农村信用社、财务公司、信托投资公司、金融租赁公司等。中国人民银行公布的数据显示，2013 年，青海省金融资产 7625.42 亿元，同比增长 19%，在金融资产规模扩大的同时，青海省的 GDP 较上年增加了 216.51 亿元，同比增长了 11.5%。青海省金融水平的发展对当地经济增长水平提供了积极的拉动作用。

（二）金融机构发展

1. 青海银行业发展现状

截至 2013 年 12 月，青海省金融机构各项贷款余额为 3514.68，相较于 2012 年增加了 646.25 亿元（见图 1），同比增长 22.53%。政策性金融机构存款仅占全省存款的 2.6%，但贷款额占到全省贷款额的 35.89%，依靠政府支持为导向的信贷市场依然存在。从银行业资产质量看，2012 年，青海省银行业金融机构资产规模不断扩大，资产质量稳步提高，抗风险能力进一步增强，经营效益保持较好水平。

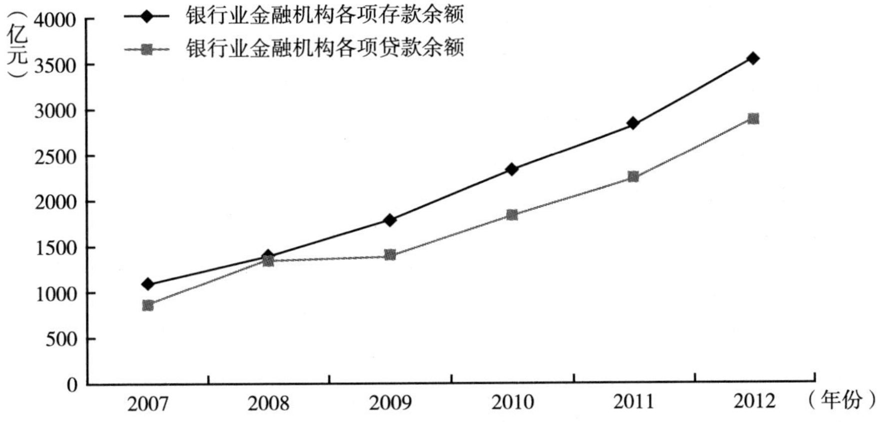

图 1　2007～2012 年银行业金融机构各项贷款与存款余额

资料来源：中国人民银行西宁中心支行。

2012 年，资产总额较上年增长 29.8%，不良贷款率下降 1.6 个百分点，资产利润率同比提高 0.2 个百分点。全年新增各类网点机构 10 个，多分布于农村地区，城乡网点布局更趋合理，网点建设对促进城乡统筹发展发挥了积极作用（见表 1）。

存款方面，青海省存款增速回升，月度波动较大。2012 年，青海省存款增速逐步回升，人民币存款同比增长从年初的不足 20% 上升到年末的 25.1%，扭转了 2011 年以来银行存款增速放缓的势头。与 2011 年相比，新增单位存款是同期的 1.5 倍，带动存款增速整体回升。2012 年，青海省金融机构月平均新增存款 58 亿元，新增存款最高月份与最低月份的差额达到 200 亿元。

贷款方面，青海省贷款平稳增长，结构进一步优化。2012 年，青海省人民币各项贷款同比增长 25.1%，与上年同期相比，贷款增速小幅上升了 2.7 个百分点，与地区生产总值和固定资产投资增速基本相适应。第一产业贷款同比增长 55.8%，高于各项贷款增速 31 个百分点，第二产业和第三产业贷款增速与上年基本持平。从行业分布

表 1　2012 年青海省银行业金融机构情况

机构类别	营业网点			法人机构
	机构个数(个)	从业人数(人)	资产总额(亿元)	
一、大型商业银行	411	9541	2399	0
二、国家开发银行和政策性银行	27	609	1136	0
三、股份制商业银行	2	135	165	0
四、城市商业银行	52	1101	365	1
五、城市信用社	0	0	0	0
六、小型农村金融机构	363	3416	535	31
七、财务公司	1	26	45	1
八、信托公司	1	210	21	1
九、邮政储蓄银行	170	905	166	0
十、外资银行	0	0	0	0
十一、新型农村金融机构	3	42	8	3
十二、其他	0	0	0	0
合计	1030	15985	4840	37

资料来源：中国人民银行西宁中心支行。

来看，新兴经济增长点得到了重点支持。与上年同期相比，交通运输业、采矿业贷款增速分别下降了 90 个和 25 个百分点；信息技术行业、教育、科学研究贷款增速分别上升了 334 个、98 个和 11 个百分点。从政策引导情况来看，薄弱环节贷款大幅增加。辖区内农村合作金融机构涉农贷款占比达 81.2%，较上年同期提高 6 个百分点；中小微企业贷款同比增长 61.8%，高于平均水平 37 个百分点；民贸贴息贷款同比增长 86.2%；下岗失业人员小额担保贷款满足率达到 91%；各类助学贷款帮助 2.9 万名困难学生解决就学问题；累计发放妇女创业贷款 1.3 亿元，支持了 1.5 万人创业。中间业务稳步增长，金融机构业务呈现多元化发展趋势。2012 年，全省金融机构累计实现中间业务收入 8.4 亿元，同比增长 15.4%。结算性中间业务收入、担保性中间业务收入、管理性中间业务收入、投资银行业务收入、其他中间业务收入分别增长 12.7%、20.5%、15.0%、5.2% 和 42.6%。

跨境人民币业务积极推进，业务量稳步增长。2012 年，青海省跨境人民币业务按照“顺应市场、合理引导、有效服务、大力推进”的原则，研究制定了《关于促进全省跨境人民币结算业务发展意见》，促进了辖区跨境人民币业务健康有序发展。年内全省跨境人民币累计结算量达到 19.1 亿元，同比增长 171.0%。

2. 青海证券业发展现状

股票交易量持续下降，期货机构经营稳定。2012 年，青海省证券经营机构累计交易量 1156.9 亿元，同比下降 8.3 个百分点，连续第三年下降。累计期货交易额 871.2 亿元，期货投资者开户数 373 户。省内仅有 1 家法人期货公司——财富期货总资产 9.9 亿元，净资本 2.05 亿元，各项风险指标达到监管标准，发展稳定。上市企业培育工作取得进展，企业证券市场融资能力得到提升。截至 2012 年末，青海省上市公司 10 家，总市值 991.44 亿元，上市公司数量与上年保持一致，市值同比下降 8.9%。年内进一步完善了上市梯次培育工作机制，上市后备企业由 2011 年的 75 家扩展至 103 家，其中有 4 家企业进入辅导程序，4 家企业与保荐机构签订了辅导协议，1 家企业向证监会上报了创业板股票发行申请材料。此外，1 家地质矿业勘察公司在天津股权交易所挂牌上市，成为青海省进入国内最大场外交易市场融资的首家科技型企业（见表 2）。

表 2　2012 年青海省证券业基本情况

项目	数量	项目	数量
总部设在辖内的证券公司数（家）	1	当年国内股票（A 股）筹资额（亿元）	3.4
总部设在辖内的基金公司数（家）	0	当年发行 H 股筹资额（亿元）	0
总部设在辖内的期货公司数（家）	1	当年国内债券筹资额（亿元）	199
年末国内上市公司数（家）	10	其中：短期融资券筹资额（亿元）	130
		中期票据筹资额（亿元）	30

资料来源：中国人民银行西宁中心支行。

3. 青海保险业发展现状

保险机构稳健经营，保险覆盖面继续扩大。保险业务量快速增长，农业保险稳步推进。2012 年，青海省实现原保险保费收入 32.5 亿元，同比增长 16.2%；全省保险密度 565.3 元/人，同比增长 15.1%（见表 3）。2012 年，青海省农业保险承保数量和各级财政补贴金额均有大幅提高，农业保险总计划补贴同比提高 10%。同时，加快完善农业保险服务网络，在各级乡镇新设立“三农”保险营销服务部 10 家、保险服务站（点）46 家。

表 3　2012 年青海省保险业基本情况

项目	数量	项目	数量
总部设在辖内的保险公司数(家)	0	保费收入(中外资,亿元)	32.5
其中:财产险经营主体(家)	0	其中:财产险保费收入(中外资,亿元)	16.2
人身险经营主体(家)	0	人身险保费收入(中外资,亿元)	16.3
保险公司分支机构数(家)	12	各类赔款给付(中外资,亿元)	10.9
其中:财产险公司分支机构(家)	6	保险密度(元/人)	565.3
人身险公司分支机构(家)	6	保险深度(%)	1.7

资料来源：中国人民银行西宁中心支行。

二　金融结构分析

（一）融资结构分析

债务融资工具应用扩大，融资结构进一步优化。截至 2012 年末，青海省企业共发行 12 只各类型债务融资工具，累计募集资金 169 亿元。直接融资占比较上年提高 3 个百分点。特别是青海省首期保障房私募债成功发行，募集资金 50 亿元，开创了非公开定向债务融资工具这一创新融资手段在青海省应用的先河，为辖区保障房建设提供了有力的资金支持，有效缓解了后发地区保障房建设资金来源不足的矛盾（见表4）。

表4　2001～2012年青海省非金融机构部门融资结构

年份	融资量（亿元）	比重（%）		
		贷款	债券	股票
2001	57.5	96.7	0.0	3.3
2002	60.1	93.0	0.0	7.0
2003	88.7	94.5	5.5	0.0
2004	64.0	100.0	0.0	0.0
2005	68.0	100.0	0.0	0.0
2006	95.5	93.0	7.0	0.0
2007	233.3	65.3	8.1	26.6
2008	220.3	95.5	4.5	0.0
2009	392.0	95.4	4.6	0.0
2010	552.7	76.6	19.4	4.0
2011	521.7	78.4	13.0	8.6
2012	822.8	75.4	24.2	0.4

资料来源：中国人民银行西宁中心支行。

货币市场交易略有回落，交易主体扩大。2012年，青海省三家地方法人金融机构累计发生货币市场交易1245笔，交易量2099.2亿元，同比降低3.4%。随着宏观调控成效显现，价格总体水平回落，债券收益率持续走低，货币市场交易较上年略有下降。2012年，西宁农村商业银行正式加入同业拆借市场和银行间债券市场，地方法人金融机构在银行间市场的参与面进一步拓宽。票据融资大幅增长，有效缓解了中小企业资金周转矛盾。为缓解中小企业资金矛盾，中国人民银行西宁中心支行利用再贴现导向工具、窗口指导等一系列手段，着力引导辖区金融机构加大对中小企业票据贴现的支持力度。全年新增票据融资62.9亿元，余额146.5亿元，同比增长75.2%，较上年加快70个百分点，为中小企业加快资金周转提供了有力支持。

（二）金融深化程度分析

1. 金融相关率（FIR）

金融相关率（Financial Interrelations Ratio，FIR）这一指标最早由美国经济学家雷蒙德·W. 戈德史密斯（Raymond W. Goldsmith）提出，其衡量的是一国金融资产价值占该国经济总量的比重。由于青海证券市场发展较晚，鉴于数据的可获得性，本报告选取金融机构贷款余额与保费收入衡量金融机构资产，经济总量用 GDP 衡量。

$$FIR = (贷款余额 + 保费收入)/GDP$$

显然，FIR 数值越高，表明金融结构深化程度越高。表 5 中的数据显示，金融相关率在 2007 ~2012 年基本呈现稳定的上涨趋势，这主要是由于西部大开发以来，青海经济快速增长，GDP 增速较快，相比较而言，这段时间青海金融业的发展速度没有 GDP 快，所以，FIR 有所下降。除 2009 年外，青海省的 FIR 都保持增长趋势，青海金融深化程度逐渐提高，青海省金融业对当地经济发展所做的贡献逐渐增加。同时，通过与全国金融深化程度的比较，近几年青海金融深化程度高于全国水平。

表 5　青海省金融结构变化

年份	全部保险机构保费收入(亿元)	银行业金融机构各项贷款余额（亿元）	国内生产总值（亿元）	FIR	全国
2007	10.74	882.13	797.35	1.12	1.01
2008	14.11	1339.00	1018.62	1.33	1.00
2009	18.21	1408.26	1081.27	1.32	1.21
2010	25.70	1832.81	1350.43	1.38	1.23
2011	27.89	2238.99	1634.72	1.39	1.19
2012	32.40	2868.43	1884.50	1.54	1.27

资料来源：中国人民银行西宁中心支行。

2. 贷存比

贷存比（Loan-to-deposit Ratio），即金融机构资产负债表中的贷款资产占存款负债的比例。在其他因素不变的情况下，贷存比越高表明金融机构对资金的使用效率越高，盈利能力越强。截至2012年末，青海金融机构各项存款余额为3538.398亿元，金融机构各项贷款余额为2868.432亿元，全省金融机构贷存比为0.811，同比提高2.7%（见表6）。可见，青海正在响应国家“稳增长”的号召，扩大信贷投放总量，有效缓解了中小微企业的融资需求。青海金融机构的贷存比高于全国0.69的平均水平。信贷投放基本达到要求。

表6　2007~2012年青海省贷存比

年份	2007	2008	2009	2010	2011	2012
银行业金融机构各项存款余额(亿元)	1105.21	1389.58	1791.04	2326.96	2834.81	3538.398
银行业金融机构各项贷款余额(亿元)	882.13	1339.00	1408.26	1832.81	2238.99	2868.432
贷存比	0.798	0.964	0.786	0.788	0.790	0.811

资料来源：中国人民银行西宁中心支行。

三　青海省金融发展过程中出现的问题

首先，青海省金融支持当地经济发展时，偏重工业发展，生态环境保护难度大。青海省高原地区生态环境脆弱，自然环境一旦受到破坏，难以恢复。然而，全省信贷支持主要集中在高污染、高耗能企业。经济增长以消耗资源为驱动力，粗放型的经济发展方式使得青海省的经济增长方式与生态环境之间的矛盾难以协调。全省的工业集中在高污染、高耗能的基础加工业，而高附加值、低耗能企业难以得到有效的金融支持。

其次，就青海省自身经济结构而言，三次产业内部结构不合理。第三产业仍以传统行业为主，以金融业为主的新兴产业发展慢。金融机构尤其是证券机构和保险机构在青海省境内的数目较少，青海省境内上市公司近五年一直保持在10家左右，保险机构虽然有所增加，截至2011年，全省也只有225家。金融机构数量的稀少以及分布的不合理都使得金融机构在青海省三次产业内部所占的比重并不高，缺少对第三产业的内在支持。

最后，青海省主要以第一产业为主，传统的金融机构信贷产品难以适应现代农业的要求，农村居民面临着多样化的金融需求与简单单一的金融产品供给的尴尬局面。目前，农村金融机构实施的农户小额信用贷款和联保贷款仅能满足部分农民，随着农业新技术的不断应用，农业经济周期不断缩短，金融衍生产品也随之进行调整，农民除了一般的农业生产需求以外，新技术、农产品深加工需求也在不断增加，传统涉农贷款产品老化，需要研发新的涉农衍生金融产品。

四　政策建议

（一）拓宽直接融资渠道，加快资本市场发展速度

1. 积极推动青海省各企业的上市融资及再融资

鼓励具备上市条件的企业积极上市，出台相应的政策简化上市公司的重组及融资工作申报程序，推动优质上市公司以增发、配股形式再融资。定期邀请资深专家对创业板及新股发行规则进行讲解，并协助专家对拟上市企业进行调研，强化上市企业与中介机构的信息沟通，建立信息共享平台。

2. 丰富企业债券融资的多样性

鼓励上市企业发行企业债券、中小企业集合债券以及科技债券，

强化上市企业自身融资能力，拓宽上市企业融资渠道；监管机构放宽对上市企业融资的审批工作，简化融资手续，加快企业资本流通速度；完善上市企业以及中小企业信用评级系统，依据信用评级标准有针对性地对中小企业实施担保，提高中小企业的自主创新能力；中国人民银行加大发行短期债券和中长期债券力度，鼓励企业通过短期债券融资，提高企业财务管理水平。

（二）给予中小金融机构政策与服务支持

中小金融机构的存在利于吸收社会的闲散资金，然而，受制于规模影响，中小金融机构的抗风险能力较弱。中小金融机构发展应建立在政策扶持与服务体系建立两个方面，强化中小金融机构的信息沟通平台，加强法律咨询、政策咨询的服务；通过国内外的技术交流，定期对省内中小金融机构进行资信评估，并对各中小金融机构员工进行定期培训，提高员工素质。

政府出台相关政策鼓励各地区建立村镇银行、担保公司，对于拟建立担保公司的企业给予一定的财政补贴；对市场进行细分后，中小金融机构采取灵活的经营策略，重点对处于成长期的企业实施金融支持，尤其是具有发展前景的高新技术行业，在丰富企业融资渠道的同时也使得全省的金融资源配置趋于合理化，金融资源实现有效配置。

（三）加快推进农村金融创新，满足农村居民日趋多样化的金融需求

一是随着科技水平的发展与网络技术的应用，现代农业的发展有别于传统农业，农民依靠互联网及时了解市场动态，调整自身生产水平，传统的农业贷款难以适用，同时，农业新技术使用使得现代农业需要更多的资金投入。因此，金融机构调整经营策略，提供多样性、个性化的金融产品，满足农民多样化的金融需求。

二是开展“企业+基地+农户”联保贷款，针对贫困农户实施“银行+扶贫基金+技术+贫困农户”联保贷款模式，鼓励农业新技术的使用，通过政府财政扶贫款项使得信贷资金向贫困农户转移。

三是提高农村金融服务水平，实现新型支付服务扩展到农村，涉农金融机构开通网上银行、手机银行等电子支付业务。全面开放乡镇网点个人跨行通存通兑业务功能，为农村居民提供方便、快捷的金融服务。

参考文献

[1] Gurley J. G. & Shaw E. S., "Financial Aspects of Economic Development", *American Economic Review*, 1955, 45 (September): 516-522.

[2] 韩廷春：《金融发展与经济增长——理论、实证与政策》，清华大学出版社，2002。

[3] 黄嵩：《金融与经济增长——来自中国的解释》，中国发展出版社，2007。

[4] 冉光和、李敬等：《中国金融发展与经济增长关系的区域差异——基于东部和西部面板数据的检验和分析》，《中国软科学》2006年第2期。

[5] 杨胜刚、朱红：《中部塌陷、金融弱化与中部崛起的金融支持》，《经济研究》2007年第5期。

[6] 姚燕：《金融发展与经济增长因果关系的实证研究》，《经济论坛》2010年第8期。

B.12

甘肃金融发展报告

杨振峰*

摘　要：

本报告结合甘肃省金融发展的实际情况，分析了2008年以来甘肃省银行业、保险业、证券业的运行状况，并从整体上评估了甘肃省金融发展水平。甘肃省金融体系日益完善、金融活动规模逐渐扩大，但是金融生态环境建设尚不完善，证券市场和保险市场发展总体水平不高。基于以上结论，提出了甘肃省金融发展目标和支持经济发展的基本思路，肯定了积极打造“丝绸之路经济带甘肃黄金段”的重要性。

关键词：

甘肃金融　金融发展　金融业

2008年以来，甘肃省金融机构认真贯彻落实国家各项宏观调控政策，积极实施稳健的货币政策，努力提升金融服务实体经济水平，大力支持全省经济平稳较快发展。全省金融业平稳运行，银行资产规模持续扩大，资产质量和经营效益不断提高，存贷款合理增长，信贷结构进一步优化，证券市场融资功能有所增强，保障范围进一步扩大，金融生态持续向好。

---

* 杨振峰，陕西西安人，经济学在读博士，中国人民银行西安分行助理研究员。

一　银行业

（一）认真贯彻落实货币政策，全力促进全省经济发展

多年来，全省金融机构紧密结合甘肃经济发展实际，认真贯彻落实各项金融政策。中国人民银行切实加强窗口指导和政策宣传，及时通过形势分析会、座谈会、约见谈话等形式向全省金融机构传达宏观调控精神，引导全省金融机构把握信贷投放节奏，保持货币信贷合理、均衡增长。全省金融机构科学把握市场定位，不断调整信贷结构，逐步从房地产、“两高一剩”等行业以及大企业、大项目中退出，集中信贷资源，全力支持全省“三农”、小微企业、扶贫等项目，持续加大对涉农领域和社会薄弱环节的信贷支持力度。同时，结合甘肃实际，积极拓展市场，在控制风险的前提下不断加大信贷支持力度，扩大基层行授信额度，简化部分贷款流程，在更加惠民便民的同时提高金融效率。2008 年以来，全省金融机构累计发放各项贷款 13546.27 亿元，截至 2013 年 6 月末，全省金融机构本外币各项贷款余额达到 8050.17 亿元。2008 年以来，全省本外币贷款年均增速达到 18.92%，存款年均增速超过 20%。贷款增速平均高于经济增速 8.1 个百分点，金融支持经济发展作用更加明显。

（二）着力优化信贷资源配置，增强对薄弱环节、民生领域的金融支持

2008 年以来，金融机构不断优化信贷资源配置，切实增强薄弱环节、民生领域金融服务。有效贯彻落实多项信贷政策，大力支持实体经济发展。为进一步提高信贷资源配置效率，全省金融机构认真研究甘肃经济发展重大战略及相关政策措施，抓住经济快速发展

的有利时机，在进一步加大对重点项目、基础设施等支持力度的基础上，抽出部分资金支持一些薄弱环节。全省金融机构不断调整优化信贷结构，加大对重点领域、重点项目及实体经济的支持力度，较好地发挥了金融在优化经济结构中的杠杆撬动作用。2008 年以来，累计发放工业贷款超过 2000 亿元。为了更好地扶持中小企业特别是小微企业的发展壮大，全省各国有商业银行及时设立了专门服务中小企业的部门，加强与中小企业的联系沟通。据统计，截至 2013 年 6 月末，甘肃省中小企业贷款余额达到 1825.36 亿元，同比增长 16.37%。2008 年以来，累计发放基础设施建设贷款近 2000 亿元，及时有效支持了全省一大批重大项目，为全省跨越式发展奠定了良好的基础。

（三）加强农村金融服务，提升“三农”服务水平

2008 年以来，全省金融机构特别是涉农金融机构进一步简化贷款审批程序，积极探索新型农村产权抵押担保信贷产品，不断加大涉农信贷投入力度。截至 2013 年 6 月底，全省金融机构共推出“农耕文明”“益农贷”“惠陇通”等信贷创新产品和服务 47 种，直接和间接受益农户达 203 万户，受益企业共 885 家。对金融机构执行涉农信贷政策效果进行了评估，鼓励引导金融机构不断完善农村金融服务，完成对 11 家省级金融机构中小企业信贷政策和 69 个县（区）275 家县域金融机构的涉农信贷政策的导向效果评估工作，加大对辖区金融机构涉农和中小企业金融服务的监测分析和沟通指导力度。在全省金融机构的共同努力下，民生贷款总量不断增加，覆盖面不断扩大，近 6 年来，共发放各类助学贷款 18.85 亿元，及时解决了约 35 万个家庭的困难。在新形势下，全省涉农金融机构进一步完善政策性金融扶持项目的工作流程，总结经验，弥补漏洞，对农户小额担保贷款进行扩大延伸，增加下岗失业人员再就业贷款的覆盖面，继续加大对妇女小

额担保贷款的投放力度，并建立长效机制。近6年来，共发放下岗失业人员小额担保贷款50.22亿元，有效支持约14万名失业人员的再就业。将妇女小额担保贷款作为新的支持对接口，不断开拓创新。从2009年开始发放妇女小额担保贷款以来，甘肃省累计发放额已经接近80亿元，投放量一直保持在全国前列，得到国家领导人的肯定。

（四）完善金融扶贫机制，积极推进金融扶贫

构建了包括金融扶持政策、金融服务体系、信贷产品创新、金融基础设施和扶贫资金投入在内的“五位一体”工作格局，牵头建立了六盘山片区扶贫开发金融服务联动协调机制，积极配合西安分行和西宁中心支行做好秦巴山片区和四省藏区的金融服务联动协调工作。截至2013年6月末，全省累计投放各类扶贫贷款超过250亿元，涉农贷款投放量持续增加，涉农贷款余额在全部贷款中的份额已经达到38.82%，近3年来涉农贷款增幅持续高于贷款平均增速，支农力度明显。增强薄弱环节金融服务，进一步提升民生发展水平。督促引导金融机构立足全省经济发展实际，将信贷资源向“三农”、小微企业和民生改善等薄弱环节、重点领域倾斜。截至2013年底，全省涉农贷款余额3331.71亿元，较年初增加691.59亿元，同比增长26.19%；全省小微企业贷款余额1839.94亿元，较年初增加437.56亿元，同比增长43.39%，高于同期大中型企业贷款增速31.8个百分点。同时，助学贷款、保障性住房贷款等民生信贷政策也得到了较好落实，助学贷款、保障性住房贷款同比分别增长19.94%、48.69%。

（五）全力推进债务融资工作，进一步拓展全省非金融企业融资渠道

加强沟通联系，加大对直接融资的推动力度，中国人民银行兰

州中心支行先后印发了《关于进一步做好非金融企业债务融资工具监测管理工作的通知》，引导金融机构进一步落实扩大非金融企业债券融资规模，支持甘肃经济社会跨越式发展。银行间债券市场不断完善，一些非金融企业融资新产品、新工具在甘肃得到先行先试。全省金融机构及时把握“中小企业区域集优融资”发展机遇，中小企业集合票据工作顺利开展。截至2013年6月末，全省银行间债券市场累计融资742.29亿元。积极介入、着力推动兰州市保障性住房私募债券的顺利发行。积极向中国人民银行总行和交易商协会反映兰州市保障房建设的特殊困难，加强与发债企业的沟通协调和信息反馈，对兰州市保障性住房私募债券发行各项准备工作给予了直接有效的指导。2013年6月末，兰州市保障性住房私募债券已成功注册发行25亿元，开创了兰州市额度最大、到位资金最快、运作时间最短的直接融资新模式。2008年以来，全省经济实体通过金融市场获得直接融资714.68亿元。大力推动跨境人民币业务增长，有力促进了全省涉外经济发展。中国人民银行兰州中心支行和其他金融机构一道，积极推动跨境人民币业务。2013年6月末，全省跨境人民币业务实现实际收付146.53亿元，是2011年和2012年两年业务量总和的2.53倍，充分发挥了推动全省涉外经济发展的积极作用。金融改革发展不断推进，金融服务地方经济能力进一步增强。

2008年以来，全省金融业进入了一个加快深化改革、全面发展提速的阶段。据统计，甘肃省工商银行、农业银行、中国银行、建设银行，以及交通银行的资产利润率明显提高，到2012年底，上述5家金融机构的资产利润率达到1.152%，较2008年增加近4倍。全省农村信用社改革成效显著，87个县（市）农村信用社专项票据已全部兑付完毕，共获得资金支持12.32亿元。农村信用社改革进入新的阶段，不良贷款明显降低，财务状况逐步好转，支农服务功能得到全面提升。近6年来，中国人民银行兰州中心支行累计向全省农村信用社投放支农再贷款249.93亿元，全省农村信用社不同程度地享受到优惠存款准备金率，据测算，截至2013年6月底，全省农村信用社法定存款准备金率平均比大型商业银行低6个百分点。全省以小额贷款公司和农村资金互助社为代表的新型农村金融组织快速发展，实力不断增强。截至2013年6月末，全省小额贷款公司达到292家，资金互助社达到141家，村镇银行达到11家。

2008年以来，甘肃省金融机构认真贯彻落实国家各项宏观调控政策措施，结合各自实际和甘肃省经济进入快速发展的新态势，按照总行要求，努力提升金融服务水平，大力支持全省经济发展。6年来，全省金融业运行平稳，银行资产规模持续扩大，资产质量和经营效益不断提高，信贷结构进一步优化，证券市场融资功能进一步增强，保险保障范围进一步扩大，金融生态持续向好。2013年6月末，全省银行业金融机构个数达到4536个，其中法人机构个数111个，从业人员57497人，资产总额达到13847亿元。2012年末，甘肃省总人口2577万人，银行业、证券业、保险业从业人员数分别为57484人、1581人、9671人。据统计，2008年以来，甘肃省银行业金融机构实现利润268.55亿元，上缴税金53.53亿元。

二　证券业

2008年以来，甘肃省证券期货市场总体继续平稳运行，期货交易量和效益实现双增长，资本市场融资活跃，直接融资取得新进展。2013年6月末，全省上市公司达到24家，通过资本市场募集资金81.83亿元。期货交易市场进一步活跃，经营效益快速增长。当前有1家法人期货公司、6家期货营业部。

三 保险业

2008年以来，甘肃省保险业在促进业务平稳增长中推进全面转型，行业综合实力不断增强，业务结构调整初显成效，保险市场运行的稳定性和安全性逐步提升，保险保障功能和服务作用进一步发挥。2013年6月末，全省共有23家保险市场主体，其中财险主体公司12家，寿险主体公司11家；保险专业中介法人机构10家，专业中介分支机构19家，保险兼业代理机构4770家，保险营销员43104人，保险业总资产达398.09亿元，同比增长17.32%。保险业发展方式逐步转变，保障功能和服务作用进一步发挥。全省保险业在加快发展的同时，积极推动业务转型，以财产保险补偿和人身保险给付为代表的保险保障功能不断强化，为社会减灾防损和经济补偿发挥了重要作用。2013年6月末，全省保险机构分支机构达到1236家，从事保险专业的中介机构达到23家。全省保险业总资产达到399.84亿元，保险深度达到3.84%，保险密度达到550.8元/人。

四 甘肃省金融发展目标和支持经济发展的基本思路

今后一段时间，全省金融机构将认真贯彻党的十八届三中全会精神，不断优化信贷结构，积极推进农村、小微企业和扶贫金融服务创新，支持甘肃经济结构调整和转型升级。保持信贷总量适度合理增长，有效满足全省经济发展合理的资金需求。引导金融机构合理安排信贷总量及进度，增强信贷增长的可持续性，确保贷款总量与实体经济需求相适应。不断调整优化信贷结构，推动全省经济结构调整和转型升级。引导各金融机构加大对“3341”项目工程、重大基础设施建设、支柱优势产业、战略性新兴产业、高科技产业、现代服务业、新型城镇化等重点领域以及华夏文明传承创新区建设的信贷支持力度。积极拓宽企业融资渠道，多元化解决实体经济发展的资金需求。加大非金融企业债务融资业务宣传推广力度，加快短期融资券、中期票据、中小企业集合票据等新型融资工具的推广和应用，使更多的重点项目和企业实现直接融资。全力破解薄弱环节贷款难题，推动包容性金融发展。进一步加大对经济社会发展薄弱环节的支持力度，不断扩大金融服务的覆盖面和渗透率，努力做好小微企业、就业、助学、少数民族等普惠金融服务工作。积极跟进打造“丝绸之路经济带甘肃黄金段”的战略导向，研究制定金融支持政策措施。

五　甘肃省金融发展水平分析

（一）社会融资规模及比率

1. 社会融资规模总量

2013 年，全省社会融资规模为 2617 亿元。人民币贷款在社会融资规模中的比重由上年的 58% 上升为 60.6%。全省通过委托贷款、信托贷款、企业债券、股票等方式融资 596 亿元，占社会融资规模的 22.8%。商业银行表外融资业务以及中期票据、短期融资券等直接融资工具作为信贷的有益补充，在社会融资规模中的占比不断提高，对地方经济的支持作用日益明显。2012 年，甘肃经济发展呈现生产总值增速跃居全国前列、投资保持高位运行、社会消费快速增长、财政收支运行平稳、进出口增速放缓、居民收入增势强劲、物价基本稳定的良好态势。全年实现生产总值 5650.2 亿元，比上年增长 12.6%。

2. 金融产业 GDP

2012 年，全省金融产业 GDP 达到 275 亿元，占全省 GDP 总量的 4.86%。2013 年第一季度，全省金融产业实现 GDP 79 亿元，同比增长 16.1%（见图 1）。

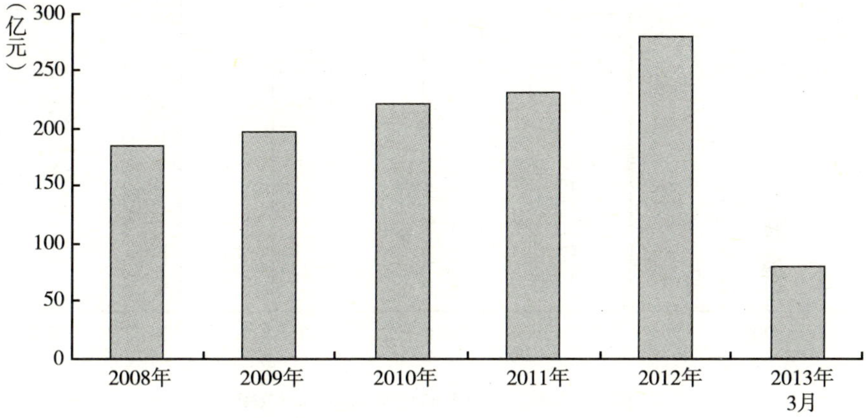

图 1　2008 年至 2013 年 3 月甘肃省金融产业 GDP

3. 信贷/GDP

甘肃省 2012 年 GDP 实现 5650.2 亿元，年末金融机构贷款余额为 7196.6 亿元。信贷/GDP = 7196.6/5650.2 = 127.37%（见图 2）。

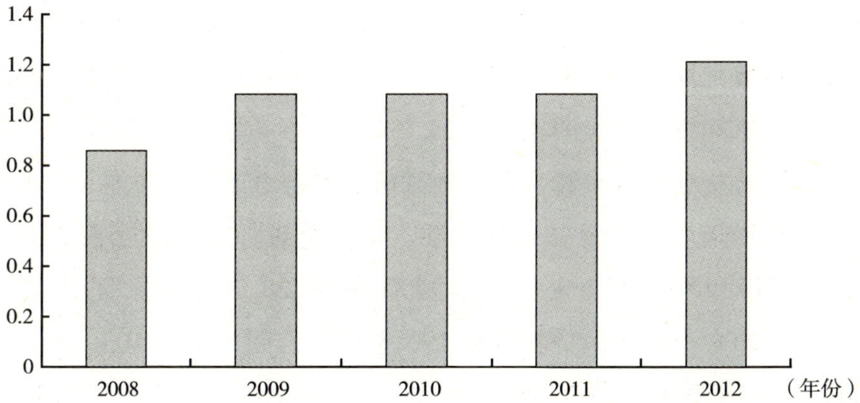

图 2　2008 ~ 2012 年甘肃省信贷/GDP

4. 存款/GDP

2012年末，全省金融机构本外币存款余额10129.7亿元，存款/GDP = 10129.7/5650.2 = 179.28%（见图3）。

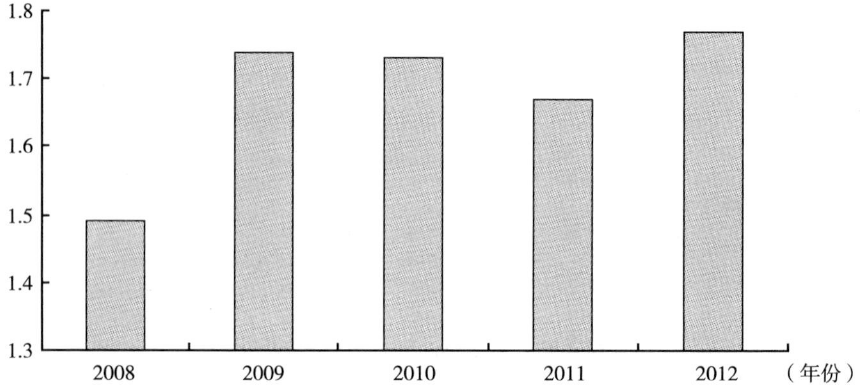

图3　2008～2012年甘肃省存款/GDP

5. 信贷/社会固定资产投资

2012年，全年完成固定资产投资6013.4亿元，比上年增长43.9%。贷款均衡增长，结构明显优化。全省金融机构本外币贷款余额7196.6亿元，较年初增加1457.4亿元，同比增长25.4%（见图4）。从贷款投放节奏来看，四个季度贷款基本按照“3∶3∶2∶2”的比例投放，投放节奏更趋均衡。从贷款期限来看，短期贷款增势强劲，全省短期贷款余额同比增长28.2%，较中长期贷款增幅高8.0个百分点。从贷款结构来看，民生领域信贷支持力度进一步加大，各项民生贷款增幅均高于全省贷款增幅，年末全省涉农贷款余额2640.3亿元，同比增长27.7%；助学贷款余额28.7亿元，同比增长25.6%；妇女小额担保贷款余额192.3亿元，同比增长103.1%，规模位居全国第一。截至2012年底，信贷/社会固定资产投资 = 7196.6/6013.4 = 119.7%。

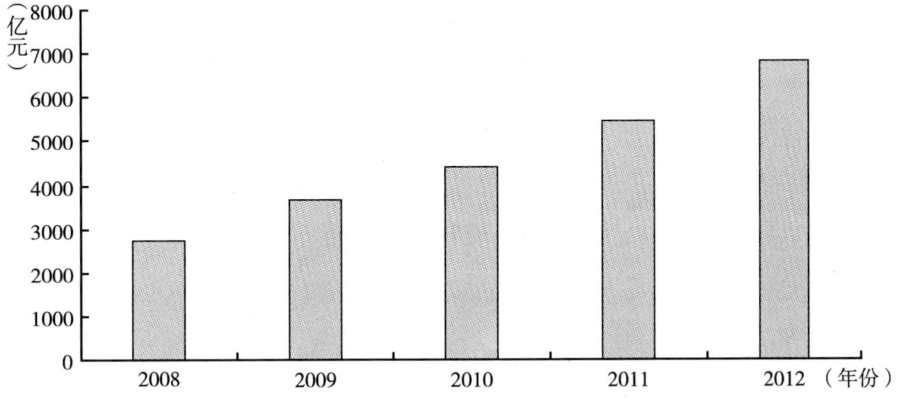

图 4　甘肃省 2008 ~ 2012 年贷款变化

6. 存款保持较快增长，定期化趋势有所增强

2012 年末，全省金融机构本外币存款余额 10129.7 亿元，是全省第一个过万亿元的经济金融指标，较年初增加 1668.8 亿元，同比增长 19.7%（见图 5）。全省金融机构存款波动明显，呈现“季末冲高”的特点，3 月、6 月、9 月、12 月存款大幅增加，这四个月存款增加额占全年增加额的 48.0%。从期限看，存款定期化趋势明显，全年全省新增定期存款占全部新增存款的 49.4%，同比提高 10.1 个百分点。

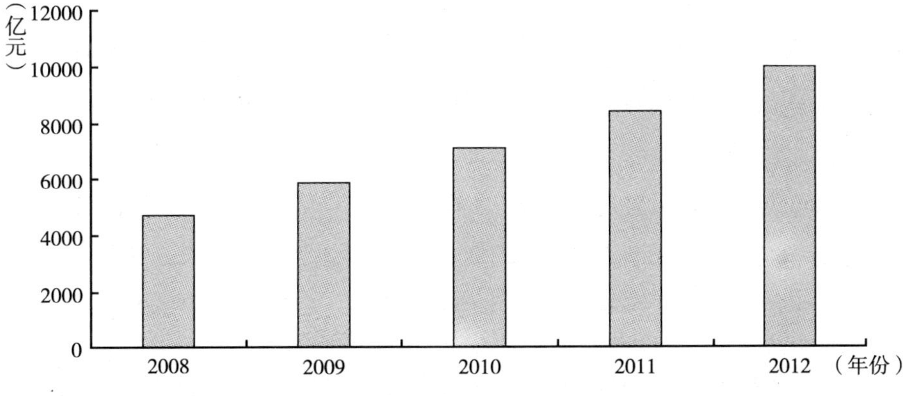

图 5　甘肃省 2008 ~ 2012 年存款变化

（二）金融机构发展

1. 金融机构数量

截至2012年末，全省银行业金融机构个数达到4436个，其中法人机构个数111个，从业人员57484人，资产总额达到13637.1亿元。从分类来看，大型商业银行机构1379个，国家开发银行和政策性银行59个，股份制商业银行机构39个，城市商业银行156个，小型农村金融机构2184个，邮储银行596个，新型农村金融机构19个，其他金融机构4个（见表1）。

表1　2012年甘肃省银行业金融机构情况

机构类别	营业网点		
	机构个数	从业人数	资产总额
一、大型商业银行	1379	28797	6136.7
二、国家开发银行和政策性银行	59	1577	1823.3
三、股份制商业银行	39	1165	951.0
四、城市商业银行	156	3652	1227.4
五、城市信用社	0	0	0
六、小型农村金融机构	2184	16453	2689.0
七、财务公司	0	65	88.6
八、信托公司	0	65	13.9
九、邮政储蓄	596	5035	465.7
十、外资银行	0	0	0
十一、新型农村金融机构	19	404	39.6
十二、其他	4	271	201.9
合计	4436	57484	13637.1

资料来源：《2012年甘肃省金融运行报告》。

截至2012年末，甘肃省有1家法人证券公司，62家证券营业部，1家法人期货公司，6家期货营业部，全年新增3家证券营业部（见表2）。

表 2　2012 年甘肃省证券业基本情况

项目	数量	项目	数量
总部设在辖内的证券公司数(家)	1	当年国内股票(A 股)筹资额(亿元)	88.5
总部设在辖内的基金公司数(家)	0	当年发行 H 股筹资额(亿元)	0
总部设在辖内的期货公司数(家)	1	当年国内债券筹资额(亿元)	267
年末国内上市公司数(家)	24	其中:短期融资券筹资额(亿元)	95

资料来源：中国人民银行兰州中心支行；甘肃证监局。

截至 2012 年末，全省共有 23 家保险市场主体，保险业总资产达 398.1 亿元，同比增长 17.3%（见表 3）。

表 3　2012 年甘肃省保险业基本情况

项目	数量	项目	数量
总部设在辖内的保险公司数(家)	0	保费收入(中外资,亿元)	158.8
其中:财产险经营主体(家)	0	其中:财产险保费收入(中外资,亿元)	57.6
人身险经营主体(家)	0	人身险保费收入(中外资,亿元)	101.2
保险公司分支机构数(家)	23	各类赔款给付(中外资,亿元)	48.2
其中:财产险公司分支机构(家)	12	保险密度(元/人)	616.0
人身险公司分支机构(家)	11	保险深度(%)	2.8

资料来源：甘肃保监局。

2. 从业人员

2012 年末，甘肃省总人口为 2577 万人，银行业、证券业、保险业从业人员分别为 57484 人、1581 人、9671 人。

银行业从业人数/当地人口数 = 57484/25770000 = 0.2231%。

证券业从业人员数/当地人口数 = 1581/25770000 = 0.0061%。

保险业从业人员数/当地人口数 = 9671/25770000 = 0.0375%。

（三）金融发展结构分析

2013 年以来，甘肃省金融业保持良好运行态势，货币信贷合理增长，银行业资产规模稳步提高；证券机构实力不断增强，股票市场融资取得新进展；保险业平稳发展，保障能力进一步提升。

银行业健康发展，货币信贷合理增长。2013 年 3 月末，全省银行业金融机构资产规模达到 14259 亿元，同比增长 23.7%，利润总额同比增长 66.2%，不良贷款率较年初下降 0.6 个百分点。随着甘肃经济持续快速发展，银行业金融机构加快在甘肃布局，中国光大银行成功入驻甘肃，银行业总体实力进一步增强。

证券业稳健运行，资本市场融资作用进一步发挥。2013 年 3 月末，全省投资者开户数 84.16 万户，较 2008 年末增加 53.86 万户；辖区证券交易额 5229.95 亿元，实现净利润 6.6 亿元，较 2008 年末增长 44 倍。

保险业运行良好，保障功能不断增强。2013 年 3 月末，甘肃省保险市场主体增至 1236 家，较 2008 年增加了 586 家；保险专业中介机构 23 家，较 2008 年增加了 7 家。保险业总资产达 398.1 亿元，较 2008 年增加了 159.7 亿元；保险深度 3.84%，保险密度 550.8 元/人，较 2008 年分别提高了 1.34 个百分点、367.8 元/人。

住户经营性贷款快速增长，民生金融投放突出。2012 年末，全省住户贷款余额 1662.47 亿元，较年初增加 430.02 亿元，其中经营性贷款增加 323.74 亿元，增长 38.17%，高于各项贷款增速 12.71 个百分点。个人经营性贷款占各项贷款增量的比重由上年的 15.79% 提高至 22.21%。新增的住户经营性贷款约 85% 投向农户，其中妇女小额担保贷款全年增量接近百亿元，重点支持了全省 60 余万户农村妇女创业致富。2012 年，全省金融机构结合“联村联户、为民富民”行动，以妇女小额担保贷款政策为依托，创新金融服务方式，不断加大对农民增收、农村妇女创业及特色涉农产业发展的金融扶持力度。同时，中国人民银行兰州中心支行针对甘肃“三农”资金短缺的实际，积极向总行争取政策倾斜和资金规模支持，全年累计发放支农再贷款156.64亿元，为地方性法人金融机构支持“三农”发展提供了强有力的资金保障。

企业经营性贷款波动明显，对中小微企业的支持力度增强。至2012年末，全省金融机构企业经营贷款余额2217.81亿元，增长17.74%，全年新增331.31亿元，增量基本与上年持平。企业经营性贷款增长与实体经济发展息息相关，对企业生产和经营状况较为敏感，对应于企业生产实际和宏观经济形势，企业经营性贷款增长波动较为明显。前三季度，受经济增速放缓、欧债危机滞后效应和下游需求疲软等因素影响，全省企业经营状况景气指数和行业经营状况景气指数连续下滑，微观经济主体对未来预期不乐观，企业对生产经营性资金的有效需求不足。1~9月企业经营性贷款仅增加153.05亿元，较上年同期少增90.73亿元。四季度，企业经营性贷款增量明显，新增178.26亿元，占全年增量的53.80%。其原因有两个。一是目前甘肃省企业库存过高，变现能力趋弱，为了维持正常的生产经营相应增加了流动性信贷资金需求。11月末甘肃企业产成品库存升幅达到53.4%，同比提高41.4个百分点，升幅居西部12个省份第一。二是随着四季度宏观经济逐步回暖，企业生产信心有所提振，对生产经营性资金需求回升。从最近三个月PMI走势来看，10月PMI为50.2%，回升到荣枯线以上，11月、12月均保持在50.6%，宏观经济呈现稳中趋升态势。四季度甘肃省银行家反映的贷款需求景气指数较上季度回升了6.25个百分点，尤其是中小企业贷款需求强劲，需求景气指数连续四个季度持续上升。三是短期贷款的快速增长也与银行资源向中小企业倾斜的结构调整有关。2012年，全省金融机构新增中小微企业贷款470.73亿元，占企业贷款增量的56.28%，占比较上年提高14.83个百分点（见表4）。

表 4　2010～2012 年甘肃省贷款增量分机构对比

单位：亿元，%

项目 机构	2010 年		2011 年		2012 年	
	增量	占比	增量	占比	增量	占比
金融机构合计	849.91	100.00	1158.77	100.00	1457.41	100.00
中资全国性大型银行	466.82	54.93	667.12	57.57	656.52	45.05
中资全国性中小型银行	123.30	14.50	130.76	11.28	161.06	11.05
地方性法人金融机构	259.79	30.57	360.89	31.15	639.83	43.90
其中:农村信用社	159.95	18.82	168.01	14.50	328.41	22.53

兰州、嘉峪关等城市的信贷投放量较多，庆阳、武威、定西、张掖等城市贷款增速较高。2012 年，新增贷款较多的依次为兰州、武威、嘉峪关、庆阳、定西，这五个城市合计占贷款增量的 74.62%。在兰州新区建设带动下，兰州市贷款增量占比达到 56.43%，较上年同期增长 19.71%。在全省新的经济增长极目标和产业项目、民生项目带动下，庆阳、武威、定西、张掖等城市贷款增速较为突出。一是庆阳金融机构全力推进大型能源化工基地建设，重点满足基础设施建设的信贷资金需求，全年贷款增加 67.08 亿元，增长 37.99%。二是武威金融机构贯彻落实妇女小额担保贷款政策，积极推动民生类贷款发展，全年贷款增加 69.13 亿元，增长 34.07%。三是定西金融机构着力改善农村金融服务，继续加大对马铃薯、中药材等特色产业和中小微企业的支持力度，全年贷款增加 60.54 亿元，增长 33.84%。四是张掖作为全省主要的商品粮生产基地，当地金融机构加大了涉农贷款投放力度，全年贷款增加 55 亿元，增长 33.29%。

（四）金融深化程度分析

1. 贷存比

2012 年，甘肃省银行业金融机构把握“稳中求进”的总基调，持续加大信贷投放力度，有力地支持了地方实体经济发展。年末，全省金融机构本外币存款余额 10129.7 亿元，本外币贷款余额 7196.6 亿元，贷存比为 71.04%，表明银行流动性较低，需进一步加强资金流动。

2. 直接融资/间接融资

直接融资比例越小，间接融资比例越大，表明贷款规模膨胀，贷款质量下降，容易引起银行贷款结构失衡，加大银行结构性风险。2012 年末，甘肃省直接融资 581.72 亿元，间接融资 7196.6 亿元，比例为 8.08%，说明甘肃省银行资产结构还需进一步优化，以降低银行结构性风险。

3. 金融相关率

金融相关率表明经济货币化程度，一般用该区域的金融资产价值与经济活动总量的比值来衡量。甘肃省 2012 年末，金融资产总额为 13646.01 亿元，金融相关率为 2.42，与上年相比增加 8.9%，表明甘肃省经济货币化程度逐渐提升。

4. 地方法人金融机构竞争力

地方性法人金融机构信贷投放较多，全国性大型银行贷款保持平稳增长。2012 年末，全省地方性法人金融机构数为 111 个，地方法人金融机构把民生领域和社会弱势群体的金融需求作为业务发展的着力点，市场份额快速上升，贷款增加较多。特别是农村合作金融机构突出信贷支农重点，涉农贷款余额居全省金融机构第一位，占比位居全国农村中小金融机构第二位，妇女小额担保贷款总量居全国金融机构第一位。至 2012 年末，地方性法人金融机构贷款余额 2195.37 亿元，增长 41.13%，全年新增贷款 639.83 亿元，占全部贷款增量的 43.90%，占比较上年末提高 12.76 个百分点。其中，农村合作金融机构新增贷款 328.41 亿元，增长 33.05%；甘肃银行新增贷款 79.07 亿元，增长 130.11%；兰州银行新增贷款 109.56 亿元，增长

28.12%。全国性银行围绕国家货币政策要求和产业政策调整，合理把握信贷投放的力度和节奏，贷款增势平稳。2012年，全国性大型银行新增贷款656.52亿元，增长19.09%；全国性中小型银行新增贷款161.06亿元，增长22.19%。

机构数量稳步扩大。2008年，甘肃省地方法人银行机构为89家，随后数量一直稳步增长。到2013年3月末，地方法人银行机构达到106家，较2008年增加17家。目前地方法人银行机构包括城市商业银行2家、农村商业银行3家、农村合作银行16家、农村信用社68家、村镇银行13家和资金互助社4家。资产总额4233.07亿元，较年初增加450.74亿元，同比增长6.30%；负债总额3922.61亿元，较年初增加526.67亿元，同比增长4.04%；所有者权益310.46亿元，虽然较年初减少75.93亿元，但与上年同期相比增长46.73%。2013年3月末，全省地方法人银行机构各项贷款余额2395.99亿元，较年初增加416.83亿元，同比增长34.46%；各项存款余额3465.20亿元，较年初增加530.07亿元，同比增长33.63%。与年初相比，除交通运输、仓储和邮政业，科学研究和技术服务业，居民服务、修理和其他服务业，公共管理、社会保障和社会组织等领域贷款规模有所减少外，其他行业贷款规模较年初均有不同程度的增加，其中建筑业，租赁和商务服务业，教育、文化、体育和娱乐业贷款较年初增幅在30%以上。

经营效益大幅提升。2013年第一季度全省地方法人银行机构累计实现税后净利润23.73亿元，同比增长13.62%。2013年3月末，地方法人金融机构人均利润14.42万元。除城市商业银行外，全省各类机构盈利水平均呈上升趋势。但从盈利结构来看，全省地方法人银行机构累计实现中间业务收入4.98亿元，同比增长22.30%；中间业务收入占比为3.13%，同比下降0.12个百分点；利息净收入78.93亿元，同比增长27.05%，表明甘肃省法人银行机构盈利渠道有限，仍以赚取息差为主营业务，中间业务发展缓慢，不利于长期可持续发展。

5. 民间金融发展情况

2008 年以来，随着甘肃省经济的快速发展，民间金融呈现快速增长的态势，从总量来看，民间金融总量一直呈现稳步增长态势。2008 年，全省民间金融总规模在 700 亿元左右，到 2012 年，民间金融总规模在 1600 亿元左右。分地区来看，兰州、临夏、庆阳、酒泉等地区民间金融比较活跃，上述地区民间金融总量占全省的 60% 以上。从利率水平来看，2012 年，全省民间金融平均年化利率在 17% 左右。但由于甘肃省仍处于经济欠发达地区，因此，专门从事非融资担保的公司成立比较迟缓。2013 年 3 月末，全省典当行达到 131 家，比 2012 年初增加 26 家，典当余额 4. 46 亿元；融资性担保公司达到 310 家，担保资金 211 亿元；小额贷款公司达到 192 家，贷款余额 51. 91 亿元。

（五）金融监管能力分析

2012 年，中国人民银行分支机构数量为 78 个，人数 3474 人；银监局机构 79 个，人数 824 人；证监局机构 1 个，人数 32 人；保监局机构 1 个，人数 54 人。中国人民银行省会中支机构数量为 5 个，人数 502 人；银监局省级机构 1 个，人数 141 人；证监局省级机构 1 个，人数 32 人；保监局省级机构 1 个，人数 54 人。中国人民银行地市中支及县支行共 73 个，人数 2972 人。银监局地市及县级机构 78 个，人数 683 人。

专栏 1　甘肃妇女小额担保贷款

甘肃省是全国妇联确定的妇女小额担保贷款试点省份之一。2010 年，中国人民银行兰州中心支行把推动落实妇女小额担保贷款政策作为创新农村金融服务、支持“三农”发展的有效抓手，加大政策传导和督促落实力度，加强工作协调与沟通，引导妇女创业金融支持与服务工作深入开展，取得显著成绩。截至2013年3月末，全省金融机构累计发放妇女小额担保贷款116.8亿元，经办金融机构也由最初的农村信用社1家扩展到工商银行、农业银行、中国银行、邮政储蓄银行、村镇银行等多家机构，为符合条件的城乡妇女创业提供了有力的信贷支持。武威市凉州区的妇女小额担保贷款工作多次被《金融时报》宣传报道，被誉为“凉州模式”。甘肃妇女小额担保贷款工作的成功经验包括以下四点。

一是加强部门间政策协调与工作配合，形成政策执行合力。中国人民银行加强与各级妇联等部门的联系沟通，协调解决相关问题，及时反馈进展情况，多个市、州、县人民银行制定了金融支持妇女创业的意见和妇女小额担保贷款管理办法，形成了部门联手、上下齐动的推动合力，有力地促进了全省妇女小额担保贷款政策落实。

二是加强政策引导与工作指导，畅通政策传导渠道。妇女小额担保贷款政策是下岗失业人员小额担保贷款政策的延伸和拓展，但由于甘肃省妇女小额担保贷款工作主要面向农村妇女群体，与原有政策既有联系又有区别。为准确传导政策，切实加大金融支持力度，中国人民银行兰州中心支行多次召开金融机构“窗口指导”会议，及时传达政策精神，确定农村信用社为妇女小额担保贷款试点行，建立妇女小额担保贷款统计制度，为及时掌握政策执行情况、开展政策效果评估提供全面、准确的数据信息。

三是加强政策宣传，引导符合条件的妇女贷款创业。中国人民银行广泛开展了“小额担保贷款政策进社区活动”，通过各种新闻媒体向社会公众宣传讲解妇女小额担保贷款政策和诚信知识，联合农村信用社深入基层讲解妇女小额担保贷款政策，使妇女小额担保贷款政策深入人心，为试点工作营造了良好的社会舆论和信用环境。

四是推动农村金融创新，满足妇女创业金融服务需求。按照总行全面开展农村金融产品和服务方式创新的要求，中国人民银行兰州中心支行引导各涉农金融机构以妇女小额担保贷款为切入点，积极开发适合城乡妇女创业特点的贷款模式。农村信用社充分借鉴“巾帼致富小额信用贷款”的工作经验，因地制宜，将妇女小额担保贷款与当地经济社会发展实际相结合，重点扶持适合妇女从事的特色产业、优势产业、现代设施农业、生态农业等项目，引导和鼓励创业妇女发展专业合作组织，提高创业项目抵御市场风险的能力，提高银行信贷资金的使用效益。同时，在符合信贷管理制度和风险可控的前提下，农村信用社对通过妇联审核并能落实担保措施的贷款申请，简化贷款程序，给予利率优惠，实行“一门式”服务，努力为创业妇女提供方便快捷的金融服务。

B.13

内蒙古金融发展报告

韩 丹 何昕懋*

摘 要：

2008～2012 年，内蒙古经济实现平稳增长，金融业增加值逐年上升，继续发挥着对实体经济的支持作用。本报告从金融业发展规模、金融资产发展结构、金融深化程度、民间金融发展四个方面分析了内蒙古金融业发展现状。研究发现，内蒙古金融业处于相对滞后的发展态势，存在较多问题，如社会融资结构不合理、金融资源不丰富、金融开放度不高、民间金融风险系数过高等。本报告认为应该采取相应措施对内蒙古金融业发展加以引导，促进金融业发展成为内蒙古的支柱产业。

关键词：

金融发展规模　金融市场发展　金融深化

2012 年，内蒙古经济实现了平稳增长，全年共实现地区生产总值 113914.64 亿元，比上年增长 12.48%。从图 1 中三次产业增加值占比来看，2008～2012 年，第一产业发展处于相对劣势地位；第二产业即工业对经济增长的贡献度最高，成为拉动经济增长的主导力量；第三产业发展程度低于第二产业。内蒙古产业发展还处于比较低

* 韩丹，陕西师范大学国际商学院副教授，硕士生导师；何昕懋，陕西师范大学国际商学院硕士研究生。

的传统阶段，主要依靠能源产业拉动经济增长，而服务业（第三产业）在国民经济中的占比是反映一个区域经济发展所处阶段及发展水平的重要标志之一，因此内蒙古产业发展的结构性问题突出。

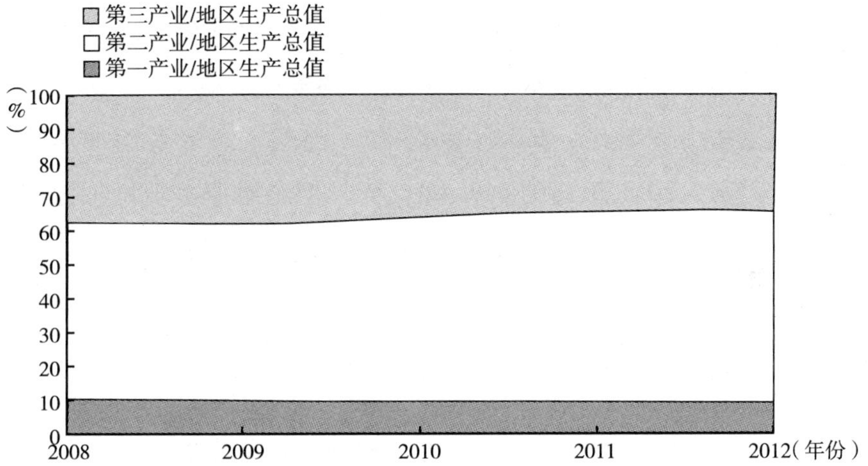

图1　2008～2012年内蒙古三大产业占比趋势

金融业的发展对产业结构调整升级、转变经济增长方式发挥着极其重要的作用。金融机构通过调整信贷结构，优化资源配置，降低对产能过剩产业的支持力度，扶持第三产业迅速成长。本报告从金融业发展规模、金融资产发展结构、金融深化程度、民间金融发展四个方面分析了内蒙古金融业发展现状，发现内蒙古金融服务业处于相对滞后的发展态势，针对发展中存在的问题，本报告提出了解决建议。

一　金融发展现状分析

（一）金融发展规模分析

本部分从金融产业增加值、社会融资规模及比率、金融机构发展规模和金融市场发展状况四个方面分析金融发展的现状。

1. 金融产业增加值

国家《金融业发展和改革“十二五”规划》提出“十二五”时期金融业改革的具体量化目标值，“十二五”时期，金融服务业增加值占国内生产总值比重保持在5%左右，5%的目标值对于金融业的发展意味着金融服务业将成长为国民经济的支柱产业。

从表1中可以看出，2008～2011年，内蒙古金融业增加值呈现逐年上升趋势，2011年达到447.46亿元，但金融服务业增加值占全区生产总值的比重明显低于“十二五”规划5%的目标值。这说明内蒙古金融资源还不够丰富，金融业的发展与其经济增长的需求不匹配，金融业还没有成为全区经济增长的主要拉动力量。

表1　内蒙古2008～2011年金融产业GDP数据

	2008年	2009年	2010年	2011年
金融业增加值(亿元)	166.85	291.10	346.44	447.46
金融业增加值/GDP(%)	1.96	2.99	2.97	3.12

资料来源：历年《内蒙古统计年鉴》。

2. 社会融资规模及比率

社会融资规模是全面反映金融与经济关系，以及金融对实体经济资金支持的总量指标，指一定时期内实体经济从金融体系获得的全部资金总额。本部分从金融机构贷款、非金融机构融资状况和其他比率三个方面分析内蒙古金融发展规模。

（1）金融机构贷款情况。金融机构贷款余额五年内保持持续增长态势，增长率均超过15%，发挥着对内蒙古实体经济的强力支撑作用。2012年，贷款增长率较2011年下降了29.22%，增长趋缓（见表2）。形成明显降幅的原因：一是2012年世界经济低迷，内蒙古受外部经济环境影响，投入和产出递减，实体经济对贷款的需求下降；二是2012年以来，全国部分产煤大省都出现了煤炭价格下滑的情况，一些经济专家预测，煤炭的“黄金十年”已经结束，作为全国煤炭能源大省的内蒙古，煤炭需求量大幅度下降，部分企业甚至处于停产或半停产状态，煤炭企业对资金的需求量骤降。其背后深层次原因是，金融机构为了获取高收益，在煤炭行业投入大量资金，造成资产利用率降低，资金的大量进入造成企业扩大产能而使得行业产能过剩，市场供给远大于需求，煤炭价格下滑，企业经营出现危机。内蒙古金融机构应重新优化资源配置结构，提高信贷资金使用效率，助推内蒙古产业结构调整升级，降低由于产能过剩引发的风险，引导有市场潜力的中小企业快速成长，促进内蒙古经济稳健发展。

表2　内蒙古2008～2012年金融机构本外币贷款余额数据

		2008年	2009年	2010年	2011年	2012年
本外币贷款余额	规模(亿元)	4564.2	6385.5	7992.6	9811.7	11392.5
	增长率(%)	20.01	39.9	25.17	22.76	16.11

资料来源：根据中国人民银行呼和浩特中心支行数据计算而得。

（2）非金融机构融资状况。内蒙古非金融机构融资量继续保持快速增长态势，从表3可以看出，2012年，内蒙古非金融机构通过贷款、债券、股票融资共计2171.1亿元。其中，债券和股票融资占比达27.9%，创历史新高，直接融资对实体经济的贡献度逐年攀升，社会闲置资金流向实体经济，融资结构进一步优化。在经济低迷、信贷趋缓的大背景下，非金融机构融资量仍保持快速增长，这说明，内蒙古非金融机构融资方式较金融机构融资方式有更大优势和增长潜力，因此，内蒙古金融机构应着眼于积极创新金融产品，调整投资战略，充分发挥自身优势，提高融资效率。

表 3 2008～2012 年内蒙古非金融机构部分融资结构

年份	融资量（亿元）	比重（%）		
		贷款	债券（含可转债）	股票
2008	1025.5	85.9	7.9	6.2
2009	1935.9	95.0	5.0	0.0
2010	1776.1	90.5	9.2	0.3
2011	2105.7	89.1	9.4	1.5
2012	2171.1	72.1	22.2	5.7

资料来源：根据中国人民银行呼和浩特中心支行、内蒙古证监局数据计算而得。

（3）其他比率分析。存款/地区生产总值表示区域内每增加 1 元产值金融机构的存款增加值。从图 2 可以看出，内蒙古该比值在 2008～2010 年保持上升态势，2011～2012 年稳中有落。原因可能是，从 2011 年起，欧债危机恶化，影响到世界各国的经济，内蒙古对外贸易持续下滑，2012 年，内蒙古海关进出口总值达 112.57 亿美元，比上年下降 4.9%；企业库存商品积压，资金不能及时回笼，企业存款减少，生产总值并未减少，导致该比值有所下降。这也与 2012 年央行几次下调人民币存贷款基准利率有关，居民存款意愿降低，闲置资金大量投入到股市和黄金交易活动中。

信贷/地区生产总值表示区域内每增加 1 元产值金融机构平均投入的信贷资金，比值越大，说明信贷对区域经济发展贡献力度越大。从图 2 可以看出，近五年来，内蒙古信贷对经济增长的贡献度稳中有升，信贷/地区生产总值与存款/地区生产总值之间的差值保持稳定，这说明内蒙古金融机构具有较强的运营能力，在保证金融机构实现可观利润的同时，合理把握信贷资金支持经济增长的速度，最大限度控制了贷款风险。

信贷/社会固定资产投资表示区域内金融机构信贷投入对社会固定资产投资的贡献度。从图 2 可以看出，2008～2012 年，内蒙

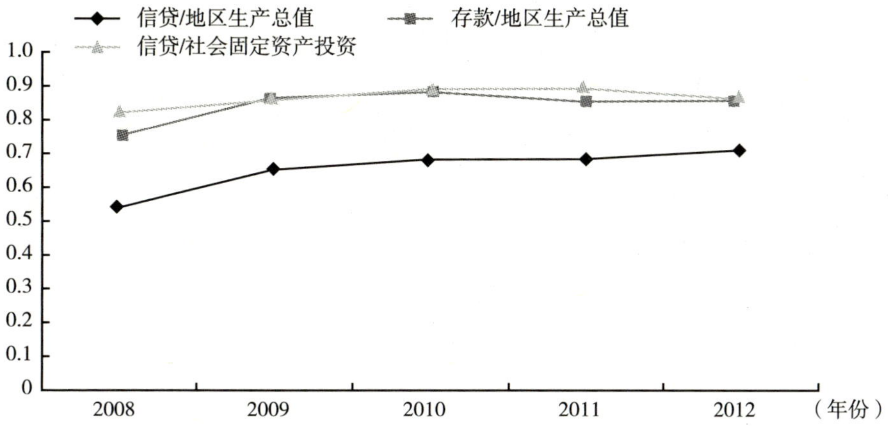

图 2　2008～2012 年内蒙古金融发展规模及其他指标趋势

古该项指标值总体上先增后降，但变化趋势较为平缓，指标值为 0.8～0.9。

从图 2 中三个指标值看，2008～2012 年，内蒙古三个指标值总体上虽稳中有升，但上升幅度较小，信贷/地区生产总值为 0.5～0.7，其他两个指标值均为 0.8～0.9。与表 4 中数据进行对比发现，内蒙古金融发展规模相关指标较西部地区平均水平还有较大差距，内蒙古三项指标值均未超过 1，这说明内蒙古自治区金融机构流动性不足，存款规模与其经济发展现状不匹配，信贷对内蒙古经济发展的贡献能力较弱，金融业发展水平在西部 12 个省、自治区、直辖市中相对滞后。

表 4　西部地区 2012 年金融发展规模及其他指标数据

	西部信贷/西部地区生产总值	西部存款/西部地区生产总值	西部信贷/西部地区社会固定资产投资
2012 年	1.096	1.526	1.395

资料来源：根据中国人民银行数据计算而得。

3. 金融机构发展规模

（1）银行业机构发展概况。从图 3 可以看出，2008～2012 年，内蒙古银行业金融机构总数总体保持上升趋势，其中 2009 年和 2012 年上升速度较快，银行业金融机构总数增长率分别达到 9.8% 和 11.6%，2012 年内蒙古金融机构总数达到 5231 个，银行业服务覆盖面迅速扩大，提高了居民、企事业单位和政府相关机构办理银行业务的效率，业务领域逐步延伸至各子生活服务区和新兴商业中心，为其大量吸储开辟了新的渠道。

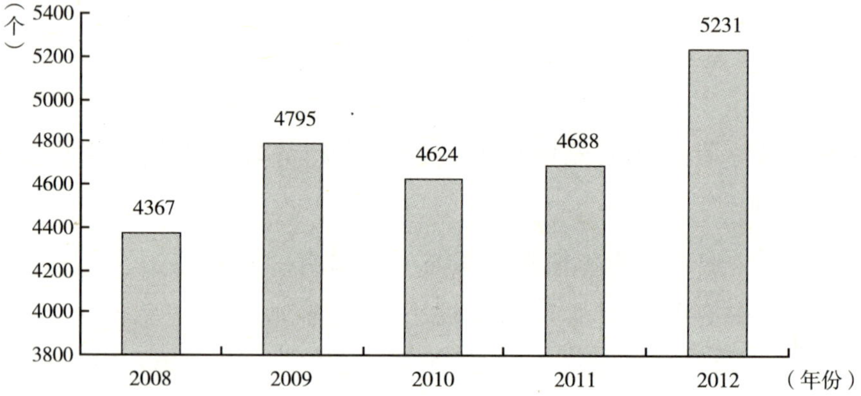

图 3　2008～2012 年内蒙古银行业机构个数变化趋势

为重点解决农村地区银行业金融机构网点覆盖率低、金融服务空白、竞争不充分的问题，中国银监会 2009 年发布了《新型农村金融机构 2009～2011 年总体工作安排》（以下简称《工作安排》），力图实现农村金融服务全覆盖的目标。内蒙古积极贯彻落实《工作安排》的重要精神，新型农村金融机构总数从 2010 年的 37 家迅速发展到 2012 年的 97 家，这对促进内蒙古农村金融市场竞争、改善农牧区金融服务、提高“三农”服务效果发挥了积极作用。

从图4可以看出，内蒙古银行业从业人员数量也是逐年上升，增长速度保持平稳，2012年银行业金融机构吸纳就业人员共计94950人，比2011年增长11.57%，对比同期银行业机构总数增长率发现，两者几乎保持同步增长，这说明，随着银行业金融机构总数的增加、业务量的逐步扩大，银行业对人才的需求也是逐年上升的，并保持着人才与业务配比均衡合理的增长。

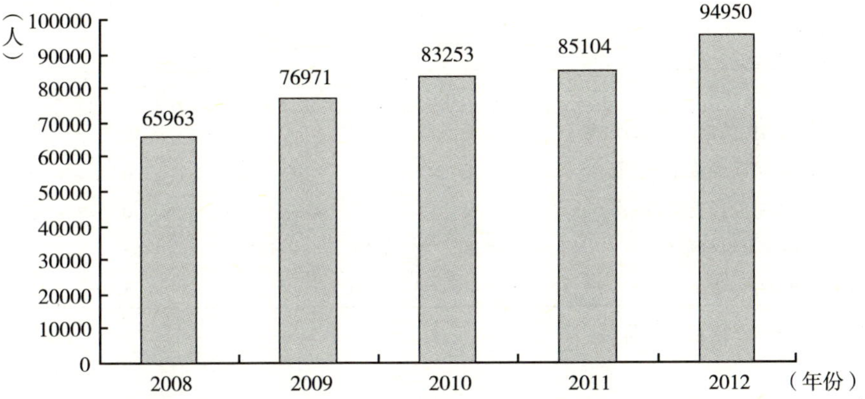

图4　2008～2012年内蒙古银行业从业人员数变化趋势

（2）证券业机构发展情况。内蒙古证券业机构发展情况基本保持不变，总部设在辖内的证券公司2家，期货公司从2011年前的1家减少为2012年的0家。从证券公司的分布情况看，内蒙古证券业并不发达，股票投资活动不活跃，证券公司数量偏少，服务的便捷度较低（见表5）。

表5　2008～2012年内蒙古证券业基本情况

项目	2008年	2009年	2010年	2011年	2012年
总部设在辖内的证券公司数(家)	2	2	2	2	2
总部设在辖内的基金公司数(家)	0	0	0	0	0
总部设在辖内的期货公司数(家)	1	1	1	1	0

资料来源：内蒙古证监局。

（3）保险业机构发展情况。2010年末，内蒙古全区保险分支机构达到1768家，其中省级保险分公司29家，保险从业人员达到6.1万人。保险业是内蒙古金融业中市场主体最多、盟市覆盖面最广、吸纳就业最多的行业。近年来，保险营销人员总数迅速增长两万余人，这反映了内蒙古保险服务认同度的提升，公司业务量有进一步扩大的趋势，保险市场前景相当明朗（见表6）。

表6　2012年内蒙古保险业基本情况

项目	2008年	2009年	2010年	2011年	2012年
总部设在辖内的保险公司数(家)	0	0	0	0	0
其中:财产险经营主体(家)	0	0	0	0	0
人身险经营主体(家)	0	0	0	0	0
保险公司分支机构数(家)	1638	1701	1768	1765	—
保险营销人员(万人)	—	6.7	6.1	8.4	8.6

资料来源：内蒙古保监局。

4. 金融市场发展状况

本部分从信贷市场、证券市场、保险市场三个方面分析金融市场发展状况。

2012年末，内蒙古银行业金融机构不良贷款余额183.49亿元，不良率1.59%，同比分别下降0.52亿元和0.26个百分点，实现了“双降”。存款余额保持持续增长态势。2008～2010年存款增长率均超过20%，2011～2012年增速逐渐回落（见表7）。

表7　内蒙古2008～2012年本外币存款余额数据

		2008年	2009年	2010年	2011年	2012年
存款余额	规模(亿元)	6380.54	8413.96	10278.69	12063.72	13612.72
	增长率(%)	27.97	31.87	22.16	17.37	12.84

资料来源：根据中国人民银行呼和浩特中心支行数据计算而得。

内蒙古证券业经营稳健，2012 年，内蒙古上市公司数量由 2008 年的 19 家增加至 24 家，累计募集资金 679.3 亿元，股市交易量较 2011 年有所回升，证券公司实现利润 1.8 亿元（见表 8）。

表 8　2012 年内蒙古证券业基本情况

项目	数量	项目	数量
年末国内上市公司数(家)	24	当年国内债券筹资额(亿元)	481.7
当年国内股票(A 股)筹资额(亿元)	123.3	其中:短期融资券筹资额(亿元)	118.0
当年发行 H 股筹资额(亿元)	57.0	中期票据筹资额(亿元)	112.0

资料来源：内蒙古证监局。

2012 年，内蒙古全球保费收入达到 247.7 亿元，是 2008 年的 1.75 倍；2008 ~2012 年五年期间保费收入年均增长 21.2%，保险业业务功能不断健全，市场收入稳步提高（见表 9）。

表 9　内蒙古 2008 ~2012 年保险市场基本情况

	2008 年	2009 年	2010 年	2011 年	2012 年
保险收入(亿元)	141.4	171.3	216.0	230.0	247.7
保险深度(%)	1.8	1.8	2.0	2.0	1.6
保险密度(元/人)	585.6	707.3	872.0	926.0	995.0

资料来源：内蒙古保监局。

保险深度是指某地保费收入占该地 GDP 的比重，反映该地保险业在整个国民经济中的地位，保险深度取决于经济总体发展水平和保险业的发展程度。保险密度是按当地人口计算的人均保险费额，反映了该地国民参加保险的程度、国民经济和保险业的发展水平。内蒙古保险密度由 2008 年的 585.6 元增加到 2012 年的 995 元，保险深度由 2008 年的 1.8% 提高到 2011 年的 2% 。反映了内蒙古居民参加保险的程度在逐步加深，保险业的发展水平也保持稳定增长态势。2012 年，农业险成为财产险增长主力，累计为农牧民提供253亿元风险保障，赔付支出增长9.5%。

（二）金融资产发展结构分析

目前，内蒙古金融业仍以银行业为主导，金融资产大部分集中于银行业，本部分主要分析内蒙古银行业金融资产发展结构。

如图5所示，内蒙古银行业金融资产总额五年间呈现线性增长趋势，截至2012年，内蒙古银行业资产总额达到18813亿元。内蒙古银行业组织体系较为完善，营业网点布局合理，金融产品不断创新以迎合市场需求，在保持存款数量稳定上升的同时，适度增加信贷投放，对贷款的发放严格把关，从源头上防止贷款风险的发生，确保资产总额保持稳定上升态势。

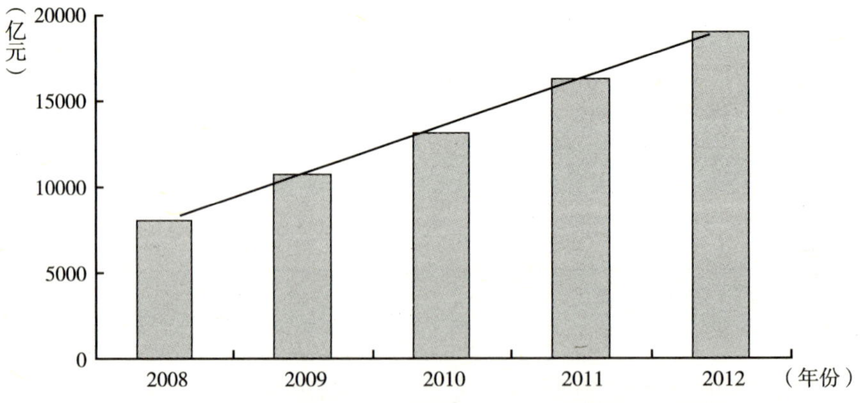

图5　2008～2012年内蒙古银行业资产总额变化趋势

近年来，内蒙古新型农村金融机构发展迅速，在银监会三年建设新型农村金融机构规划的推动下，2011年，内蒙古新型农村金融机构资产增长率达到120.4%，超过了内蒙古银行业资产总额平均增长率的4倍。新型农村金融机构资产总额的迅速扩张，为支持内蒙古农牧业发展做出了巨大贡献（见图6）。

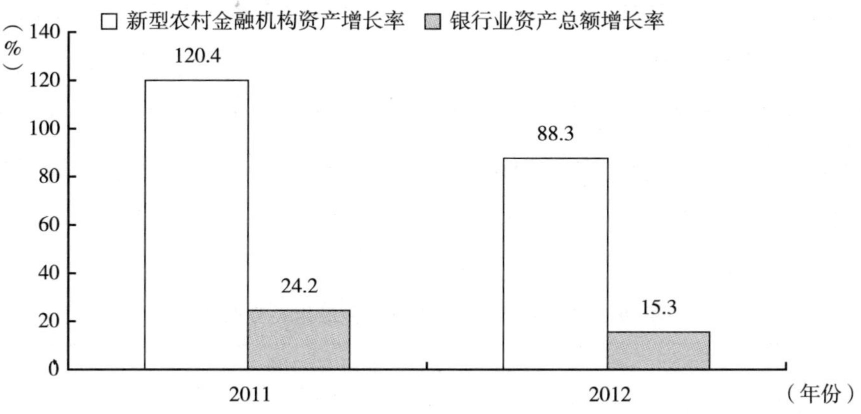

图6　2011～2012年内蒙古新型农村金融机构与银行业资产增长率对比

注：新型农村金融机构包括村镇银行、贷款公司和农村资金互助社三类机构。

（三）金融深化程度分析

1. FIR

金融相关率是一个规模指标，指某一时点上现存金融资产总额与国民财富之比。通常可简化为计算金融资产总量与GDP之比。其计算公式为：

$$FIR = (S + L) / GDP$$

其中，FIR表示金融相关率；S代表存款额；L代表贷款额；GDP为地区国内生产总值。这一指标能大致反映金融业对地区经济发展的支持程度。一般情况下，金融相关率越高，说明单位经济流量所对应的金融资源越丰富。

从表10中数据可以看出，近4年来，内蒙古金融相关率在1.55左右上下波动，未出现上升趋势。与西部地区2012年金融相关率2.62相比较，内蒙古金融业发展水平已经严重滞后于西部其他地区，这说明，内蒙古单位生产总值对应的金融资源还不够丰富，相对于内蒙古发达的地方经济来说，金融业对地方经济发展的支持力度亟待提升。内蒙古应合理制订金融机构发展规划，增加银行业金融机构数量，加快吸收市场资金的步伐，提高资金的配置效率，在支持经济发展的同时，逐步调整产业结构，充分发挥金融发展对经济增长的促进作用。

表 10　内蒙古 2008～2012 年金融相关率数据

	2008 年	2009 年	2010 年	2011 年	2012 年
金融相关率	1.29	1.52	1.57	1.54	1.57

资料来源：根据中国人民银行呼和浩特中心支行公报数据计算而得。

2. 贷存比

贷存比即银行贷款总额/存款总额，从银行盈利的角度讲，贷存比越高越好，因为存款是要付息的，即资金成本，如果一家银行的存款很多，贷款很少，就意味着它成本高而收入少，银行的盈利能力就较差。商业银行是以营利为目的的，它会想方设法提高贷存比。从银行抵抗风险的角度讲，贷存比不宜过高，因为银行还要应付广大客户日常现金支取和日常结算，这就需要银行留有一定的库存现金存款准备金，如贷存比过高，这部分资金就会不足，会导致银行的支付危机，如支付危机扩散，有可能导致金融危机，对地区或国家经济的危害极大。央行为防止银行过度扩张，目前规定商业银行最高的贷存比为75%。

2009 年，银监会正式下发《关于调整部分信贷监管政策促进经济稳健发展的通知》，明确表示，将允许符合条件的中小银行适当突破贷存比的限制。从表 11 中发现，2008～2012 年，内蒙古贷存比保持平稳上升趋势，2008 年贷存比在 75% 水平以下，2009 年以后，贷存比开始突破 75%，到 2012 年内蒙古银行业贷存比达到 84%。这充分说明内蒙古银行业处于发展上升阶段，贷存比不断扩大，商业银行盈利能力持续增强。

表 11　内蒙古 2008～2012 年贷存比数据

	2008 年	2009 年	2010 年	2011 年	2012 年
贷存比	0.72	0.76	0.77	0.81	0.84

资料来源：根据中国人民银行呼和浩特中心支行数据计算而得。

贷存比也是商业银行用来衡量银行流动性风险的指标之一。从表 11 数据可以看出，内蒙古银行业贷存比虽逐年上升，但并未突破 85%，银行流动性风险在可控范围之内。

3. 间接融资/直接融资

间接融资是指拥有暂时闲置货币资金的单位通过存款的形式，或购买银行、信托、保险等金融机构发行的有价证券，将其闲置的资金先行提供给这些金融中介机构，然后再由这些金融机构以贷款、贴现等形式，或通过购买需要资金的单位发行的有价证券，把资金提供给这些单位使用，从而实现资金融通的过程。直接融资是资金供求双方通过一定的金融工具直接形成的债权债务关系的融资方式。直接融资的工具主要有商业票据和直接借贷凭证、股票、债券。

从表 12 数据可以看出，内蒙古间接融资与直接融资的比值总体呈上升趋势，2012 年，间接融资总额是直接融资总额的 5.25 倍，直接融资在经济增长中发挥的作用甚微，这说明，内蒙古资本市场发展较为滞后，融资形式过于单一，风险过多地集中于银行业金融机构，间接融资几乎处于垄断地位，这种现状极不利于金融服务业的发展。内蒙古应采取措施积极转变金融业发展结构，推动资本市场的发展，提高直接融资比例，改善银行业垄断的现状，形成良好的金融业竞争环境。

表 12　内蒙古 2008～2012 年间接融资与直接融资的比值结果数据

	2008 年	2009 年	2010 年	2011 年	2012 年
间接融资/直接融资	4.45	3.30	4.50	4.66	5.25

资料来源：根据中国人民银行呼和浩特中心支行数据计算而得。

4. 金融开放度

外汇存款又称“外币存款”，是指以可兑换货币表示的在银行账户里的各种存款。从银行方面来说，外汇存款是其接受顾客的外币现金、外币汇票或支票等信用工具，并对顾客负有定期或不定期偿付义务的授信行为，即对存户发生了债务。外币贷款指应以外币偿还的贷款，不论其取得贷款时是哪种货币，或是否为货币形式。

从表13数据可以看出，2008～2012年，内蒙古外币存款占总存款的比例、外币贷款占总贷款的比例有升有落，变化幅度不大，内蒙古金融开放度较低，发展趋势不明显。这也可能与世界经济低迷、内蒙古对外贸易下滑有关，2012年，全区海关出口总值39.7亿美元，同比下降15.3%；进口总值72.86亿美元，同比增长1.9%；贸易逆差达33.16亿美元。

表13　内蒙古2008～2012年金融开放程度数据

单位：%

	2008年	2009年	2010年	2011年	2012年
外币存款/总存款数量	0.62	0.48	0.45	0.57	0.44
外币贷款/总贷款数量	0.80	1.50	0.91	0.86	0.95

资料来源：根据中国人民银行呼和浩特中心支行数据以及历年平均汇率计算而得。

（四）民间金融发展分析

1. 民间资本金融规模

内蒙古12个盟市均存在民间融资现象，最典型的是鄂尔多斯市。据内蒙古经济信息中心、经济社会发展研究中心调查估算，鄂尔多斯市民间融资资金总量为300亿～500亿元。

在内蒙古民间金融繁荣发展的同时，潜在风险逐步暴露，由于民间融资手续简单，缺乏必要的管理和法律法规支持，容易引起借贷双方的纠纷。根据统计，鄂尔多斯东胜区人民法院2008年共受理民间借贷纠纷案676件，涉及人民币8700余万元。绝大多数是因为借款到期不还，诚信不够，受害人被迫将不讲诚信的一方告上法庭，诚信危机、民间借贷纠纷案上升。鄂尔多斯房地产市场的崩盘，已经震动到其民间融资市场，引发了民间融资资金链的断裂。

内蒙古地下钱庄的广泛存在造成了无序非法交易，给内蒙古自治区国民经济和社会生活带来了危害和隐患。地下钱庄在聚集民间资本为中小企业融资的同时，也成了转移资金、贩毒、诈骗、赌博、贪污贿赂等违法犯罪活动的重要工具。

针对内蒙古民间融资发展迅速、地下金融活动频繁并导致其潜在风险巨大的现状，政府出台了各种有力的政策措施，以引导民间融资逐渐走向正规化。2009年，鄂尔多斯市被批准作为内蒙古金融综合改革试点地区；2011年，成立鄂尔多斯民间资本投资服务中心，这是在内蒙古自治区成立的首家民间资本投资服务中心，该服务平台将推动鄂尔多斯民间金融向规范化、产业化迈进，为当地经济转型和产业升级提供有力的金融支持；《鄂尔多斯市规范民间借贷暂行办法》已于2012年6月12日起正式实施，该办法规定放贷人只能利用自有资金进行放贷，不得有非法集资、非法吸收公众存款或变相非法吸收公众存款和非法高利转贷等行为，且贷款利率超过中国人民银行规定的同期利率的4倍的部分不受法律保护。

2. 利率水平监测

据调查，内蒙古自治区民间融资利率往往超过10%，年综合利率为25%左右，有的甚至高达40%～50%。自然人之间的借贷月利率一般为15‰～20‰，企业内部集资或自然人和法人之间的借贷月利率一般在20‰以下，中介机构放贷月利率平均为20‰～50‰。

二 总结分析

综上分析，目前内蒙古金融业总体保持稳定上升的发展态势，银行业存贷款余额、非金融机构融资量保持快速增长，银行业金融机构总数逐年上升，2012 年达到 5231 个，银行业服务覆盖面迅速扩大，提高了居民、企事业单位和政府相关机构办理银行业务的效率，加快了吸收存款的步伐，特别是新型农村金融机构总数从 2010 年的 37 家迅速发展到 2012 年的 97 家，这对促进内蒙古农村金融市场竞争、改善农牧区金融服务、提高“三农”服务效果发挥了积极作用。保险业是内蒙古金融业中市场主体最多、盟市覆盖面最广、吸纳就业最多的行业。近年来，保险营销人员总数迅速增加两万余人，公司业务量进一步扩大，保险市场前景相当明朗。

通过分析我们发现，在内蒙古金融业稳定发展的过程中，也存在较多问题，如社会融资结构不合理、金融资源不丰富、信贷结构不够合理、资本市场欠发达、金融开放程度较低、民间借贷潜在风险巨大等，金融业发展程度仍然较低，处于以银行业为主的传统发展模式阶段，金融业对产业发展的支持力度不足，信贷资源配置效率不高，有限的金融资源还难以转化成支撑地方经济发展的动力，金融业发展严重滞后于经济发展。需要关注的是内蒙古民间借贷潜在风险的传导，将会波及银行业金融机构，银行业应尽早做好各项防范措施，抵御贷款风险的侵袭。

三 政策建议

通过对内蒙古金融业发展规模、金融资产发展结构、金融深化程度、民间金融发展四个方面的深入分析，针对发现的问题，本报告提出以下政策建议。

（一）调整优化信贷结构，努力加大信贷投放量

配合内蒙古经济结构转型发展的重点，加快信贷结构调整优化步伐，积极构建与现代产业体系相配套的信贷结构，重点加强对自主创新、战略性新兴产业、现代服务业的信贷支持；加大对节能减排、生态和环境保护行业的信贷投入力度；严格控制对高耗能、高排放行业和产能过剩行业的贷款。

（二）增加直接融资规模，调整社会融资结构

积极培育企业上市，加快推进符合国家产业政策、规模大、效益好、自主创新能力强、高成长性的企业上市。鼓励符合条件的金融机构发行金融债券，支持非金融企业发行企业债券，扩大债券发行规模，鼓励企业灵活运用短期融资券、中期票据、集合债券、集合票据等融资工具降低融资成本，积极发展创业投资和股权投资基金。

（三）加大民间金融监管力度，增强抵御金融风险的能力

积极引导内蒙古民间金融逐步走向正规化，坚决遏制地下钱庄的非法交易，使民间金融逐步走入监管视线，提升社会资本对经济的贡献作用。加大对民间金融的监管力度，开展金融机构风险大检查，对与民间借贷牵涉较大的借款人予以重点关注，必要时可采取提前收回信贷资金的相应措施，以抵御民间金融借贷风险的进一步传导。

（四）提高金融开放度，增加外汇交易量

加大跨境基础设施建设融资力度，支持企业实施“走出去”战略，加快口岸金融机构网点建设，扩展与周边国家银行的合作，创新金融产品，加快区内业务在邻国的拓展。

参考文献

[1]“中国经济增长与宏观稳定”课题组：《金融发展与经济增长：从动员性扩张向市场配置的转变》，《经济研究》2007年第4期。

[2] 赵磊：《对当前我国流动性过剩问题的深层思考》，《南方金融》2007年第7期。

[3] 闫章秀：《经济发展对信贷增长促进作用的实证分析》，《当代经济科学》2008年第1期。

[4] 雷蒙德·W. 戈德史密斯：《金融结构与金融发展》，周朔译，上海三联书店，2000。

[5] 麦金农：《经济发展中的货币与资本》，卢骢译，上海三联书店，1988。

[6] 徐慧贤：《内蒙古鄂尔多斯市民间金融影响分析》，《财会通讯》2011年第11期。

[7] 王力、张红地：《内蒙古金融业发展对策研究》，《中国金融》2013年第10期。

[8] 林毅夫、姜烨：《经济结构、银行业结构与经济发展》，《金融研究》2006年第1期。

[9] 宋艳伟、李恒炜：《中国区域金融发展与经济增长关系研究》，《统计与决策》2007年第3期。

[10] 刘丽娜：《内蒙古民间融资现状分析及对策》，《内蒙古科技与经济》2010年第12期。

附　　录

Appendix

B.14

中国西部地区金融发展大事记

（2012年6月至2013年8月）

刘妍　睢博*

2012年

6月

6月5日　鄂尔多斯市出台《鄂尔多斯市规范民间借贷暂行办法》，我国首部系统规范民间借贷的规范性文件在内蒙古诞生。

6月5日　国家发展和改革委员会出台《关于支持新疆产业健康

* 刘妍，陕西师范大学国际商学院硕士研究生，主要研究方向为金融发展与监管；睢博，陕西师范大学国际商学院硕士研究生，主要研究方向为金融发展、文化金融。

发展的若干意见》，对钢铁、电解铝、水泥、多晶硅、石油化工、煤炭等12个产业实施差别化政策，加大对新疆的支持和倾斜。

6月8日 重庆市召开民营经济发展大会。会议出台了《重庆市人民政府关于大力发展民营经济的意见》，《意见》涉及扩大投资领域、放宽经营条件、创新金融服务、加强财政支持、降低税费负担和改善发展环境等45条政策，大大加强了对重庆市民企发展的支持力度。

6月10日 “2012中国·青海绿色经济投资贸易洽谈会”在西宁举行。

6月15日 中国银行间市场交易商协会、陕西省政府（授权省金融办）、中国人民银行西安分行签署《借助银行间市场助推陕西省实施“双推双增”融资工程合作备忘录》。

6月17日 甘肃省首家民间基金管理公司——甘肃博汇私募股权投资基金管理有限公司授牌运营。这标志着甘肃省实现了民间私募资金合法募集管理与合规操作运营的零的突破，授牌现场签约托管资金22亿元。

6月19日 重庆市第四次党代会确立“一统三化两转变”发展战略，随后相继发布全市新型工业化、新型城镇化、农业现代化三个指导意见，进一步推进经济发展方式转变。

6月28日 国务院扶贫开发领导小组在贵州省黔西南州召开滇桂黔石漠化片区区域发展与扶贫攻坚启动会。

6月29日 云南省人民政府印发《关于切实做好当前经济工作努力保持经济平稳较快发展的意见》，为全年全省GDP冲万亿元奠定了坚实基础。

6月 重庆市成为首批中小企业私募债试点省市；12月，在两江新区、綦江区注册首批3.5亿元区域集优债，中小企业融资渠道进一步拓展。

7月

7月3日 陕西省政府与中国建设银行股份有限公司签订战略合作协议。

7月3日 中国新疆华凌工贸（集团）有限公司收购格鲁吉亚Basis银行，成为中国首家控股海外银行的民营企业。

7月3日 陕西煤业化工集团财务公司设立。

7月6～10日 第十八届中国兰州投资贸易洽谈会在兰州成功举办，共签约省外引资项目752个，签约金额4610.1亿元。

7月9日 《满洲里重点开发开放实验区建设实施方案》正式获国务院批准，标志着内蒙古重点开发开放实验区建设进入实质性的实施阶段。

7月10日 中国人民银行总行党委委员、副行长刘士余在西宁召开金融市场支持青海经济发展座谈会，提出“一行一债、一地一品”工作要求。

7月11日 青海省人民政府、中国银行间市场交易商协会、人行西宁中心支行三方签署《借助银行间市场助推青海省经济发展合作备忘录》。

7月12日 中国银行间市场交易商协会、中国人民银行乌鲁木齐中心支行、新疆维吾尔自治区人民政府、新疆生产建设兵团共同签署《借助银行间市场助推新疆跨越式发展合作备忘录》。中国人民银行总行刘士余副行长主持召开“金融市场支持新疆经济发展座谈会”，提出《金融市场支持新疆经济发展的十条措施》。

7月12日 伊泰煤炭H股在香港联交所主板上市，开创了全国纯B股企业及煤炭企业（B+H）的先河。

7月18日 宁夏启动农村中小金融机构服务“三农”“三大工程”。

7月25日 陕西省政府与中国农业银行签署《金融支持陕西

“十二五”经济又好又快发展战略合作备忘录》。

7月26日 陕西钱币博物馆开馆。

7月30日 内蒙古自治区政府出台《关于促进小型微型企业持续健康发展的意见》。

8月

8月8日 《借助银行间市场助推贵州经济发展合作备忘录》签约仪式在贵阳举行。

8月8日 西藏首家政策性银行——中国农业发展银行西藏自治区分行在拉萨正式揭牌成立。

8月9日 贵州省首届金融博览会暨投资理财节在贵阳开幕。

8月9日 《泛珠三角区域地方金融战略合作备忘录》在海口签订，该协议将进一步加快东部闲置资金向云贵川等西部省份流动。

8月11日 甘肃省财政厅与中国农业银行甘肃省分行签署《金融支持“联村联户、为民富民”行动合作协议》。将联手打造支持“双联行动”新模式，从2012年起，连续五年每年安排60亿元专项信贷额度，支持58个贫困县8790个贫困村发展农村特色产业。

8月12日 国家发改委正式批复同意实施《黔中经济区发展规划》。

8月20日 中债信用增进投资股份有限公司与广西柳州市人民政府、中国人民银行柳州市中心支行在柳州成功签署《区域集优直接债务融资合作框架协议》，广西成为第9个与中债信用增进投资股份有限公司签署此类协议的省份。

8月20日 国务院印发了《国务院关于同意设立兰州新区的批复》，同意设立兰州新区。兰州新区成为继上海浦东新区、天津滨海新区、重庆两江新区、浙江舟山群岛新区之后，国务院批复的第五个国家级新区。

8月24日 重庆两江新区现代服务业综合试点获国家批准。

8月27日 中国银行间市场交易商协会与甘肃省政府金融办、中国人民银行兰州中心支行《借助银行间市场助推甘肃省经济发展合作备忘录》签署仪式在兰州举行。这标志着甘肃省与中国银行间市场交易协会的合作掀开了新的一页。

8月28日 中国银行间市场交易商协会、中国人民银行银川中心支行、宁夏金融办联合在银川市签署了《借助银行间市场助推宁夏沿黄经济区发展合作备忘录》。

8月30日 重庆汽车金融公司挂牌成立。这是西部首家汽车金融公司，具有在汽车产业链销售和消费环节提供“全国性、全品牌、全车型、全牌照”服务的特点。

8月30日 《山西省国家资源型经济转型综合配套改革试验总体方案》获国务院批复，标志着山西省转型综改实验区建设进入新阶段。

8月30日 西北最大的投融资平台——甘肃金融超市挂牌成立，该金融超市按照“政府搭台、金融机构和企业参与、市场化运作”模式创建，成立后将有效缓解甘肃省乃至西北中小企业融资困难，助推甘肃金融服务建设进一步发展。

8月30日 广西北部湾沿海经济区（钦州、北海、防城港沿海三市）社会信用体系建设启动仪式在钦州市举行，这是广西乃至全国第一个跨区域共建社会信用体系建设的示范区域。

8月31日 青海省发行总额50亿元保障房私募债，此债是全国发行的第二只保障房私募债。

8月31日 中国建设银行西藏自治区分行联合自治区住房和城乡建设厅率先推出以金融IC卡为载体的公积金龙卡，这是西藏自治区银行业金融机构发行的第一张IC卡，填补了西藏无IC卡的空白。

9月

9月9日 第二届中国（贵州）国际酒类博览会开幕式暨签约仪式在贵阳开幕。

9月10日 国务院批准宁夏建立内陆开放型经济实验区，设立银川综合保税区。

9月12日 国内最大的电子类外商投资高新技术产业项目——一期投资70亿美元的三星（中国）半导体有限公司高端存储芯片项目在西安高新区开工奠基。

9月12日 宁洽会暨第三届中阿经贸论坛顺利召开，并从2013年起升格为中阿博览会。

9月14日 宁夏回族自治区政府办公厅转发中国人民银行银川中心支行《关于进一步加强和改善金融服务支持实体经济平稳较快发展的意见》。

9月16日 以“绿色能源与转型跨越”为主题的第四届中国（太原）国际能源产业博览会在中国（太原）煤炭交易中心隆重开幕，来自39个国家和地区的192家企业1.2万名客商参会。

9月16日 宁夏回族自治区政府发布“十二五”节能降耗考核及奖惩办法。

9月17日 中国人民银行发布由中国人民银行、中国银监会、中国证监会、中国保监会、国家外汇管理局共同编制的《金融业发展和改革“十二五”规划》。

9月17日 广西首批第三方支付业务许可证颁发仪式在南宁举行。

9月18日 新疆维吾尔自治区人民政府与上海证券交易所、深圳证券交易所签订了《中小企业私募债券业务试点合作备忘录》。这标志着新疆中小企业私募债券试点工作正式启动，新疆非上市中小企业又一条融资渠道正式开通。

9月19日 重庆市政府组织建立金融工作协调季度联席会制度，该机制成为全市金融改革发展和风险防控的重要协作平台。

9月22日 第四届中国－东盟金融合作与发展领袖论坛暨中国－东盟征信市场专题在南宁召开。

9月25～26日 西藏牧区工作会议在拉萨召开。

9月27日 主题为“经济转型跨越与小微金融发展”的2012年西部金融论坛在兰州举行，来自中国社会科学院、中国人民银行、中国银监会、中国证监会的专家学者聚集一堂，为甘肃经济转型跨越和金融创新发展把脉支着。

9月28日 中国人民银行、银监会、证监会、保监会联合出台《关于金融支持喀什－霍尔果斯经济开发区建设的意见》（银发〔2012〕239号）。

10月

10月10日 “甘肃省农村金融服务创新暨经验交流推进会”在定西市陇西县召开。

10月23日 61名中央金融机构干部甘肃挂职欢迎会在兰州举行。这标志着甘肃与中央金融机构开展深度战略合作。

10月31日 《云南省加快建设面向西南开放重要桥头堡总体规划》获国务院批准。

11月

11月1日 新疆生产建设兵团与深圳证券交易所共同签署《关于促进新疆生产建设兵团资本市场发展工作合作录》。

11月6日 甘肃省第二次银政企项目对接会在兰州召开。17家银行机构与甘肃省1810家企业就2150个项目达成3600亿元贷款意向。

11月13日 内蒙古首只中小企业私募债券在深圳证券交易所成

功发行，发行总额2.5亿元。

11月13日 经国务院批准，人民币合格境外机构投资者（RQFII）投资额度增加2000亿元人民币，RQFII投资额度累计达到2700亿元人民币。

11月20~24日 第十九届中国杨凌农业高新科技成果博览会在杨凌国家农业高新技术产业示范区举办。

11月22日 国务院正式批复《天山北坡经济带发展规划》，加快推进新疆天山北坡经济带开发开放。

11月23~25日 第四届重庆金融博览会在江北观音桥步行街召开，主题为“加快金融中心建设，服务实体经济发展”，共有80家金融机构参展。

11月24日 由甘肃银行业协会主办、中国工商银行甘肃省分行承办的“甘肃银行业首届行长论坛”顺利举行，全省16家金融机构的负责人聚集一堂，就银行业如何助力甘肃经济转型跨越发展建言献策。

12月

12月3日 东亚银行（中国）有限公司昆明分行正式开业，云南省外资法人银行分支机构达到三家。

12月8日 金融支持山西转型发展座谈会在京召开。这次会议是学习贯彻十八大会议精神、进一步改善和加强金融服务、推动山西省加快转型发展的重要举措。

12月12日 中国人民银行昆明中心支行、云南省人民政府（授权金融办公室）、中国银行间市场交易商协会三方签署《借助银行间市场助推云南国家桥头堡建设合作备忘录》。

12月19日 内蒙古自治区政府出台了《关于进一步加快金融业发展的若干意见》。

12月21~23日 2012首届中国－东盟金融博览会在广西南宁举办。

12 月 25 日 中国建设银行西藏自治区分行第一家县域机构芒康县支行正式开业运营。

12 月 28 日 中国人民银行广西东兴市支行挂牌成立，这是1998年中国人民银行管理体制调整以来总行在全国范围内第二个批准筹建的县级支行。

2013 年

1 月

1 月 1 日 内蒙古企业投资公租房可获贷款补贴。内蒙古财政部门除了继续提供财政资金支持外，还将通过提供投资补助或贷款贴息、减免相关税收等措施确保城镇保障性安居工程任务顺利完成。对企业投资公租房建设项目的予以补助或贷款贴息。

1 月 7 日 重庆联合产权交易所与中国农业银行签署战略合作协议，意味着今后农行的国有资产及金融不良资产将进入重庆联交所公开挂牌交易。

1 月 10 日 新疆首家农村商业银行——天山农村商业银行股份有限公司获得银监会筹建批复，标志着新疆农村信用社经 60 多年的发展历程后，正逐步向自主经营、自我约束、自我发展、自担风险的现代金融企业迈进。

1 月 18 日 中国人民银行宣布启用公开市场短期流动性调节工具（Short-term Liquidity Operations，SLO），作为公开市场常规操作的必要补充，在银行体系流动性出现临时性波动时相机使用。

1 月 25 日 中国人民银行与中国银行台北分行签订《关于人民币业务的清算协议》。海峡两岸的金融机构除可通过代理行渠道为客户办理跨境人民币结算业务外，可通过清算行渠道为客户办理跨境人民币结算业务。

1 月 28 日 上海浦东发展银行股份有限公司阿克苏分行隆重正式开业。

2 月

2 月 7 日 中国人民银行出台《中国人民银行办公厅关于做好 2013 年信贷政策工作的意见》，要求中国人民银行各分支机构和各银行业金融机构重点加强对“三农”、中小企业、城镇化建设、经济结构调整和产业升级、保障性安居工程、就业等民生工程和地方政府融资平台清理规范等方面的金融服务工作。

2 月 17 ~ 19 日 “首届内蒙古·海南两地百强企业联席会暨全国内蒙古 30 家商会海南行”（简称“全国蒙商海南行”）在海南省三亚市三亚湾财富海湾大酒店召开。该会议为促进东西部企业家互动、促进南北企业家交流，实现南北互补、东西互促，提供了重要途径。

2 月 20 日 《金融支持喀什 – 霍尔果斯经济开发区战略合作协议》在乌鲁木齐签署。

3 月

3 月 1 日 内蒙古自治区非公有制经济金融服务峰会在呼和浩特市召开，更好地满足了自治区重点经济项目、重点领域和中小微企业的金融服务需求，宣传了金融服务产品，推动了金融服务供需双方的对接。

3 月 4 日 中国人民银行印发《关于拓宽支农再贷款适用范围做好春耕备耕金融服务工作的通知》，在全国范围内推广拓宽支农再贷款适用范围政策，进一步发挥支农再贷款引导农村金融机构扩大“三农”信贷投放的功能，同时做好春耕备耕金融服务工作。

3 月 13 日 陕西银监局和陕西省金融办联合召开了 2013 年支持陕西实体经济银政对接座谈会。

3月26日 中国人民银行与南非储备银行签署《中国人民银行代理南非储备银行投资中国银行间债券市场的代理投资协议》。

3月29日 由69位重庆民营企业家共同发起组建的重庆市渝商投资控股集团股份有限公司正式宣告成立。同日，由重庆市三峡担保集团和重庆旅游投资集团共同出资组建的重庆两江新区长江三峡小额贷款有限公司挂牌成立。

4月

4月1日 重庆五矿机械进出口有限公司承包越南回春水电站项目日前获批享受国家大型成套设备出口融资保险专项政策，将获得1亿美元的信用专项贷款。这是重庆市企业首次获得这一专项资金支持。

4月1日 宁夏首家专业合作社资金互助中心——宁夏裕丰昌专业合作社资金互助中心在盐池成立。2013年计划向300家养殖户发放1500万元互助资金，为养殖户提供低成本、快捷的金融服务。

4月8日 内蒙古自治区产粮大市通辽市启动农村牧区金融改革试点，突出全产业链支持，力争使两个试点旗县年新增10亿元信贷资金。

4月8日 广西壮族自治区信用评级专家评审制度（试行）出台。

4月14日 山西成立首批县域城镇化建设基金，该基金总规模达25亿元，旨在为金融创新支持县域经济发展做出新的尝试。

4月16日 内蒙古东部盟市非公有制经济金融服务峰会在锡林浩特市召开，旨在加大对非公有制经济的支持力度，为非公有制经济发展创造良好的法治环境、公平的市场环境和稳定的经营环境。

4月16日 中国华融资产管理股份有限公司甘肃省分公司组织观看警示教育展。

4月17日 甘肃省《关于进一步加大农户生产性贷款支持力度的若干意见》出台，将鼓励和引导金融机构对5万元以下的小额贷款直接授信发放。

4月23日 中国人民银行兰州中心支行组织召开2013年甘肃省金融机构反洗钱工作座谈会。全省各银行、证券期货、保险业等金融机构和支付机构共67家机构相关部门负责人、反洗钱信息员150余人参加会议。

4月23日 中国人民银行批准石嘴山银行在全国银行间债券市场，公开发行不超过5亿元人民币的金融债券。这是宁夏首只获批发行的金融债券。

4月24日 甘肃省工业和信息化委员会、中国建设银行甘肃省分行、中国农业银行甘肃省分行正式签订了《融资性担保机构注册资本金验资监管协议》。同时，三家机构联合印发了《关于对融资性担保机构验资资金监管的通知》，进一步对融资性担保机构验资资金的监督管理，防范虚假出资、抽逃资金等违法行为进行了规范。

4月26日 中国人民银行兰州中心支行在兰州银行召开综合执法检查进点座谈会。全面通报了综合执法检查有关情况。

4月27日 山西省金融服务平台在太原正式启动，坚持“服务为本、信息共享、自主决策、互利共赢”的原则，具有发布融资信息、查询融资信息、融资对接服务等重要作用。且该平台建立了五大数据库，分别是《企业信息数据库》《项目信息数据库》《金融机构信息数据库》《金融产品数据库》《融资专家数据库》。

4月27日 由国家开发银行重庆市分行、重庆西南中小企业创业服务中心、三峡担保、瀚华担保共同发起设立的重庆市中小企业统贷平台正式启动。

4月27日 宁夏科技金融签署战略合作框架协议，建立起科技金融合作的“大联盟”，全力为科技型中小企业打通融资瓶颈、建立宁夏科技型中小企业融资的大平台，形成了政府引导，企业、金融部门全方位参与的创新体系。

5月

5月1日 由青海商业联合会、青海省个体私营经济协会、青海力盟实业集团共同举办的“2013青海省名优商品展销会”在力盟商业巷步行街盛大开幕。

5月3日 中国东方资产管理公司兰州办事处与甘肃省工业和信息化委员会举行业务合作座谈会暨所属企业债务重组签字仪式。

5月7日 《喀什经济开发区总体规划》获国务院批准，喀什金融贸易区建设将进入快速发展轨道。喀什金融贸易区是国家首次在沿边地区提出的，也是全国继上海陆家嘴金融贸易区之后的第二个金融贸易区。

5月7日 甘肃银监局发布《甘肃银监局2012年年报》。该年报主要总结了一年各项监管工作及成效，介绍了甘肃省银行业金融机构发展情况，较为全面地公布了全辖银行业运行有关数据。

5月10日 兰州银行首台全能自助银行正式上线。

5月13日 甘肃省政府与国家开发银行在北京签署战略合作协议。根据协议，国家开发银行未来5年将累计投放扶贫开发贷款800亿元、实现融资总量不低于1000亿元，全力支持甘肃打好新一轮扶贫攻坚战。

5月21日 2013年内蒙古西部盟市非公有制经济金融服务峰会在阿拉善盟举行。旨在加大金融对全区非公有制经济发展的支持力度，进一步拓宽企业融资渠道。

5月22日 山西省首家民间借贷登记服务中心在晋中挂牌成立。该中心将为晋中民间借贷行为提供登记备案服务，为民间借贷搭建无偿融资服务平台，引导民间借贷活动由“地下”转为“地上”，由“暗箱操作”变为“阳光化运作”。

5月22日 石嘴山银行小微企业专项金融债券在全国银行间债券市场以簿记建档、集中配售方式成功发行5亿元金融债券，成为西北第二家、宁夏第一家成功发行金融债的商业银行。

5月26日 由内蒙古银监局主办的第二届小微企业金融服务宣传月活动在呼和浩特市新华广场启动。自治区工商联、金融办、工商局、中小企业局、内蒙古个体私营企业协会以及全区27家银行业机构参加了启动仪式。

5月28日 青海省融资担保业协会在西宁成立，标志着青海省融资担保行业进入了一个有组织、有规模、有行业自律的发展新阶段。

6月

6月1日 新修订的《证券投资基金法》将付诸实施。新法在私募基金纳入调整范围、完善公募基金治理结构、增加规范基金服务机构内容等方面着力甚多，有望进一步从制度角度为行业发展打开空间。

6月1日 山西省出台全国首个国债业务维权管理办法，维护消费者的合法权益。

6月1日 青海省《关于降低部分涉企经营服务性收费标准的通知》正式施行，降低了国土、建设、财政等13个收费单位部门的28项涉及小微企业的经营服务性收费标准，为切实减轻小微企业负担、促进其健康发展做出了努力。

6月4日 国家开发银行与广西交通投资集团在南宁签署《开发性金融合作协议》。根据协议，未来5年，国开行将发挥综合金融优势，融资1200亿元支持广西交通领域发展。

6月10~13日 “青海绿色发展投资贸易洽谈会”在西宁举行。

6月14日 由长江商学院金融地产群发起的，华城地产、新加坡OUE君华酒店、重庆国际信托联合主办的主题为“变革中国 金融地产”的“华城·2013变革中国金融地产圆桌论坛”在重庆富力凯悦酒店举行。

6月20日 “2013年新疆辖区期货业务创新及服务实体经济研

讨会”召开，会议对进一步推动新疆期货行业的创新发展和业务转型、加强行业之间的横向交流、探讨期货经营机构在应对创新发展过程中的对策进行了讨论。

6月22日 “中国城镇化投融资研讨会”在太原举行。会议围绕国家城镇化政策、城镇化建设、全国城镇化建设试点县经验以及投融资企业项目对接等内容，进行了广泛深入的交流与探讨。同时，“山西新型城镇化建设股权投资基金”宣告正式启动。

6月22日 甘肃民营经济研究会和大陆桥集团联合承办的以“经济社会转型跨越与民营经济发展”为主题的第五届甘肃民营经济发展论坛在兰州隆重举行。

6月28日 交通银行巴音郭楞分行在新疆库尔勒市正式开业，这是交通银行新疆分行继伊犁分行、阿克苏分行之后在新疆设立的第三家辖属分行，该行的成立为被誉为“华夏第一州”。

6月28日 内蒙古召开非公有制经济招商引资大会。500多位国内外知名非公有制企业家及相关商会协会企业家参会，近千人参与本次招商引资洽谈签约活动。

7月

7月1日 山西省政府金融办与中国人民银行太原中心支行、山西银监局、山西证监局、山西保监局联合出台的《关于金融支持山西经济结构调整和转型升级的指导意见》正式下发。该《指导意见》涉及金融扶持实业的各个领域。

7月2日 宁夏银行与自治区博览局就金融服务中阿经贸合作签署战略合作协议，旨在建立银政合作、优势互补的战略伙伴关系。

7月8日 重庆市人民政府、华夏银行总行与重庆股份转让中心（OTC）正式签订了《中小企业金融服务战略合作协议》。该战略合作以“五个一百”为主题，即华夏银行对股份中心授信100亿元、开展理财产品等资产交易100亿元、对挂牌托管企业新增授信贷款100家、华夏银行推荐托管挂牌企业100家，同时股份中心挂牌企业数量增至100家。

7月11日 山西省政府金融办公室召开全省融资性担保监管工作会议。

7月13日 2013年中国金融工程学年会暨金融风险管理论坛在兰州召开。这次由兰州商学院承办的金融界大会，共有来自中国人民大学、上海师范大学和台湾暨南国际大学等50所高校及相关单位的120余人参加。

7月18日 广西“民生金融 富民强桂”工程启动暨签约仪式举行。在签约仪式上，中国人民银行南宁中心支行分别与自治区民委、人社厅、住建厅、旅游局等部门共同签署了民生金融支少、创业、安居、扶旅4个民生领域金融支持的合作框架协议。同时，14家金融机构和21家企业及相关部门在现场签署了各项工程的项目合作协议，合作意向金额达158亿元。

7月20日 宁夏回族自治区政府正式出台《银川综合保税区优惠政策》，本着“先行先试”的原则，从减免税费、减免厂房设备租赁费等多方面支持入区企业和项目。

7月24日 重庆市出台微型企业贷款担保费补贴办法。

7月29日 甘肃省首届金融后备人才培养项目正式启动并签署合作备忘录，遴选40名金融后备人才前往江苏省农村信用社联合社、江苏银行和南京银行挂职锻炼。

8月

8月13日 央行发布公告，宣布暂停包商银行的银行间市场债券结算代理业务资格，为时两年。并要求包商银行不得发生新的债券结算代理业务，存量业务逐笔自然退出。

8月19日　中共中央政治局常委、国务院总理李克强在兰州主持召开促进西部发展和扶贫工作座谈会。

8月26日　中国畜产业发展研讨会暨天成畜产业中心启动会在呼和浩特举行。通过建设现代化交易设施和交易平台，将该中心打造成为中国最大的畜产品交易中心和畜产业相关技术交易中心，该中心将成为促进内蒙古畜产业乃至中国畜产业发展的纽带。

8月29日　山西股权交易中心有限公司在太原举行揭牌开业仪式，首批挂牌展示中小企业数量达800多家。股权交易中心的成功组建为完善山西省资本市场体系建设奠定了坚实的基础，为拓宽中小微企业融资渠道、激活民间资本、支持科技创新企业发展搭建了平台。

Abstract

Annual Report on Financial Development in Western China (*2013 – 2014*) focuses on the financial development of western twelve provinces, cities, autonomous district as the theme, analyzes the development of financial industry and summarizes the level of local economic development situation. The report analyzes the existence of western financial industry problems, and provides suggestions for the Chinese western financial industry to support local economic growth as well as to speed up development.

Annual Report on Financial Development in Western China (*2013 – 2014*) has three sections: the first one is the general theory, then the branch and the last is the documentary. The general theory analyzes the western financial market operation from industry . This year, the western financial industry developed stably, the social financing amount maintained a steady growth. At the same time, there are existing problems such as the weakness in direct financing market, financial structure, local financial institutions and so on. Finally, this paper remodels the western financial institutions system, increase the proportion of direct financing, develop the capital market, accelerate the construction of regional financial center, and develop the rural financial market and so on.

The second part is the financial development of the western region twelve provinces report, each branch analyzes the existing problems of financial industry provinces, cities, autonomous regions' achievements, and proposes ideas and suggestions for the development of the financial industry in the western region. Every report is a self-contained, in-depth analysis of the development problems of the western financial industry, pointing out the existence of the development process of western financial innovation in question, and proposed solutions, and provides suggestions and theoretical support for the western financial industry innovation and further development.

The documentary part mainly records (June 2012 – August 2013) financial documentary in western area events.

Contents

ⅠB Ⅰ General Report

Abstract: This paper analyzes the financial development in western China in 2012 from the perspectives of banking, securities, insurance, financing and ecological structure. Comparing with eastern and central regions, the western region financial industry is continuous and stable; it plays an important role in supporting western economic development. This paper then summarizes the practice and achievements of financial support to economic development in western China, especially the methods and achievements in the real estate industry , tourism, construction of "Three Agriculture", Open-door policy, small and medium-sized enterprises and business aspects of the people's livelihood means and results, finally aims at the problems existing in the financial development in western China, such as banking institution lacking a high level of diversification, lack of ability, insufficient social security and investment direct financing, and the to-be-improved folk financial development. The rural financial services put forward a series of relevant policy recommendations.

Keywords: Western Region; Financial Development; Financial Support

Ⅱ Regional Reports

Abstract: The financial reform has been deepened continuously in recent years. It can be regarded as a sign of the growing power of Shaanxi financial institution. This report comprehensively analyses the characteristics of the Shaanxi financial development. It has been found out that the financial development needs to be improved in terms of scale, quality, market and ecology. This paper will, under the new stable monetary policy, put forward countermeasures to the future development of the Shaanxi finance based on the analysis of the statue and environment.

Keywords: Financial Development; Financial Market; Debit and Credit

Abstract: Since 2012, Ningxia Hui Autonomous Region has fully implemented the "12th Five-Year Plan" and a new western development strategy, using its own advantages in resources and accelerating the financial industry development. The investment continues to grow rapidly and the leading role of industry has been enhanced. The monetary policy has been implemented seriously and the level of the financial services has been improved. The banking industry optimized the credit structure and increased supporting efforts to the key areas and weak parts. Strong impetus is given to economic optimization and upgrading of region. The security industry runs smoothly while the insurance industry growth remains well. Financial market keeps active while financial ecological environment construction has new achievements. The social financing maintains a reasonable scale, and the function of finance service economic entities. Ningxia financial sector reform has made great achievements, but in general, the prevention and control of risks are still relatively weak. Financial innovation and competitiveness are not strong enough and the legal person governance structure needs to be improved. Some rooted problems have not been resolved.

Keywords: Financial Scale; Financial Structure; Financial Deepening; Financial Regulation

Abstract: It is very important for the economic growth and restructuring to speed up the development of financial industry in Sichuan. In the beginning, this report systematically analyzes the financial development of Sichuan province during 2012, which explores the financial development scale, financial development structure, financial deepening and civil financial development. Then it analyzes the existing problems in Sichuan financial development. Based on these problems, this report presents the policy recommendations, anticipation, foresight for the development and the tendency for Sichuan financial industry development.

Keywords: Financial Development; Financial Deepening; Civil Financing

Abstract: Finance means a lot to the development of Chongqing's economy. This report analyzes the Chongqing financial development from the following factors: financial development scale, financial development structure, financial deepening, the folk financial development (fields that formal finance cannot meet) and financial supervision capacity (an important mechanism to prevent the risk of local finance). The data shows that social financing scale in Chongqing is developing steadily; the number and scale of banking institutions are expanding; the credit is growing steadily and rapidly; the stock financing fell sharply , but the business is relatively stable; the insurance processes well. FSR, FIR, loan to deposit ratio are above national average, but there still are rooms for improvement.

Keywords: Financial Development; Financial Scale; Financial Structure ; Financial Deepening

Abstract: The financial industry in Guizhou province developed rapidly from 2008 to 2012. This report presents the development of Guizhou financial industry from five aspects: financial development scale, financial structure, financial deepening, informal finance and financial supervision ability. It has been found out that the development of Guizhou financial industry still has some problems. Social financing scale increases year by year, but it does not effectively power the entity economy. There is a resistance transformation of social capital to the real economy. This report suggests it is necessary to introduce the "competition mechanism" deepening financial reform in Guizhou province.

Keywords: Social Financing Scale; Financial Deepening; Financial Development Structure

Abstract: While China is facing new western China development and the construction of "southwest bridgehead" strategy, Yunnan province's economic aggregate above one trillion yuan in 2012. This report analyses the overall development of the finance of Yunnan province in five aspects: the financial development scale, the structure of financial development, financial deepening, the folk financial development and financial regulation ability. Based on thoese mentioned above, as to the future challenges in the process of financial development in Yunnan province, this paper will put forward relevant policy Suggestions.

Keywords: Financial Market; Financial Scale; Financial Structure; Financial Deepening

Abstract: While China is facing new western China development and the construction of "southwest bridgehead" strategy, Guangxi province's economic aggregate above one trillion yuan in 2012. This article from the financial development scale, financial development in two aspects such as analysis of the overall development of The Guangxi Zhuang Autonomous Region finance, and puts forward the relevant policy recommendations for the future of financial development in Guangxi.

Keywords: Financial Development; Financial Scale; Financial Structure; Financial Deepening

Abstract: The world economy has recovered slowly since 2012. China is also under the pressure to fight the economic downturn. Despite adverse external environment, Xinjiang promotes vigorously in infrastructure, basic industries and livelihood projects. Therefore, the finance industry develops steadily. This article analyses the status of operation of financial markets. It has been found out that social financing scale and bank industry expand rapidly. Securities financing scale increases gradually, insurance industry indicators becomes above the national level. Overall, Xingjian's financial industry had great achievements. But compared with the whole nation, there are still deep gaps.

Keywords: Financial Market; Financial Scale; Financial Structure; Financial Deepening

Abstract: The horn that the west Development is after blowing ring an our country western important national minority region, Tibet passed a preface development for having of more than 10 years and increased to obtain the result of showing the with social stabilities all in the economy and developed support function of showing in this period financial industry, this research passes collections to tidy up 2008 – 2012 finance in Tibet development data, try from finance development scale, financing institution development, finance development structure, finance deepen degree and finance to take charge of ability five development present conditions that elaborate financial industry in Tibet, announce to public a finance to economy of strength for support, detection development in the middle of the process existent problem combine put forward counter plan measure. Pass to 5 years, the analysis of the financial development data, this research thinks, financial industry in Tibet at gradually strong and norm of at the same time still keep existing some problems, the finance develops scale smaller, financing institution and financial product can not satisfy the need that the industry develops currently, the finance deepens of the degree isn't high, finance to economy of the strength for support is weaker and outside living financial status to not yet obviously improve, currently economy in Tibet develops to mainly still depend on public finance to transfer to guide with government, the market turns degree lower, result in development of cost is opposite and higher with develop an efficiency opposite and lower. Pass to study author to think that Tibet should extend further inside living financial capital, usher in a high-quality financial business enterprise, the abundant finance develops an article and raise financial market to turn degree can keep on a development by economic good and quickly guarantee Tibet.

Keywords: Inside Financial Development; Financial Market; Finance Deepens;

Abstract: In order to achieve the economic transformation of Qinghai province in the development of financial industry , we should support it. This report is based on the scale of financial assets, financial institutions, insurance density analyzing the financial scale and the extent of financial deepening of Qinghai province. The study found that although the financial industry of Qinghai province has achieved certain developments, comparing with the national level, there are still gaps. This report puts forward the corresponding policy recommendations based on the above problems.

Keywords: Financial Scale; Financial Structure; Financial Deepening

B. 12 Gansu Financial Development Research Report / 215

Abstract: This report analyzes the running status of Gansu province in the banking, insurance, securities industry since 2008, combined with the actual situation of the financial development of Gansu province. Then it evaluates the level of financial development in Gansu province in general. It has been found out that the financial system has been constantly improved and the scale of financial activities is expanding gradually. But the financial ecological environment needs to be improved as well as the overall level of security market and the insurance market development. This paper provides the target of financial development and basic ideas of financial development on how to support economic development.

Keywords: Gansu Finance; Financial Development; Finance

B. 13 Inner Mongolia Financial Development Research Report / 236

Abstract: From 2008 to 2012, Inner Mongolia has a steady economy growth. The added value of the financial industry increases each year, financial sector continues to play an important role in the real economy. From aspects of the financial development scale, financial asset structure, financial deepening, the folk financial development, the paper analyzes the current situation of the development of financial industry in Inner Mongolia, the study found that the financial industry development situation of Inner Mongolia is relatively lagging, and there are many problems, such as social financing structure is unreasonable, Lacking financial resources, the low degree of financial openness, the high risk factor of folk finance. This paper argues that government should take corresponding measures to guide financial sector development in Inner Mongolia, and promote financial industry to a pillar industry in Inner Mongolia.

Keywords: Financial Development Scale; Financial Market Development; Financial Deepening

B Ⅲ Appendix

中国皮书网

www.pishu.cn

发布皮书研创资讯，传播皮书精彩内容

引领皮书出版潮流，打造皮书服务平台

栏目设置：

- □ 资讯：皮书动态、皮书观点、皮书数据、 皮书报道、皮书新书发布会、电子期刊
- □ 标准：皮书评价、皮书研究、皮书规范、皮书专家、编撰团队
- □ 服务：最新皮书、皮书书目、重点推荐、在线购书
- □ 链接：皮书数据库、皮书博客、皮书微博、出版社首页、在线书城
- □ 搜索：资讯、图书、研究动态
- □ 互动：皮书论坛

中国皮书网依托皮书系列“权威、前沿、原创”的优质内容资源，通过文字、图片、音频、视频等多种元素，在皮书研创者、使用者之间搭建了一个成果展示、资源共享的互动平台。

自2005年12月正式上线以来，中国皮书网的IP访问量、PV浏览量与日俱增，受到海内外研究者、公务人员、商务人士以及专业读者的广泛关注。

2008年、2011年中国皮书网均在全国新闻出版业网站荣誉评选中获得“最具商业价值网站”称号。

2012年，中国皮书网在全国新闻出版业网站系列荣誉评选中获得“出版业网站百强”称号。